Peter Michel: Das Weltbild der Yoga - Meister

Peter Michel

Das Weltbild der Yoga-Meister

Aquamarin Verlag

© Aquamarin Verlag 1982
Flurstraße 5, 8011 Forstinning/München

ISBN 3-922 936-08-3

Satz u. Druck: Jürgen Mayer KG, 8300 Kumhausen/Landshut

Inhaltsverzeichnis

Einleitung

Die „geistigen Welten" der Erde sind einander näher gerückt. Mit zunehmender technischer Entwicklung verringerten sich die Distanzen zwischen den Kontinenten — und damit der Kulturkreise — beträchtlich. Erweiterte politische und ökonomische Kontakte mußten zwangsläufig auch zu einem kulturellen Gedankenaustausch führen. Dieser Prozeß, verbunden mit der außerordentlichen Intensivierung des Informationsangebotes durch die Massenmedien, führte auch in der Breite der westeuropäischen und nordamerikanischen Bevölkerung zu ersten Kontakten mit asiatischem Geistesgut.

Die geistigen Werte Indiens fanden in Deutschland erstmals zur Zeit der Romantik großes Interesse. Von dort fortschreitend, läßt sich eine große Tradition in der Forschung aufzeigen, die sich mit Fragen indischer Mystik und Religiosität beschäftigte. Seit Mitte des 20. Jahrhunderts findet nun, nicht nur in Kreisen der Wissenschaft, eine rege Auseinandersetzung mit dieser Geisteswelt statt. Der Begriff „Yoga" ist fast schon zum Schlagwort auch in der westlichen Gesellschaft geworden. Wäre der Begriff des „Zauberwortes" nicht selbst wieder fragwürdig, für die Gesellschaften des Westens dürfte er im Zusammenhang mit Yoga sicher verwandt werden. Es kann als Hauptintention dieses Buches angesehen werden, die geistige Welt, die in dem einen Wort „Yoga" zusammengefaßt ist, dem interessierten Leser zumindest in ihren groben Umrissen aufzuzeigen.

Die Lehren des Yoga sind nicht allein auf Indien beziehbar, deshalb wird im Rahmen dieses Buches auch auf angrenzende Länder, bsw. Tibet, einzugehen sein. Doch kann in gewissem Sinne Indien als die „Mutter des Yoga" bezeichnet werden. Auf ihrem Boden wurden dann auch die meisten jener Weisen geboren, die „Meister des Yoga" genannt werden können. Dieses Buch wird sich auf die Repräsentanten der Neuzeit, beginnend mit Ramakrishna, beschränken.

Es sei hier die Gelegenheit ergriffen, gleich einen zentralen Punkt der weiteren Ausführungen hervorzuheben. Ein sorgfältiges Studium der Schriften jener Verfasser, die sich selbst Yogis oder Yoga - Meister nannten oder von anderen genannt wurden, läßt eindeutig erkennen, welch gewaltige Unterschiede zwischen den einzelnen „Meistern" festzustellen sind. Dabei soll es der leitende Gedanke dieser Abhandlung sein, jene geistigen Differenzen an Sachaussagen nachprüfbar aufzuzeigen. Nur eine sachlich prüfende und sorgfältig abwägende Vorgehensweise vermag der Fülle des vorliegenden Materials über die „Meister des Yoga" gerecht zu werden.

Ein „Weltbild der Yoga - Meister" zu zeichnen, beinhaltet eine Auseinandersetzung mit zwei Ebenen — einer theoretischen und einer praktischen. Der Grund dafür findet sich in folgendem Sachverhalt. Philosophie des Yoga bedeutet: erst Yoga und dann Philosophie. In diesen wenigen Worten liegt der Schlüssel zu den genannten beiden Ebenen. Die Philosophie der Yoga - Meister gründet auf ihrer mystischen Yoga - Erfahrung und kann nur von daher verstanden werden. Dies muß als wesentliche Voraussetzung gesehen werden.

In wenigen Sätzen hat Otto Wolff in seiner Biographie zu Aurobindo diesen erkenntnistheoretischen Ansatz treffend skizziert. „*Im Westen ist Erkenntnis eine Form des Habens, im Osten eine Form des Seins. Im Westen bemächtigt sich der fortschreitende Erkenntnisprozeß mit immer festerem Griff des Objektes. Der Osten baut das Objekt immer stärker ab, um zum reinen Bewußtsein, zum reinen Subjekt oder zum Wissen zu gelangen.* "(1) In diesen Sätzen sind schon einige der zentralen Themen dieses Buches angeschnitten. Es handelt sich um den Aspekt des Bewußseins, das vor allem im Hinblick auf höhere Zustände untersucht werden soll; um den Komplex des Selbst, d.h. der wirklichen geistigen Individualität; um den erkenntnistheoretischen Ansatz und um die Frage nach dem Sein. Weitere entscheidende Abschnitte werden sich mit der Gottesfrage beschäftigen; mit den einzelnen praktischen Yoga - Formen; mit der geistigen Überlieferung und mit der Ethik.

Die Hauptfrage dieses Buches, die auch die Frage des Lesers sein könnte, läßt sich vielleicht so zusammenfassen: Hat die Weisheit des Yoga dem

---

1) Otto Wolff, „Radhakrishnan", Göttingen 1962, S. 38

Abendland eine Botschaft zu vermitteln?

Es kann bereits hier festgestellt werden, daß dieses Buch keine Antwort auf einem polierten Tablett reichen wird. Es will Fakten liefern, Diskussionsanstöße vermitteln, informieren. Jedem Leser ist es vorbehalten, seine eigenen Schlußfolgerungen zu treffen, eigene Positionen zu beziehen. Abschließend zu dieser Einleitung, sei zur Frage einer Botschaft des Yoga an das Abendland ein Wort Swami Omkaranandas zitiert:

„Der wahre Gott - Liebende, der zugleich ein Philosoph, ein Wissenschaftler, ein Gelehrter, ein fähiger Organisator ist, ein Mensch geistiger Disziplin und Macht, ein Mensch, der in ökonomischen Aktivitäten höchst geübt ist, ein sehr vernünftiger und logisch denkender Mensch, sehr realistisch, der wird, wenn er der Welt eine Botschaft zu bringen hat, die Botschaft der Liebe wählen. Er würde der Menschheit die Berührung mit der Liebe und nicht die Berührung mit der Wissenschaft, mit der Kunst oder mit sonst einem Wissen vermitteln, auch nicht mit der Technik oder mit irgendeiner wunderwirkenden Praktik, da ja alle Wissenschaften in der Liebe enthalten sind. Gott erhält Sein unendliches Wissen, Seine Allwissenheit aus seiner unendlichen und absoluten Liebe. — Liebe ist alles. " (2)

Wenn diese Anschauung leitend wird für die Lektüre des vorliegenden Buches und als Prüfung für die Lehren der „Meister des Yoga", so ist damit vielleicht der beste aller möglichen Maßstäbe gewählt.

2) Swami Omkarananda, "Das Hohelied der Liebe", Divine Light Zentrum, Winterthur 1975, S. 2f.

11

I. Brahman — Die Gottheit

Wie bereits die Kapiteleinteilung zeigt, müssen bei der Erörterung der Gottesfrage zwei Teile unterschieden werden. Es handelt sich um die Trennung einer unpersönlichen Gottheit — hier Brahman genannt — von einem persönlich verstandenen Gott — hier Brahma (Ishvara) genannt.*) Diese Unterscheidung ist zum Verständnis vieler der angeführten Autoren von außerordentlicher Wichtigkeit.

In einer kurzen Abhandlung hat Satyamayi in ihrem Buch über Ramana Maharshi auf diesen Sachverhalt zu Recht eindringlich hingewiesen.

„Das Wort Brahman ist aus der Sanskritwurzel brh abgeleitet, die "wachsen, vermehren, ausdehnen" bedeutet, Brahman ist also das, was seine letzte Ausdehnung, Entwicklung, sein höchstes Wachstum erreicht hat. Man findet in der Literatur oft "Brahma" statt "Brahman". Diese letzte Form ist der Nominativ Neutrum und wird verwandt, um das Eine Universale zu bezeichnen, die göttliche Wesenheit oder Ursache, von der alle geschaffenen Dinge ausgehen und zu der sie zurückkehren. Brahman ist das Selbst- seiende, das Absolute, das Ewige, und gemeinhin nicht Objekt von Anbetung, sondern allenfalls von Meditation und Erkenntnis (jnana). Die Form, die zum Zweck der Anbetung personifiziert wird, wird Brahma geschrieben, mit langem Schluß-a, der maskulinen Endung, und wird verwandt, wenn der Höchste Geist als Persönliche Gottheit vorgestellt wird. Die Verwechslung des Unpersönlichen Höchsten Geistes mit der persönlich gedachten Gottheit ist eine Quelle ständiger Unklarheiten und scheinbarer Widersprüche im einschlägigen Schrifttum." (3)

Die folgenden Ausführungen müssen erweisen, inwiefern die Trennung zwischen Gottheit und Gott wirklich eine reale (ontologische) ist oder nur eine "zweckhafte", gewissermaßen im Sinne eines religiösen Hilfsmittels. Vom Verständnis dieses zentralen Komplexes hängt weitgehend auch die Gesamtphilosophie des jeweiligen Autors ab, so daß diesem Punkt wegweisende Bedeutung für die Interpretation der einzelnen Werke zugemessen

---

*) Verzeichnis der Sanskrit-Ausdrücke am Ende des Buches.
3) Satyamayi, "Sri Rama Maharshi", Büdingen 1960, S. 50f
   vgl. auch Oscar Marcel Hinze, "Tantra Vidya", Zürich 1976, S. 144ff.

werden muß. Vor allem in der Frage des Verhältnisses vom individuellen zum absoluten Geist, kürzer, von Schöpfer und Geschöpf, wird diese Thematik erneut höchst relevant werden.

Die Brahman - Frage hat eine lange geschichtliche Tradition, sie bildete in Indien immer wieder den Anlaß zu heftigen Kontroversen, so z. B. zwischen Shankara und Ramanuja, wobei letzterer den reinen Monismus Shankaras ablehnte, der davon ausging, das Brahman sei das einzig Wirkliche. Auch die folgenden Darlegungen werden die unterschiedlichen Auffassungen dokumentieren.

Ramakrishna — Die einzige Wirklichkeit

Anläßlich seiner Einweihung durch den Asketen Totapuri wurde Ramakrishna von diesem über die Natur des Brahman belehrt. Diese Worte, so wie sie von Satyamayi überliefert werden, wurden dann auch zur Überzeugung Ramakrishnas, nachdem ein inneres geistiges Erlebnis, auf das später einzugehen sein wird, diese Belehrung ergänzt hatte.

„Brahman", so sprach der Asket, (i.e. Totapuri, der Verf.) „Brahman ist die einzige Wirklichkeit, ewig - rein, ewig - leuchtend, ewig - frei, jenseits von Zeit, Raum und Ursache. Obgleich scheinbar geteilt durch Namen und Formen infolge der unerforschlichen Macht Mayas, 'die das Unmögliche möglich macht', ist das Brahman in Wirklichkeit nur Eines und ungeteilt." (4)

Ramakrishna selbst hat seiner Brahman-Erfahrung später folgenden Ausdruck verliehen:

„Denke ich an das Höchste Wesen als ein Nicht - Tätiges, das nicht schafft, nicht bewahrt, nicht zerstört, so nenne ich es Brahman oder Purusha, unpersönlicher Gott. Denke ich ihn aber tätig, schaffend, bewahrend, zerstörend, nenne

---

4) Satyamayi, "Sri Ramakrishna", Schopfheim 1967, S. 80

13

ich ihn Shakti, Maya oder Prakriti, persönlicher Gott. Aber diese Unterschei-
dungen zwischen beiden bedeutet doch keinen Unterschied. Der Unpersönliche
und der Persönliche sind dasselbe Wesen. So die Milch und ihre Weiße. So der
Diamant und sein Glanz. So die Schlange und ihr Kriechen. Man kann nicht
an das eine ohne das andere denken. Die Göttliche Mutter und Brahman sind
Eines. " (5)

Festzuhalten an dieser Aussage ist die Identifizierung des persönlichen
Gottes mit Shakti, Maya und Prakriti. Damit ist eine Trennung zwischen
geschaffenem und absolutem Sein aufgehoben. Welche Implikationen daraus folgen, wird sich in den Kapiteln über Shakti und besonders über Maya
zeigen. Von Emma v. Pelet ist eine weitere Aussage Ramakrishnas über das
Brahman belegt:

„Welches ist die Natur des Brahman? Das Brahman besitzt keine Attribute.
Es ist reglos, unbeweglich, festgegründet wie der Berg Meru. " (6)

Hier wird in der Betonung der „Unbeweglichkeit" des Brahmans eine verbindung zum „schaffenden" Brahma nicht angedeutet, wie dies bsw. beim
aristotelischen „unbewegten Beweger" der Fall ist. Durch die Identifizierung beider (vgl. Zit. 5) kann der Gedanke einer wirklichen Transzendenz
Gottes nur schwer aufrechterhalten werden.

Im Rahmen dieser Erörterung kann es aufschlußreich sein, ein Erlebnis von
Ramakrishnas Lieblingsschüler Vivekananda anzuschließen.

Ramakrishna besaß die Fähigkeit, durch Berührung auch auf andere den
Zustand des Samadhi zu übertragen. Diese wandte er eines Tages bei Vivekananda an, was bei jenem zu einer einschneidenden Bewußtseinsveränderung führte.

„Diesmal riß er den Jüngling nicht mit sich, nur dessen Schau verwandelte sich.
Überrascht erlebte Naren plötzlich, daß es in der Tat nichts in diesem Univer-
sum zu geben schien, das nicht Gott war. Er sah es klar — wie hellsichtig —
und hielt ganz still, zu erleben, wie lange diese Erscheinung dauern würde. Sie
hielt den Tag über an, und auch, als er am Abend nach Kalkutta zurückkehrte,
änderte sich nichts daran: alles, was war, war Brahman. " (7)

5) Romain Rolland, "Das Leben des Ramakrishna", Zürich 1964, S. 64
6) Emma v. Pelet, "Worte des Ramakrishna", Zürich 1966, S.166
7) Satyamayi, "Ramakrishna", a.a.O., S.140

Die Darstellung dieser Erfahrung gehörte eigentlich nicht an diese Stelle, sie wird aber durch einen Vergleich bedeutsam. Jene gleiche, hier bei Satyamayi zitierte Brahman - Erfahrung Vivekanandas, wird auch von P.J. Saher in seinem Buch über Vivekananda angeführt, allerdings mit einer entscheidenden Ergänzung.

„Und wieder einmal verwandelte sich Vivekananda die Welt, aber diesmal nicht in einer Art Zusammenbruch, wie bei seinem ersten Besuch, sondern sozusagen lautlos, unvermerkt. Naren sah plötzlich, daß 'dieser Krug, diese Tasse' aus der gleichen 'Substanz' war wie alles andere, Baum und Gebäude, Boden und Menschen, Wolken und Himmelsraum. Die Welt schien die gleiche wie vorher, und war doch völlig verwandelt. Naren (Geburtsname von Vivekananda, der Verf.) verhielt sich ganz still, wartend, daß diese seltsame Schau sich wieder rückverwandle. Vergebens; sie hielt an, bis er am Abend nach Hause zurückkehrte." (8)

Was bei Satyamayi noch reine Identitätserfahrung von Welt und Brahman war, wird hier „nur" zu einer „Substanz"-Erfahrung. War noch bei Satymayi „alles, was war, Brahman", so wird nun alles nur als aus der gleichen Substanz erkannt. Es stellt einen, besser *den* entscheidenden Unterschied dar, ob alles Seiende „Brahman" oder aus einer „Substanz Brahmans" ist.

Swami Sivananda — Das Absolute

Eine der Auffassung Ramakrishnas ähnliche Überzeugung vertritt Swami Sivananda. Bei ihm allerdings kommt der Gedanke von Brahman als dem Grund alles Seienden deutlicher zum Ausdruck.

„Gott, der Absolute, ist Anfang und Ende, der Erste und Letzte, allein, ohne ein Zweites.

Er ist der alldurchdringende, alles überschreitende Geist, die Urwirklichkeit, die Quelle und der Grund aller Wesen.

Er ist Alles. Er ist überall. Er ist ewig. Er ist die Seele von Allem.

8) P.J. Saher, "Lebensweisheit und Creative Mystik — Vivekanandas Universalschau", Remagen 1974, S.63

Das reine Bewußtsein — frei von allen Gedanken und mentalen Veränderungen oder Wellen in der Gedankensubstanz — ist Gott oder das Selbst.

Gott oder das Absolute ist jenseits der Maya, der Täuschung durch die Vorstellung der Dualität, durch zwei Faktoren oder Gegenpole — jenseits von Wissen und Unwissenheit.

Gott ist die höchste Vollkommenheit, frei vom Begriff der Zeit, des Raumes, frei von Ursache und Wirkung, frei von jeder Verschiedenheit.

Er ist die Essenz, das Allerinnerste von Sein, Bewußtsein und Glückseligkeit. Er ist rein und frei von jeder Bindung, jenseits vom Fühlen, Denken und Wollen des Gemütes und der Sprache." (9)

Wichtig sind hier die Bestimmungen Gottes als „Quelle" und „Grund", sowie die Betonung seiner Ewigkeit. Fraglich bleibt die Aussage, daß „Er alles ist", die als reiner Pantheismus verstanden werden kann, aber auch im Sinne einer Vorstellung von Gott als der Seele aller Dinge, wie sie ja von Sivananda selbst ausgesprochen ist. Möglicherweise sollte letztere Aussage als Explikation der vorangegangenen gelten.

Ein zweites Zitat von Swami Sivananda bringt eine Verdeutlichung des vorstehend angeführten.

„Gerade so, wie bloßer Lehm die eigentliche Substanz, die Materie, all der verschiedenen Gefäße und Töpfe bildet, ist nur Gott oder die Realität, das wahre Wesen, die Natur der Welt.

Gott ist die Wahrheit der Wahrheit. Wenn ihr die Dinge oder Objekte dieser Welt als wahr, als wirklich annehmt, ist es nur deshalb, weil jene Wahrheit, welche die Wirklichkeit darstellt, dahinter ist. Das ganze Weltall ist also — essentiell, seinem innersten Wesen nach — nur der Unendliche, Brahman, Gott. Der Geist, Gott, ist die Essenz, das innerste Sein des Menschen wie auch des Weltalls. — Gott wohnt in allen Dingen und er umfaßt alle Dinge. Er leuchtet aus sich selbst heraus. Alle Dinge werden sichtbar durch sein Licht.

Die Ursache der Materie, der Energie oder Kraft, des Lebens, des Gemütes und der Intelligenz ist Gott, das Absolute.

9) Swami Sivananda, "Die Überwindung der Furcht", Gelnhausen 1964, S.45

16

Der Verstand, der Intellekt, ist Gott sehr nahe und spiegelt das Wesen, die Eigenschaften der göttlichen Intelligenz wieder, gerade so, wie eine erhitzte glühende Eisenkugel die brennenden und leuchtenden Eigenschaften des Feuers zeigt. " (10)

Die Bezeichnung Gottes als eines „aus sich selbst Leuchtenden" findet ihre Parallelen auch in der westlichen Lichtmetaphysik, ebenfalls die Idee von der Erkenntnis der Dinge durch sein und in seinem Licht.

Insgesamt läßt sich bei Swami Sivananda eine starke Betonung der Transzendenz Gottes feststellen. Brahman wird als Grund und Ursprung alles Seienden verstanden, den die Welt gewissermaßen nur abbildhaft widerspiegelt.

Aurobindo — Das suprakosmische Parabrahman

In Aurobindo begegnet dem westlichen Leser der systematischste Denker Indiens, der zugleich auch Meister des Yoga war. Sein umfangreiches Werk hat wesentlich dazu beigetragen, die Auseinandersetzung über Wert und Bedeutung des Yoga auf eine fundierte Grundlage zu stellen. Aurobindos längerer Aufenthalt in England mag ein entscheidender Faktor dafür gewesen sein, doch kann hier nicht der Ort sein, diese Frage zu erörtern.

Zur Thematik des Brahman finden sich in Aurobindos Werk an zahlreichen Stellen längere Ausführungen; einige sollen hier angeführt werden, sie können als symptomatisch für sein Denken angesehen werden.

„Das Höchste brahman ist das, was man in westlicher Metaphysik das Absolute nennt. Aber brahman ist zugleich die allgegenwärtige Wirklichkeit, in der alles, was relativ ist, als Formen und Bewegungen dieser Wirklichkeit existiert. Das ist ein Absolutes, das alle Relativitäten in sich umschließt. Die Upanishaden versichern, daß alles dieses brahman ist. Mental ist brahman, Leben ist brahman, Materie ist brahman.... Brahman ist die Kraft, die die Macht eines Gottes, Titanen, Dämonen versorgt, die Kraft, die in Mensch, Tier und in den

---

(10) ebd., S. 48

17

Gestaltungen und Energien der Natur wirkt. Brahman ist das ananda, die geheime Wonne des Daseins, die der Äther unseres Wesens ist, ohne den niemand atmen oder leben könnte. Brahman ist die innere Seele in allen." (11)
In dieser Textstelle kommt der Immanenz-Gedanke der unpersönlichen Gottheit vorrangig zum Ausdruck, es zeigen sich klare Verbindungslinien zu Ramakrishna.

„Die Unbestimmbarkeit aber ist zugleich in unserer Auffassung des Absoluten und in unserer spirituellen Erfahrung ein notwendiges Element. Das ist die andere Seite der supramentalen Betrachtung des Seins und der Dinge. Durch keine einzige Bestimmung oder Summe von Bestimmungen ist das Absolute begrenzbar oder definierbar. Andererseits ist es auch nicht nach unten festgelegt auf eine indefinierbare Leere reinen Seins. Es ist, im Gegenteil, der Ursprung aller Bestimmungen. Seine Unbestimmbarkeit ist die natürliche, die notwendige Vorbedingung für seine Unendlichkeit an Sein ebenso wie für seine Unendlichkeit an Macht des Seins. Das Absolute kann alle Dinge in unendlicher Weise sein, weil es selbst kein Ding im besonderen ist und über jede definierbare Totalität hinausreicht. Gerade diese wesenhafte Unbestimmbarkeit des Absoluten macht sich unserem Bewußtsein verständlich durch die grundlegenden verneinenden Positiva unserer spirituellen Erfahrung, durch das unveränderliche, unbewegliche Selbst, nirguna brahman, den Ewigen ohne Eigenschaften, das reine qualitätslose Eine Sein, das Apersonale, das von allen Aktivitäten entleerte Schweigen, das Nichtsein, das Unaussprechliche und Unerkennbare. Andererseits ist es der Inbegriff und Ursprung aller Bestimmungen, und dieser dynamische essentielle Charakter offenbart sich uns durch die grundlegenden bejahenden Positiva, in denen uns das Absolute in gleicher Weise begegnet: Denn das Selbst wird zu allen Dingen, saguna brahman, der Ewige mit unendlichen Eigenschaften, der Eine, der die Vielen ist, die unendliche Person als Ursprung und Grundlage aller Personalitäten, der Herr der Schöpfung, das Wort, der Meister aller Werke und alles Wirkens." (12)
Mit den letzten Worten wird schon der Übergang vom unpersönlichen Gott zum persönlichen angedeutet. Dieser Satz wurde in das Zitat noch mit einbezogen, weil dadurch eine wichtige Begriffsbestimmung erkennbar

11) Sri Aurobindo, "Das Göttliche Leben" (2 / Teil 1), Gladenbach 1974, S. 40
12) ebd., S. 32f.

wird. Es handelt sich um die Unterscheidung zwischen dem n i r g u n a
b r a h m a n , dem Brahman ohne Eigenschaften und dem s a g u n a
b r a h m a n , dem Brahman mit Eigenschaften. Mit dieser Polarität wird
der Gedanke der Transzendenz und der Immanenz Gottes zum Ausdruck
gebracht.

Dominierend ist in der zitierten Passage aus dem „Göttlichen Leben" die
Bestimmung Brahmans als seine Nicht-Bestimmung. Brahman wird in seinem unpersönlichen Aspekt als das gänzlich andere, das Undefinierbare,
absolute Sein bezeichnet.

Diese negative Bestimmung hat ihre Parallele bsw. in der Philosophie Plo-
tins, der das „Eine" auch als das „Über-Sein" bezeichnet, dem keinerlei Bestimmung beigelegt werden kann; ebenso in der sogenannten „negativen
Theologie", in der von Gott eher ausgesagt werden kann, was er nicht ist, als
was er ist.

Noch deutlicher tritt der Begriff der Transzendenz Gottes im folgenden
Auszug aus Aurobindos „Essays zur Gita" hervor.

*„Es gibt einen, oder es existiert etwas, das anders ist als das Weltall, unaus-
drückbar, unvorstellbar, eine unaussprechlich unendliche Gottheit jenseits von
allem, was unsere umfassendsten und subtilsten Begriffe von Unendlichkeit
auch nur schattenhaft ahnen können. Dies ganze Gewebe der Dinge, dem wir
den Namen Weltall beilegen, diese ganze ungeheure Summe von Bewegung, für
die wir keine Begrenzung festlegen können, all das, in dessen Formen und Bewegungen wir vergeblich nach einer dauerhaften Wirklichkeit, einem Zustand,
einer Norm, einem festen Punkt für einen kosmischen Hebel suchen, ist von diesem höchsten Unendlichen ersonnen, gestaltet, ausgebreitet und auf dieses unaussprechliche Mysterium gegründet worden. Seine Fundamente liegen in einer
Selbst-Formulierung, die sich nicht manifestiert und unausdenkbar ist. Ihn
können diese Massen von immer wechselnden, in Bewegung befindlichen Wer-
de-Formen, alle diese Geschöpfe, Existenzen, Dinge, atmenden und lebendigen
Gestaltungen weder in ihrer Gesamtsumme noch in ihrem gesonderten Dasein
erhalten. Er ist nicht in ihnen. Nicht in ihnen oder durch sie lebt er, bewegt er sich
oder hat er sein Wesen — Gott ist nicht das Werden. Vielmehr sind sie in ihm,
leben und bewegen sich in ihm und beziehen ihre Wahrheit aus ihm. Sie sind seine Werdeformen, er ist ihr Seiendes. In der unausdenkbaren, zeitlosen und*

raumlosen Unendlichkeit seines Seins hat er das untergeordnete Phänomen eines grenzenlosen Weltalls in einem endlosen Raum und einer endlosen Zeit ausgebreitet." (13)

In dieser Radikalität ist von indischer Seite der Transzendenz-Gedanke vor Aurobindo kaum formuliert worden. Die Parallelen, die sich hier zu einem christlichen Gottesbegriff erkennen lassen, brauchen nicht näher aufgezeigt zu werden. Hervorzuheben wäre noch die Trennung zwischen Sein und Werden, wobei Aurobindo klar ein „Werden" für Gott verneint. Brahman ist ewig, unveränderlich, die Vollkommenheit des absoluten Seins.

Ein weiteres Zitat aus seinem Kommentar zu den Upanishaden ergänzt diese Auffassung.

„Der Höchste ist reines Sein, absolute Existenz, sat. Er ist Existenz, weil er allein Ist, es ist nichts anderes seiend das irgendeine höchste Wirklichkeit besitzt oder irgendein Sein unabhängig von seiner Selbst-Manifestation. Er ist absolute Existenz, weil er allein Ist und nichts anderes in Wirklichkeit existiert; er muß notwendigerweise durch sich selbst, in sich selbst und für sich selbst existieren. Es kann keine Ursache für seine Existenz geben, wie es auch kein Ziel für seine Existenz geben kann; es kann auch keine Zunahme in ihm geben, noch eine Verminderung, denn Zunahme könnte nur durch Hinzufügung von irgendetwas ihm Äußerlichen und Verminderung durch Verlust an etwas ihm Äußerlichen entstehen, aber für Brahman existiert nichts Äußerliches. Er kann sich nicht verändern, denn geschähe es in irgendeinerweise, würde er Gegenstand von Zeit und Kausalität werden; er kann auch keine Teile besitzen, denn dann würde er Gegenstand des Raumgesetzes. Er ist jenseits der Vorstellungen von Raum, Zeit und Kausalität, die er als phänomenale Bedingungen der Manifestation erschafft, die aber nicht ihren Ursprung bestimmen können. Daher ist er Parabrahman, ist absolute Existenz." (14)

(13) Aurobindo, "Essays über die Gita", Gladenbach 1977, S. 306f.

(14) Aurobindo, "The Upanishads", Sri Aurobindo Ashram, Pondicherry 1972, S. 16f.
„The Supreme is Pure Being, Absolute Existence, sat. He is Existence because He alone Is, there being nothing else which has any ultimate reality or any being independent of His self-manifestation. And He is Absolute Existence because since He alone is and nothing else exists in reality, He must necessarily exist by Himself, in Himself and to Himself. There can be no cause for His existence, nor object to His existence; nor can there be any increase or diminui-

Diese Darlegungen schließen sich weitgehend den bereits zitierten an, doch wird ein neuer Begriff eingeführt — Parabrahman. Diesem Begriff, der eine Übersteigerung des Brahmans zum Ausdruck bringen soll, liegt der Gedanke zu Grunde, die Transzendenz Gottes auch sprachlich zu manifestieren. Er soll das Über-Sein, die absolute Transzendenz Gottes verdeutlichen. Vergleichbar ist die Bezeichnung des Parabrahmans vielleicht mit dem, was Jakob Böhme den „Ungrund" genannt hat.

Eine derartig scharf umrissene Gottesvorstellung findet sich aber nicht im gesamten Werk Aurobindos. Die Grenze zwischen dem reinen Sein Brahmans und dem Geschaffenen wird an anderen Stellen zum Teil aufgehoben.

„Wenn brahman in die Form eingegangen ist und Sein Wesen in materieller Substanz dargestellt hat, kann das nur sein, weil es sich der Selbst-Manifestation in den Gebilden relativen und phänomenalen Bewußtseins erfreuen will. Brahman ist in dieser Welt, um Sich in den Werten des Lebens darzustellen. Leben existiert in brahman, damit es brahman in sich selbst entdeckt. Darum ist der Mensch in der Welt wichtig, damit er ihr zu jener Entwicklung von Bewußtsein verhilft, in der ihre Umgestaltung durch vollkommene Entdeckung des Selbst möglich wird. Gott im Leben zur Erfüllung zu bringen, ist des Menschen Menschsein. Er geht hervor aus der Tier-Vitalität und deren Wirkensweisen. Sein Ziel ist aber ein göttliches Dasein." (15)

Der Gedanke des „in-der-Welt-Seins" des Brahmans kontrastiert stark mit anderen Aussagen Aurobindos (vgl. Zit. 13), wo es heißt: „Er ist nicht in ihnen." (i.e. den Geschöpfen, der Verf.). Hier muß der Gedanke der Immanenz, im Sinne der Seins-Grundlage, sehr weit gespannt werden, um den inneren Bezug zu verstehen.

tion in Him, since increase can only come by addition from something external and diminution by loss to something external, and there is nothing external to Brahman. He cannot change, in any way, for then He would be subject to Time and Causality; nor have parts, for then He would be subject to the law of Space. He is beyond the conceptions of Space, Time and Causality which He creates phenomenally as the conditions of manifestation but which cannot condition their Source. Parabrahman, then, is Absolute Existence."
(Alle Übersetzungen der angemerkten englischen Texte vom Verfasser.)

(15) Aurobindo, "Das Göttliche Leben" (GL Bd. 1), S. 51

Vielleicht trägt eine weitere Ausführung Aurobindos zur Klärung dieser Frage bei:

„Brahman ist nicht nur die Ursache, fördernde Macht, sowie das innewohnende Prinzip des Universums, es ist auch sein Material, sein einziges Material. Auch Materie ist brahman, sie ist nichts anderes und nicht verschieden von ihm. Wäre Materie tatsächlich vom Geist abgeschnitten, so wäre das nicht so. Sie ist aber, wie wir gesehen haben, nur eine abschließende Form und ein objektiver Aspekt des Göttlichen Seins, wobei die Allheit Gottes stets in ihr und hinter ihr gegenwärtig ist. So wie diese scheinbar grobe und träge Materie überall und immer durchdrungen wird von einer mächtigen, dynamischen Kraft des Lebens, so wie dieses dynamische, aber scheinbar unbewußte Leben in sich ein immer wirkendes, nicht sichtbares Mental verborgen trägt, von dessen geheimen Vorgängen es die sichtbare Energie ist, so wie dieses unwissende, unerleuchtete und tastende Mental im lebenden Körper von seinem eigenen wirklichen Selbst, vom Supramental, gefördert und souverän gelenkt wird, das in gleicher Weise auch in der nicht-mentalisierten Materie vorhanden ist —, so sind die gesamte Materie ebenso wie alles Leben, Mental und Supramental nur Erscheinungsweisen des brahman, des Ewigen, des Geistes, des saccidananda, der nicht nur in ihnen allen wohnt, sondern der alle diese Dinge ist, wenn auch kein einziges von ihnen Sein absolutes Sein ausmacht." (16)

Hier wird alles Seiende aus einer Quelle abgeleitet. Brahman wird als wirkendes Prinzip in und hinter den Dingen gefaßt. Durch diese Darlegungen versucht Aurobindo eine Lösung für die Frage zu finden, wie außer dem Einen auch noch anderes Seiendes existieren könne.

Dieser Versuch der Synthese von Brahman als der absoluten, transzendenten Gottheit und dem relativen Sein findet im Werk Aurobindos eine mannigfaltige Ausprägung.

„Es gibt eine höchste, eine göttliche Natur, die die wahre Schöpferin des Weltalls ist. Alle Geschöpfe und Gegenstände sind die Werdeformen des einen göttlichen Seins. Alles Leben ist ein Wirken der Macht des einen Herrn. Alle Natur ist eine Manifestation des einen Unendlichen. Er ist die Gottheit im Menschen; der Jiva ist Geist von seinem Geist. Er ist die Gottheit im Weltall. Diese Welt

16) ebd. S.276

22

von Raum und Zeit ist seine phänomenale Selbst-Ausbreitung. Diese höchste
Gottheit ist das eine unwandelbare, unvergängliche Selbst in allem, das ist.
Darum muß der Mensch zum spirituellen Empfinden dieses unwandelbaren,
unvergänglichen Selbst erwachen und mit ihm sein inneres apersonales Wesen
einen. Es ist die Gottheit im Menschen, die all sein Wirken verursacht und
lenkt. Darum muß der Mensch zur Gottheit in seinem Innern erwachen, die
Göttlichkeit erkennen, die er behaust, sich aus allem erheben, was diese verhüllt
und verfinstert, geeint werden mit diesem allerinnersten Selbst seines Selbsts,
mit diesem größeren Bewußtsein seines eigenen Bewußtseins, mit diesem ver-
borgenen Herrn all seines Wollens und Wirkens, mit diesem Seienden in seinem
Inneren, der Quelle und Ziel ist all seines mannigfaltigen Werdens. Er ist die
Gottheit, dessen göttliche Natur, Ursprung von allem, was wir sind, dicht ver-
hüllt ist durch die niederen natürlichen Ableitungen. Darum muß der Mensch
aus seinem niederen Sein der äußeren Erscheinung, das unvollkommen und
sterblich ist, zu seiner wesenhaften göttlichen Natur der Unsterblichkeit und
Vollkommenheit zurückkehren. Diese Gottheit ist eines in allen Dingen, die
sind. Sie ist das Selbst, das in allen lebt, und das Selbst, in dem alle leben und
sich bewegen." (17)
Hier klingt ein gewisser undifferenzierter Pantheismus an, in dem die Unterschiede zwischen Gottheit und Mensch weitgehend aufgehoben
werden, und die Gottheit völlig immanentisiert wird.

Für diese Polarität lassen sich weitere Textbelege nachweisen. Immer liegt
die Problematik darin, die Differenz zwischen dem Brahman als der Sonne, dem Quell allen Seins — und dem Geschaffenen — den Lichtstrahlen,
dem Strom der Quelle — nicht zu verwischen oder gar aufzuheben. Aurobindo zieht mehrfach eine deutliche und klare Trennungslinie, um sie
aber selbst an anderer Stelle doch wieder zu überschreiten. Vielleicht ist die
mystische Erfahrung, die Einung der liebenden Seele mit dem kosmischen
Geliebten, wie sie die Mystik der Welt kennzeichnet, auch der Schlüssel
zum Verständnis des Gottesbildes bei Aurobindo.

17) Aurobindo, Gita, S. 336

Swami Muktananda — Form und Leere

Zu welch eigenartigen Aussagen die Problematik der Unterscheidung zwischen der unpersönlichen Gottheit und dem persönlichen Gott führen kann, zeigt sich am nachstehenden Zitat von Swami Muktananda.

„Niemand sollte den Wert der Meditation infrage stellen oder mit sich selbst uneins sein, ob er auf eine Form oder auf das Formlose meditieren will. Beides bringt das gleiche Ergebnis. Heilige wie Tukaram, Tulsidas, Namdeva, Mirabai oder Janabai verehrten Gott als Form und erkannten doch das Formlose. Die Form, auch Gottes persönlicher Aspekt genannt, ist nicht Illusion, sondern Wirklichkeit. Die Herrlichkeit Gottes ist unaussprechlich. Er hat dies sichtbare Universum aus dem völligen Nichts erschaffen, aus der völligen Leere, und zwar aus dem unerschöpflichen Schatz seines eigenen Shakti heraus. Es ist so: In Wahrheit wird Er zum Universum, als dessen Einzelheiten er sich manifestiert. Der sich in Myriaden von Formen und Namen ausdrückt — wie sollte es ihm schwer sein, sich in menschlicher Gestalt auszudrücken? Weder sadhus, sannyasis noch andere Suchende sollten sich darüber auf Diskussionen einlassen. Verehre diejenige Vorstellung von Gott, die Deinen eigenen Empfindungen am besten entspricht. Saguna (Form) ist Er. Nirguna (das Formlose) ist ebenfalls Er." (18)

Der unpersönliche Gott manifestiert *sich* als das Universum, schafft es aber zugleich aus dem völligen Nichts und aus seiner eigenen Shakti. Hier befindet sich nicht nur ein sondern gleich mehrere Widersprüche in diesen wenigen Sätzen. Wie kann Gott das Universum aus dem Nichts schaffen, wenn er es doch selbst ist, oder — wie schafft er das Universum aus dem völligen Nichts und gleichzeitig aus seiner eigenen Shakti?

Gerade bei diesem Komplex bedarf es einer sorgsamen Unterscheidung der verschiedenen Aspekte, und eine derart undifferenzierte und widersprüchliche Darstellung, wie die hier von Swami Muktananda angeführte, kann nicht zur Erhellung der Problematik dienen.

(18) Swami Muktananda, „Spiel des Bewußtseins", Freiburg 1975, S. 72 f.

Maharishi Mahesh Yogi — Das absolute Sein

In den Schriften von Maharishi M. Y. tritt das Problem von Transzendenz und Immanenz der Gottheit erneut auf. Die zitierten Passagen aus seiner Schrift „Die Wissenschaft vom Sein und die Kunst des Lebens" werden dies deutlich machen.

„Der unpersönliche Aspekt Gottes ist ohne Form, er ist erhaben; er ist das ewige und absolute Sein. Er ist ohne Attribute, Eigenschaften oder Merkmale, denn alle Kennzeichen, Eigenschaften und Merkmale gehören ins relative Feld des Lebens; der unpersönliche Gott jedoch ist von absoluter Natur. Er oder Es ist absolut, unpersönlich, ohne Attribute und doch der Ursprung aller relativen Existenz. Es ist die Quelle all der verschiedenen Formen und Erscheinungen der Schöpfung. Alle Attribute der relativen Existenz haben ihre Ursache im attributlosen, absoluten Sein. Dieses Absolute ist unmanifest, es manifestiert sich in unterschiedlichen Graden und Formen in den verschiedenen Schöpfungsschichten. Alles in der Schöpfung ist Manifestation des unmanifestierten, absoluten und unpersönlichen Seins, des allgegenwärtigen Gottes." (19)

Hier wird Gott, in der Fortführung des Transzendenzgedankens, als Ursprung und Quelle der Schöpfung verstanden. Im Verlauf seiner Ausführungen behält Maharishi M. Y. dann die Neutrum-Form für den unpersönlichen Gott bei, um einen eigenwilligen Allmächtigkeitsbegriff zu entwickeln.

„Man sagt vom Absoluten, Es sei allmächtig, jedoch nicht in dem Sinn, daß Es alles zu vollbringen vermöchte. Weil Es alles ist, kann Es nicht irgend etwas tun oder wissen. Es ist jenseits des Tuns und Wissens. Es ist allmächtig in dem Sinne, daß ohne Es nichts existieren würde. Alles, was existiert, ist im absoluten Zustand des Seins. In diesem Sinne ist Es, der unpersönliche Gott, Schöpfer, Erhalter und Bestand der Welt, wobei Es ewig im unmanifestierten Zustand verharrt, und nur in diesem Sinnes ist Es allmächtig." (19a)

(19) Maharishi Mahesh Yogi, „Die Wissenschaft vom Sein und die Kunst des Lebens" Intern. SRM Publications Stuttgart 1966, S. 303

(19a) ebd. S. 304 f.

Allmächtig soll hier vom Hauch der Willkür befreit werden. Wenn überhaupt eine „Beschränkung" Gottes oder der Gottheit gedacht werden kann, dann nur eine im Wesen Gottes selbst liegende. So intendiert der Begriff Gottes als des Guten, daß er nichts Schlechtes schaffen kann, doch kann dies kaum als "Beschränkung" seiner Allmacht verstanden werden. Dieser Gedanke wird deutlicher, wenn man zwei weitere Textstellen aus der „Wissenschaft vom Sein" heranzieht.

„Das Individuum in all seinen Aspekten ist das Licht Gottes, es ist unpersönliches, absolutes Sein. Deshalb wird das Leben als das Licht Gottes, die Ausstrahlung des ewigen, absoluten Seins definiert." (20)

„Der unpersönliche Gott ist das Sein, das im Herzen eines jeden wohnt. Jedes Individuum ist in seiner wahren Natur der unpersönliche Gott." (21)

Es werfen sich zwei Fragen auf. Wie kann das Individuum unpersönliches, absolutes Sein sein? Was ist die Grundlage des Seins, wenn das Individuum der unpersönliche Gott ist?

Der Begriff des Individuums impliziert ja gerade Persönlichkeit, indem es dieses bestimmte Seiende *ist* und ein anderes Seiendes (Individuum) *nicht ist*.

Die zweite Frage drängt sich auf, wenn einerseits der unpersönliche Gott als die Quelle der relativen Existenz aufgefaßt wird, andererseits aber dieser mit dem Individuum in seiner wahren Natur gleichgesetzt wird. Wird das individuelle Seiende zum Schöpfer aller relativen Existenz? Wie kann überhaupt in dieser Darstellung der Begriff eines unpersönlichen *Gottes* aufrechterhalten werden?

Hier bleiben Fragen offen, deren Beantwortung in der Bildhaftigkeit zu finden sein könnte. Wird der „unpersönliche Gott" allein im Sinne des göttlichen Lichtes verstanden, so bleibt GOTT, als das Absolute, unberührt, während das Individuum im Sinne des Lichtfunkens, der Verkörperung einer göttlichen Idee, zu sehen ist.

20) ebd. S 305
21) ebd. S. 307

26

Swami Omkarananda — Das Eine ohne Zweites

Die Überschrift dieses Abschnittes deutet bereits an, in welche Richtung die Aussagen Swami Omkaranandas tendieren. Auch bei ihm tritt der Dualismus von Schöpfer und Geschöpf zugunsten einer stark monistisch gefärbten Vorstellung zurück.

„Die Wahrheit aller Wahrheiten liegt in der Tatsache, daß alles, was wir sehen, alles, was wir erfahren, alles, was wir empfinden, nichts anderes als Gott selbst ist. Vom Standpunkt der geistigen Erfahrung aus gesehen, sind selbst Verhältnisse und Dinge, die dem Wesen Gottes diametral entgegengesetzt zu sein scheinen — Gott selber. Vom Standpunkt der Erfahrung Gottes als des Unendlichen besteht die Welt nicht aus einer Vielheit von Dingen, sondern es gibt nur ein Einziges, nämlich das herrliche, unbeschreibliche, allschöpferische und allschöne Bewußtsein Gottes. Gott, das unendliche, absolute Bewußtsein, das Eine ohne ein Zweites, kann, wenn auch nicht durch die Sinne des Körpers, erfahren werden.“ (22)

In dieser Aussage ist der Gedanke einer pantheistischen Gottesdeutung vorherrschend. Die Vielheit der Schöpfung wird nicht mehr als eine Darstellung Brahmans gesehen, sondern als Brahman selbst — im Sinne der absoluten Identität.

„Er (i.e. Gott, d. Verf.) ist das All und Alles.“, wie es in der Osterbotschaft des Swami 1977 heißt. (23) Dieser Pantheismus wird an anderer Stelle aber reduziert, indem der Transzendenz-Gedanke auch zum Ausdruck kommt.

„Unsere Erfahrung zeigt, daß Gott nicht nur die Ferne, überkosmische Realität und eine pantheistische, alldurchdringende Gottheit im Sinne Spinozas ist, sondern auch die im tiefsten Grunde verborgene Macht in der inneren Gesetzmäßigkeit des Menschen — in unserem eigenen Sein in der Welt, in der ganzen Natur und in dem, was über die Natur hinausragt — und darüberhinaus auch das völlig transzendente Andere.“ (24)

22) S. Omkarananda, „Einige Schritte zum Kosmichen Bewußtsein", DLZ o. J., S. 5
23) ders., „Gotterkenntnis im täglichen Leben" DLZ o. J., S. 24
24) ders., Osterbotschaft 1977, DLZ, S.31

Wie schon mehrfach vorher, kontrastieren rein pantheistische Aussagen mit solchen, in denen die Transzendenz Gottes aufrechterhalten wird. Es fehlt eine strenge Unterscheidung zwischen einer Immanenz Gottes im Sinne des tragenden Prinzips, im Gegensatz zu einem unreflektierten, reinen Pantheismus. Aussagen, wie die, Gott sei „das All und Alles" führen geradezu zwangsläufig zu dieser Gefahr, selbst wenn sie inhaltlich nicht so intendiert sind.

Arthur Avalon — Das unerforschbare Sein

Wenn abschließend zum Thema Brahman (unpersönliche Gottheit) zwei Europäer zu Wort kommen, so hat dies seinen Grund darin, daß beide nach jahrzehntelanger Erforschung der Yoga-Wissenschaft als hervorragende Kenner und Praktiker dieser Lehre angesehen werden können. Beide dürfen deshalb in gewissem Sinne ebenfalls als „Meister des Yoga" eingestuft werden.

Avalon hat sich vor allem mit der Erforschung des Tantrismus beschäftigt, und seine Werke sind in diesem Bereich zu „Klassikern" geworden. In seiner Schrift „Shakti und Shakta" geht Avalon u. a. auch auf die Brahman-Frage ein. Brahman wird in seiner Kommentierung mehrerer tantrischer und vedantischer Schriften bestimmt als etwas, über das „nichts Gesondertes mehr ausgesagt werden könne"; es ist *„unerforschbares Sein, auf das keine Kategorie mehr angewendet werden kann."* (25)

Der transzendente Zustand wird bestimmt als *„aus sich selbst seiend, nicht endend, unveränderlich, raumlos, zeitlos, allesdurchdringend, nicht unterscheidbar, sich selbst erleuchtend."* (26)

Brahman wird von Avalon auch als suprakosmisch angesehen, ähnlich wie dies bei Aurobindo aufgezeigt wurde.

(25) Arthur Avalon, "Shakti und Shakta", Weilheim 1962, S. 28
(26) ebd., S. 177

„Brahman ist unendlich und kann deshalb niemals in einer Form, auch nicht im Weltall, ganzheitlich enthalten sein. Immer übersteigt er das Universum. "
(27)
Die Frage bzgl. der Immanenz beantwortet Avalon dann durch Konzipierung einer Emanationsvorstellung, auf die später noch einzugehen sein wird.

In seiner Brahman-Definition sind weitgehend jene „Bestimmungen" angegeben, die bisher bei den angeführten Autoren ebenfalls zu finden waren, wobei vielleicht die Lichtmetapher, der sich selbst erleuchtende und damit aus sich selbst leuchtende Gott, hervorzuheben wäre.

Paul Brunton — Der Weltgeist

Der Brahman-Gedanke findet bei Brunton seinen Widerhall in der Vorstellung eines „Weltgeistes". Jener Weltgeist bildet für Brunton die Grundlage eines radikalen Monismus. Weltgeist und Universum sind eines, wenn auch der Weltgeist *mehr* als das Universum ist. Grund dafür sieht Brunton in dem Gedanken einer Begrenzung Gottes durch die Welt, wenn dieser als „außerhalb" der Welt zu denken wäre.
„Denn wenn Gott außerhalb der Welt ist, so ist er durch die Welt begrenzt und verliert so seine Unendlichkeit. " (28)
Ob diese Gottesvorstellung in ihrer Verräumlichung der Problematik gerecht wird, muß bezweifelt werden. Wenn Gott als raum- und zeitlose Ewigkeit gedacht wird, fällt das Argument einer „Begrenzung" durch die Welt hinweg, weil zwei nicht vergleichbare „Ebenen" angesprochen sind.
Brunton postuliert von sich aus drei große Wahrheiten:
„Erstens, daß das Universum der offenbar gemachte Gott ist; zweitens, daß Gott in der Welt immanent sein muß, genau so wie unser eigener Geist in jedem unserer eigenen Gedanken immanent ist; drittens, daß das Universum nicht ei-

(27) ebd., S.430
(28) Paul Brunton, "Die Weisheit des Überselbst", Freiburg 1972, S.404

ne sinnlose Sache sein kann, da es einen Geist hinter sich hat, sondern eine sinnvolle Bedeutung besitzen muß. Die Welt ist so innig mit dem Weltgeist verbunden, daß sie getrennt von ihm sinnlos und undenkbar wird. " (29)

Wird der erste Punkt als durchaus zutreffende These zu akzeptieren sein, so stellt sich die Frage, woraus Brunton seine zweite These ableitet?

Eine Offenbarung Gottes im Universum bedingt keinesfalls eine Identifizierung jenes mit diesem. Brunton sieht eine Trennung von Weltgeist und Universum als unmöglich an, einerseits, weil er im Fall einer Trennung den ersteren durch das Universum begrenzt sieht, und andererseits, weil er eine Eigenexistenz des Universums ohne identische Einwohnung des Weltgeistes nicht zu denken vermag. Genuin „indisch" weiterfolgernd sieht er in der Innewohnung des Weltgeistes im Universum keine vollständige Offenbarung, sondern nur eine partielle.

„Der Weltgeist ist nicht nur im Universum, sondern auch metaphysisch darüber hinaus. Die Endlichkeit der Welt, weist auf das Unendliche hin, das die Welt übersteigt. " (30)

Die Weltgeist-Vorstellung Bruntons läßt ihm keinen Raum mehr für eine persönliche Gottesvorstellung, wie sich im folgenden Kapitel erweisen wird und führt ihn zugleich in eine eigenwillige Konzeption des Schöpfungsgedankens, was ebenfalls noch zu erörtern ist.

Resümierend läßt sich zur Problematik der unpersönlichen Gottheit feststellen, daß die Schwierigkeit gerade dieser Frage nicht zuletzt im Sprachlichen liegt. Die Trennung zwischen Pantheismus und Theismus wird durch mehrdeutige sprachliche Formulierungen oft verschwommen. So wird der Gedanke der Gottheit als des tragenden Prinzips der Schöpfung, einer „Immanenz der Seins-Erhaltung", häufig zu einer reinen Identität von Gottheit und Geschaffenem, was dann gleichzeitig den Gedanken eines Geschaffenen überhaupt aufhebt.

29) ebd., S. 430
30) ebd., S. 430

Die häufige Identifizierung der Gottheit mit dem geschaffenen Seienden kann als verbreitetes Moment der Yoga-Mystik und der vedischen bzw. vedantischen Metaphysik angesehen werden. Diese Art von Monismus ist ein typisches Charakteristikum für die Gottesvorstellung vieler „Yoga-Meister". Sie beruht auf einer „All-Einheits-Erfahrung", die kritisch zu hinterfragen Ziel der weiteren Untersuchung sein muß, zumal diese Problematik bei den Fragen nach einem persönlichen Gott, der Schöpfung und des Verhältnisses von Gott und Individuum erneut wiederkehren wird.

II. Brahma (Ishvara) — Gott

Vielfach berührten die Ausführungen des vergangenen Kapitels bereits die jetzt zu behandelnde Frage nach einem als Person verstandenen Gott. Das personale Gottesverhältnis, wie es für jüdische und christliche Religiosität selbstverständlich ist, findet in der asiatischen Mystik eine vielfältige Ausprägung. Das Spektrum reicht von der Inkarnation des persönlichen Gottes in menschlicher Form bis zur gänzlichen Leugnung der Existenz eines Gottes in personaler Gestalt. Dabei wird die Gottesverehrung in nahezu allen Fällen zum Spiegel der betreffenden menschlichen Persönlichkeit und reicht von leidenschaftlicher Hingabe bis zu abstrakter Spekulation. Einen Pol dieser Extreme findet man in der Person Ramakrishnas verkörpert.

Ramakrishna — Gespräche mit Gott

In einem Aphorismus Ramakrishnas wird eine bemerkenswerte Gottesauffassung überliefert:

„Gott ist gestaltlos und gestaltet zugleich. Er ist auch das, was beides, Gestalt und Gestaltlosigkeit transzendiert. Er allein weiß, was alles er ist." (31)

War in den Ausführungen Ramakrishnas zur Gottheit nicht immer der Transzendenz-Gedanke deutlich geworden, so tritt er an dieser Stelle in einer sogar überhöhten Form zutage. Gott wird als jenseits der Gestalt *und* der Gestaltlosigkeit verstanden. Gott wird hier zum radikal Anderen. Auch die Selbst-Erkennbarkeit des Brahman bleibt in ihrer Absolutheit verborgen. Gott denkt sein Sein, er ist das Denken des Denkens, vollkommene Selbstgewißheit.

Ramakrishna sieht zwischen dem unpersönlichen und dem persönlichen Gott keinen Unterschied.

(31) Pelet, a.a.O., S. 162

32

*„Gott der Absolute und der persönliche Gott sind ein und derselbe. Der Glaube
an den einen schließt den Glauben an den anderen in sich. So ist Feuer getrennt
von seiner Brennkraft undenkbar, wie Brennkraft undenkbar ohne Feuer ist.
Wiederum kann man sich die Sonnenstrahlen nicht ohne die Sonne denken,
noch die Sonne ohne ihre Strahlen. Ihr könnt euch nicht die Weiße der Milch gesondert von der Milch vorstellen, noch die Milch gesondert von ihrer milchigen
Weiße. So ist der Gedanke an Gott, den Absoluten, untrennbar von dem an
den persönlichen Gott mit Eigenschaften, und umgekehrt.“* (32)

In diesen beiden Aussagen liegt noch nichts Außergewöhnliches, sie lassen
sich in abgewandelter Form auch bei anderen Yoga-Meistern nachweisen.
Ramakrishna bringt aber dann in die Gottesfrage einen ganz besonderen
Aspekt ein — das Gespräch mit Gott. Dieses Gespräch wird dabei nicht
etwa metaphorisch verstanden oder im Sinne einer inneren Zwiesprache,
sondern als reale, „menschliche" Begegnung.

*„Gott kann verwirklicht werden; man kann Ihn sehen und zu Ihm sprechen, wie
ich es zu euch tue. Aber wen verlangt schon danach? Die Leute vergießen
Ströme von Tränen um Weib und Kind, um Reichtum und Habe, wer tut es um
Gottes willen? Wenn jemand aufrichtig nach Ihm weint, offenbart Er sich ihm
unweigerlich.“ (33)*

Diese Aussage erhält erst ihr volles Gewicht, wenn sie durch eine zweite
ergänzt wird.

*„Weißt du (Gespräch R. mit einem Jünger, d. Verf.), warum Gott körperliche
Gestalt annimmt? Weil seine Worte mittels eines menschlichen Körpers verständlich werden. Natürlich offenbart sich so nur ein kleiner Teil von ihm. Gott
hat einmal mit mir gesprochen. Ich saß unter dem Pisangbaum und sah Ihn
vom Ganges herkommen. Während dreier Tage habe ich fortwährend weinen
müssen. Er hat mir den Wesensinhalt der Veden, der Puranas und der anderen
Heiligen Schriften offenbart. An einem anderen Tage hat er mir die Maya von
Mahayaya gezeigt: ein kleines Licht inmitten von etwas Dunklem: dann fing es
an, größer zu werden und nahm schließlich das Weltall ein.“ (34)*

(32) ebd., S. 163
(33) Satyamayi, a.a.O., S. 131
(34) Solange Lemaitre, "Ramakrishna", Hamburg 1963, S. 124

Hier wird der Leser mit einer scheinbar unbegreiflichen Herausforderung konfrontiert. Gott im vertrauten Gespräch mit Ramakrishna ist ein schwer vorstellbares Bild. Ein Verständnis dieser Worte kann sich überhaupt nur erschließen, wenn man das indische Denken in dieser Frage begreift. Die Möglichkeit einer Manifestation Gottes gilt ihm als etwas beinahe Selbstverständliches. Dies drückt sich auch in der hinduistischen Mythologie aus, deren Göttervielheit nur als unterschiedliche Personifizierungen des einen Gottes gesehen wird. Gott kann in unzähligen Formen erscheinen. So entwickelte Ramakrishna bsw. ein „inniges Verhältnis" zur Göttin Kali.

Es mag die Frage aufkommen, ob nicht diese Gottesbegegnungen nur Wahrnehmungen verdichteter astraler Gedankenprodukte waren. Die Antwort darauf zu finden, bleibt jedem "Sucher auf dem Pfad" selbst überlassen.

Vivekananda — Gott und Gesetz

Vivekananda, der Lieblingsschüler und Nachfolger Ramakrishnas, faßt in seiner Schrift über Bhakti-Yoga den persönlichen Gott in gleicher Weise wie sein Meister auf.

„Ishvara ist die höchste Manifestation der Absoluten Wirklichkeit, mit anderen Worten, der persönliche Gott ist die erhabenste Vorstellung des Absoluten, die dem menschlichen Fassungsvermögen begreiflich ist. Ewig ist die Schöpfung, und ewig ist auch Ishvara.

Im vierten Kapitel seiner Sutren macht Vyasa nach Erwähnung der fast unendlichen Macht und Erkenntnis, die der befreiten Seele nach Erreichung von Moksha, das heißt nach erlangter Erlösung, zuteil werden, in einem Sutra die Bemerkung, daß trotzdem niemand die Macht habe, das Weltall zu erschaffen, zu beherrschen und wieder aufzulösen, denn dies stehe allein Gott zu." (34 a)

34a) Swami Vivekananda, "Karma-Yogi", Frbg. 1973, S. 154

Wichtig ist hier die Feststellung der Ewigkeit auch des persönlichen Gottes, wobei allerdings auch die Schöpfung als gleich ewig mit ihm aufgefaßt wird. Es bleibt zu fragen, inwiefern der Begriff „Schöpfung" dann überhaupt noch angewandt werden kann.

Wesentlich — zumindest aus indischer Sicht — ist die absolute Trennung von göttlicher Allmacht und der „Allmacht" der befreiten Seele. Die Eindeutigkeit dieser Aussage wird aber wieder aufgehoben durch eine Erklärung Vivekanandas während seiner zweiten Europareise.

„Die Totalität der Lebenden — (nicht der Menschen allein) — ist der persönliche Gott. Dem Willen der Totalität kann nichts widerstehen. Wir kennen das unter dem Namen Gesetz. Das meinen wir mit dem Namen Shiva, Kali usw. " (35)

In diesen Worten läßt sich auch bei weitester Auslegung keine Beziehung zu der vorherigen Aussage feststellen.

Berücksichtigt man aber, daß die Schrift Vivekanandas über Bhakti-Yoga Produkt sorgfältiger geistiger Arbeit ist, so muß ihr, und damit dem erstgenannten Zitat, dominierende Bedeutung zukommen.

Ramana Maharshi — Gott und Seligkeit

Ramana Maharshi verdankt einen großen Teil seiner Bekanntheit im Westen der Tatsache, daß der Engländer Paul Brunton sein Schüler war. Brunton hat in mehreren Büchern über seine Erlebnisse mit Maharshi berichtet und damit dessen Wesen dem westlichen Leser nähergebracht.

Ramana Maharshi trennt zwischen Brahman und Ishvara in einer Form, wie sie bereits mehrfach angeführt wurde.

„Wir bitten Gott um Seligkeit und empfangen sie durch Seine Gnade. Wer Seligkeit gewähren kann, muß selbst Seligkeit sein und gleichermaßen unendlich. In diesem Sinne ist Ishvara, der Persönliche Gott, unendliche Kraft und Selig-

---

35) Rolland, "Vivekananda" Bd.1, Zürich 1965, S.120

keit. Brahman ist unpersönliche und absolute Seligkeit. Die endlichen Einzel-
wesen, die ihren Ursprung aus dem Brahman und nächstdem aus Ishvara ab-
leiten, sind ihrem spirituellen Wesen nach nur Seligkeit. "(36)

Hier wird der Ishvara in gewissem Sinne subordinatianisch verstanden,
denn die Geschöpfe leiten ihre Seligkeit aus Brahman und nächstdem aus
dem Ishvara ab. Möglicherweise läßt sich der Ishvara auch im Sinne griechi-
scher Metaphysik als erste Hypostase Brahmans auffassen.

Unklar bleibt der Unterschied zwischen der Seligkeit des persönlichen
Gottes und der absoluten Seligkeit des Brahman. Gibt es in Bezug auf Seligkeit noch Abstufungen?

Die im obigen Zitat aufgestellte Trennung zwischen Brahman, Ishvara und
Geschaffenem verschwimmt an anderer Stelle allerdings völlig.

„Der Verstand ist unfähig, die einfache Wahrheit zu erfassen, daß Gott wirk-
lich in allem ist, und nicht in einigen „auserwählten" Gestalten allein, in eini-
gen besonderen physischen, verstandes- oder gefühlsbetonten Erscheinungen.
Daß Er im Maharishi so gut wie in jedem der einfachen dravidischen Bauern
wohnt, die hier in der Halle sitzen und deren Denkprozesse noch ziemlich kind-
lich sind, wenn man sie mit denen des Brahmanen vergleicht, der in der Nähe
meditiert. Daß Er in der erfrischenden Abendbrise und ebenso in den schwar-
zen Moskitos ist, die mich sogar in der Tempelhalle quälen. Daß alle Arten von
Tiefseeungeheuern, die einander unbarmherzig verschlingen, ebenso wie die
stummen Gebete der Verehrer, die zu Füßen des Weisen sitzen, dasselbe Leben
des Allerhöchsten atmen; und nichts, buchstäblich nichts „außerhalb" Seines
Bewußtseins ist. Daher ist alles, wie es sein soll; nichts kann gegen Seinen Wil-
len gehen oder außerhalb Seiner existieren." (37)

Gott und geschaffenes Sein werden zur Identität. Diese Auffassung wird
wichtige Konsequenzen haben, wie sich in der Frage des Verhältnisses der
Individualität zu Gott noch zeigen wird.

(36) Sri Ramana Maharshi, "Gespräche I", Büdingen 1958, S. 54
(37) Mouni Sadhu, "Auf dem Pfad Sri Ramana Maharshis", Büdingen 1956, S. 188f.

Aurobindo — Gott und die Götter

In der Frage nach der Persönlichkeit Gottes findet sich im Werk Aurobindos die gleiche Darstellung, wie sie schon für das unpersönliche Brahman geltend war. Auch für den Ishvara wird Transzendenz und Immanenz geltend gemacht.

„Der ishvara ist sowohl überkosmisch wie innerkosmisch. Er ist es, der jede Individualität überragt, bewohnt und erhält. Er ist das höchste und universale brahman, das Absolute, das erhabene Selbst, der höchste purusha (Gita). Es ist aber sehr deutlich, daß das nicht der persönliche Gott populärer Religionen ist, ein durch seine Eigenschaften begrenztes Wesen, individuell und von anderen gesondert. Denn alle diese personalen Götter sind nur begrenzte Repräsentationen oder Namen und göttliche Personalitäten des einen ishvara. Dieses ist weder das saguna brahman, aktiv und im Besitz von Eigenschaften, denn das ist nur eine Wesensseite des ishvara. Nirguna, unbewegt, ohne Eigenschaften, ist ein anderer Aspekt seines Seins. Ishvara ist brahman, die Wirklichkeit, Selbst, Geist, geoffenbart als der Besitzer und Genießer seines eigenen Selbst-Seins, Schöpfer des Universums und eins mit ihm, pantheos; und dennoch überragt er es, der Ewige, Unendliche, Unaussprechliche, die Göttliche Transzendenz."
(38)
Wenn der Ishvara in einen überkosmischen Status versetzt wird, wird die Möglichkeit der Verbindung zwischen ihm und dem menschlichen Wesen nur schwer vorstellbar. Doch Aurobindo sieht die Beziehung des persönlichen Gottes zu seinem Geschöpf in ganz realer Weise als liebenden, dualen Kontakt gegeben.

„Gott ist ein Wesen und kein abstraktes Sein, kein Zustand reiner, zeitloser Unendlichkeit. Zwar ist er das ursprüngliche Universale Sein, doch kann dieses nicht vom Bewußtsein und von der Seligkeit des Seins getrennt werden. Ein Sein, das seines eigenen Wesens und seiner Seligkeit bewußt ist, können wir mit Recht eine Göttliche unendliche Person, purusha, nennen. Überdies setzt alles Bewußtsein auch Macht, shakti, voraus. Wo ein unendliches Bewußtsein des Seins ist, gibt es auch eine unendliche Macht des Seins. Durch diese Macht

(38) Aurobindo, GL Bd. II, 1, a.a.O., S. 70 f.

existiert alles im Universum. Alle Wesen haben durch dieses Sein ihr Dasein. *Alle Dinge tragen das Angesicht Gottes. Jegliches Denken, Handeln, Fühlen und Lieben kommt aus ihm und kehrt zu ihm zurück. Alle Auswirkungen haben ihn zum Ursprung, zum tragenden Grund und geheimen Ziel. Bhakti, die Liebe des Integralen Yoga, wird in diese Gottheit, in dieses Wesen ergossen und zu ihm emporgehoben. Als transzendente Liebe will sie ihn in der Verzückung absoluten Einsseins suchen. Als universale Liebe will sie ihn in der unendlichen Fülle der Eigenschaften in jeglichem Aspekt und in allen Wesen mit universaler Seligkeit und Liebe erfassen. Sie wird als individuelle Liebe in alle menschlichen Beziehungen zu ihm eintreten, die die Liebe zwischen seiner und unserer Person stiftet." (39)*

Jegliche pantheistische Komponente ist in dieser Aussage verschwunden. Gott wird als personaler Grund der Schöpfung verstanden, der als Person in liebender Verbindung zu dieser steht.

Eine Parallele zu Vivekananda (vgl. Zit. 34) deutet sich in der nachstehenden Passage aus der „Synthese des Yoga" an, wenn auch Aurobindo die Feststellung trifft, niemand könne in seiner Individualität zum Herrn des Universums werden.

„Doch ist Er durch keine, auch nicht durch ihre äußersten, beinahe unendlichen Möglichkeiten gebunden. Er steht über allen Eigenschaften und bleibt auf einer gewissen Ebene des Seins frei von ihnen. Der nirguna, der von allen Qualitäten Freie, ist der zu Qualitäten Befähigte. Er ist der nirguna, dieser Qualitätslose, der sich als saguna, als anantaguna, als unendliche Qualität, manifestiert, da Er alles in seiner absoluten Macht zu einer grenzenlos verschiedenartigen Selbst-Offenbarung vereinigt. Er ist frei von ihnen in dem Sinne, daß Er sie alle überragt. Wenn Er nicht tatsächlich frei von ihnen wäre, könnte Er nicht unendlich sein. Gott wäre dann seinen eigenen Qualitäten unterworfen und durch Seine Natur gebunden. Prakriti wäre das Höchste, purusha wäre Sein Geschöpf und Spielzeug. Doch der Ewige wird ebensowenig durch die Qualität wie durch das Fehlen der Qualität, weder durch die Personalität noch durch die Apersonalität gebunden. Er ist Er selbst und steht jenseits all unserer positiven und negativen Definitionen.

39) ders., "Synthese des Yoga", Gladenbach 1976, S.610

Wenn wir das Ewige auch nicht definieren können, so vermögen wir doch, uns mit ihm zu einen. Man hat gesagt, wir könnten wohl zum Apersonalen, jedoch nicht zum personalen Gott werden. Das ist aber nur in dem Sinne wahr, daß niemand in seiner Individualität zum Herrn des ganzen Universums werden kann. " (40)

Die Frage nach der Begegnung mit Gott findet wertvolle Erhellungen in Aurobindos „Briefen über den Yoga":

„Die persönliche Verwirklichung des Göttlichen kann mit oder ohne Form stattfinden. Ohne Form ist es die Gegenwart der lebendigen Göttlichen Person, die in allem gefühlt wird. In der Form erscheint es im Bildnis des Einen, den man anbetet. . . . Manchmal wird die Göttliche Gegenwart in einer Form im Herzen erkannt, manchmal in einem anderen Zentrum, manchmal über einem und von dort her lenkend, manchmal wird sie außerhalb und vor einem gesehen als wäre sie eine verkörperte Person. Man gewinnt hierdurch eine innige Beziehung, eine fortwährende Führung oder, wenn sie innerlich gefühlt oder geschaut wird, eine sehr starke und konkrete Verwirklichung der immerwährenden Gegenwart. Man muß sich jedoch der Reinheit seiner Anbetung und seines Suchens sehr sicher sein, denn der Nachteil dieser Art verkörperter Beziehung besteht darin, daß andere Kräfte die Form nachahmen oder die Stimme oder Führung fälschen können und dies umsomehr, wenn es sich um ein ersonnenes und kein wahres Bildnis handelt." (41)

Das Göttliche kann sich dem liebenden Sucher in einer begrenzten Form nähern. Diesen Formen werden jeweils verschiedene Namen gegeben, doch Aurobindo sieht dahinter eine alle tragende geistige Einheit, eine göttliche Quelle, die die Manifestationen speist. So wird auch der hinduistische Polytheismus für Aurobindo erklärbar, wenn man „Götter" als jeweilige Manifestationen des einen Gottes sieht.

„Ihre (i.e. der Veden, d. Verf.) Lehre ist monotheistisch, und die vedischen Götter sind verschiedene Namensnennungen der einen Gottheit; zur gleichen Zeit sind sie eine Bezeichnung Ihrer Macht, wie wir sie in der Natur wirken sehen,

---

40) ebd., S. 396
41) ders., „Briefe über den Yoga" Bd. 1, Pondicherry 1977, S. 264 f.

und bei einem rechten Verständnis der Bedeutung der Veden, können wir zu all
den wissenschaftlichen Wahrheiten gelangen, die durch die moderne Forschung
entdeckt wurden." (42)

„Die Götter des Veda repräsentieren die universellen Kräfte, herabgestiegen
vom Wahrheitsbewußtsein, das die Harmonie der Welt errichtete." (43)

Die Grundfrage, die sich hier ergibt, ist die, warum eine monotheistische
Grundposition einen polytheistischen Ausdruck gefunden hat, und inwieweit die Grundposition sich noch im Bewußtsein breiter Schichten gehalten hat. Die Personalisierung göttlicher Kräfte oder Eigenschaften birgt
immer die Gefahr in sich, letztlich zu reinem Polytheismus abzusinken.
Hinzu kommt die Problematik im Gebrauch des Wortes GOTT, die aber
vielleicht mehr für den westlichen Betrachter gegeben ist, denn die indische Terminologie drückt hier bsw. die Unterscheidung in Brahman-Ish-
vara und Deva aus, wobei niemand Deva mit dem Schöpfer des Universums gleichsetzen würde.

Deva kann aber auch die Bezeichnung für eine geistige Wesenheit sein, und
es läßt sich eine Parallele zwischen den indischen Devas und den christlichen Engelhierarchien ziehen.

---

42) ders., „The Secret of the Veda", Pondicherry 1971, S. 29

„Its religious teaching is monotheistic and the Vedic gods are different descriptive names of
the one Deity; they are at the same time indications of His powers as we see them working in
Nature and by a true understanding of the sense of the Vedas we could arrive at all the scientific
truths which have been discovered by modern research."

43) ebd., S. 71

„Just as the Gods in the Veda represent universal powers descended from Truth-Conscious-
ness which build up the harmony of the worlds . . . "

Yogananda — Die Dreifaltigkeit Gottes

Über das Wesen Gottes befragt, antwortete Yogananda einem Schüler:
„Gott ist ewige Glückseligkeit. Sein Wesen ist Liebe, Weisheit und Freude. Er ist sowohl unpersönlich als auch persönlich und offenbart sich so, wie es Ihm beliebt. Vor Seinen Heiligen erscheint Er in der Gestalt, die ihnen am teuersten ist; der Christ sieht Christus, der Hindu Krishna oder die Göttliche Mutter und so weiter. Wer in Gott etwas Überpersönliches verehrt, nimmt Ihn als unendliches Licht oder als den wundersamen OM-Laut, das Urwort, den Heiligen Geist wahr. Die höchste Erfahrung, die dem Menschen zuteil wird, besteht in jener Seligkeit, die alle anderen Ausdrucksformen Gottes — Liebe, Weisheit, Unsterblichkeit — voll und ganz einschließt." (44)
Hier drückt sich jener Gedanke der Manifestation, wie er im vorherigen Abschnitt bei Aurobindo angedeutet wurde, in konkreter Personalisierung aus. Christus, Krishna, die Göttliche Mutter, sind für Yogananda Manifestationen Gottes. Gleichwohl muß beachtet werden, daß diese nicht mit dem identisch sind, was bisher als Ishvara gekennzeichnet wurde.
Dies wird aus einer Erklärung deutlich, in der Yogananda den christlichen Trinitätsbegriff aus indischer Sicht aufzuschlüsseln sucht.
„Diese Bibelworte (i.e. Joh. 1,18; 5,22; 14,12; 14,26 und Ephes. 3,9, d. Verf.) beziehen sich auf die Dreifaltigkeit Gottes: Vater, Sohn und Heiliger Geist (Sat, Tat, OM in den Hinduschriften). Gottvater ist das Absolute, Unmanifestierte, das jenseits der vibrierenden Schöpfung existiert. Gott, der Sohn, ist das Christusbewußtsein, das innerhalb der vibrierenden Schöpfung besteht; dieses Christusbewußtsein ist die 'eingeborene' oder einzige Widerspiegelung des unerschaffenen Unendlichen. Die äußere Offenbarung des allgegenwärtigen Christusbewußtseins wird 'Zeuge' (Off. 3,14), OM, Wort oder Heiliger Geist genannt; dieser ist die unsichtbare Macht, der einzig Handelnde, die einzige Schöpferkraft, die das ganze Universum durch Schwingungen aufrechterhält. *

44) Paramahansa Yogananda, „Worte des Meisters", Weilheim 1977, S. 25

*) Anm.: Vgl. zu dieser Anschauung auch die Schriften des Benediktinerpaters und indischen Mönches H. Le Saux.

OM, der segensreiche Tröster, kann in der Meditation gehört werden; er ent-
hüllt dem Gottsucher die letzte Wahrheit und 'wird euch erinnern all das, das
ich euch gesagt habe'." (45)

Christus oder Krishna werden von Yogananda nicht mit dem Absoluten identifiziert, es kann von ihnen nur insofern als „Gott" gesprochen werden, als sie einen Zustand der Vereinigung mit dem Absoluten erreicht haben, der sie zum Abbild dessen werden läßt.

Der Gottvater-Begriff als Person wird an anderer Stelle deutlicher faßbar.

„Gott ist keine Person, der, wie uns, Grenzen gesetzt sind. Unser Dasein und
Bewußtsein, unser Gefühl und Wille sind nur ein schwacher Abglanz Seines
Wesens, Seines Bewußtseins und Seiner Glückseligkeit. Im transzendentalen
Sinne ist Er zwar eine Persönlichkeit. Doch während unser Sein, unser
Bewußtsein und unser Gefühl begrenzt und von den Sinneserfahrungen ab-
hängig sind, ist das Seine unbegrenzt und übersinnlich. Er ist das Überpersönli-
che und Absolute, was aber nicht bedeutet, daß Er sich nicht jenseits unseres Er-
fahrungsbereiches, besonders des inneren, befindet." (46)

Der Persönlichkeitsbegriff will von Yogananda nicht im Sinne eines profanen Anthropomorphismus verstanden werden. Gott ist keine glorifizierte menschliche Person. Gott ist aber auch nicht die Wesenheit Christus oder Krishna, sondern diese sind „nur" seine Widerspiegelung.

Yoganandas Autobiographie enthält eine in mehrfacher Hinsicht sehr bedeutsame Aussage zu dieser Thematik. Nach dem Tode Sri Yukteswars, Yoganandas Meister, erscheint dieser Yogananda und berichtet über seine Erfahrungen in der geistigen Welt. Gerade aus dieser kurzen Schilderung erschließt sich treffend die Wesensart dieser beiden großen Yoga-Meister, zeigt sich ihre humorvolle Menschlichkeit, die nicht zuletzt zur großen Beliebtheit Yoganandas im Westen beigetragen hat.

„Freudenfeste finden auf den höheren Astralplaneten wie Hiranyaloka z. B.
dann statt, wenn sich ein Wesen geistig so hoch entwickelt hat, daß es sich von
der Astralwelt lösen und in den Himmel der Kausalwelt eingehen kann. Bei
solchen Gelegenheiten materialisieren sich die in Gott eingegangenen Heiligen

---

45) ders., „Autobiographie eines Yogi", Weilheim 1973, S. 160 f.

46) ders., „Religion als Wissenschaft", Weilheim 1976, S. 52

und sogar der unsichtbare Himmlische Vater selbst in leuchtenden Astralkör-
pern, um an der Festlichkeit teilzunehmen. Gott kann jedwede gewünschte
Form annehmen, um Seinen geliebten Kindern Freude zu machen. Bhaktas
oder hingebungsvolle Naturen erblicken ihn oft als Göttliche Mutter. Jesus sah
in Gott vor allem den liebenden Vater. Der Schöpfer hat jedem seiner Geschöpfe
Individualität verliehen und muß daher alle vorstellbaren und unvorstellbaren
Ansprüche an Seine Vielseitigkeit in Kauf nehmen. — Bei diesen Worten bra-
chen wir beide in fröhliches Lachen aus. " (47)

Der Begriff des Astralkörpers darf hier sicher nicht zu eng gefaßt werden,
denn er kann natürlich nicht als Glied der Siebenstufigkeit des Menschen
verstanden werden, wie dieser bsw. in theosophischer oder anthroposophischer Lehre aufgefaßt wird. Hier ist die geistige Formgebung der Göttlichen Persönlichkeit gemeint. Daraus wird deutlich, daß Gott nicht als abstraktes Prinzip angesehen wird, sondern als Person, als Vater, als Mutter
und zugleich als Schöpfer individueller Wesenheiten. Die „Göttlichen
Ausdrucksmöglichkeiten" sieht Yogananda dabei in grenzenloser Vielfalt,
deshalb kann auch von der „Göttlichen Mutter" gesprochen werden. Wesentlich ist nicht der bildhafte Ausdruck, der ja an das kategoriale menschliche Sprachsystem gebunden ist, sondern die Idee von Gott als Person,
die diesem zugrunde liegt.

Radhakrishna — Der persönliche Gott der Bhagavad Gita

Der Kommentar Radhakrishnas zur Bhagavad Gita ist gerade in der Frage
nach der Personalität Gottes von Bedeutung. Seine Kommentierung läßt
bei den betreffenden Textstellen kaum Zweifel an der personal verstandenen Existenz Gottes.

„Es ist ein vom unpersönlichen sehr deutlich unterscheidbarer persönlicher
Mystizismus, der in diesen sanften und eindrucksvollen Worten (VI, 30) her-
vorgehoben wird: 'dem gehe ich nicht verloren, noch geht er mir verloren'. Die

---

47) ders., Autob., a.a.O., S. 427

Strophe enthüllt die Erfahrung von der tiefen Einheit aller Dinge im Einen, der ein persönlicher Gott ist. Je einzigartiger, desto allumfassender. Je tiefer das Selbst ist, umso größer ist sein Fassungsvermögen. Wenn wir mit dem Göttlichen in uns eins sind, werden wir eins mit dem ganzen Strom des Lebens." (48)

„Der höchste ist Ishvara, der persönliche Gott des Universums, der die bewußten Seelen und die unbewußte Natur umfaßt. Diese beiden werden als ein höherer und niederer Aspekt angesehen. Er ist Leben und Gestalt eines jeglichen Wesens." (49)

„Der Allerhöchste ist der Ursprung aller Erscheinungen, wird von ihnen aber nicht berührt. Das ist der Yoga der göttlichen Macht. Obgleich Gott die Wesen erschafft, reicht er doch in einem solchen Grade über sie hinaus, daß wir nicht einmal sagen können, er wohne in ihnen. Selbst der Gedanke einer Immanenz Gottes ist, streng genommen, unhaltbar.

Die Gita verleugnet nicht die Welt, die durch Gott existiert, Gott hinter, über und vor sich hat. Sie existiert durch ihn, der in sich, d. h. ohne die Welt nicht geringer sein würde als er tatsächlich ist. Zum Unterschied von Gott besitzt die Welt kein besonderes Dasein in sich selbst. Ihr Sein ist darum begrenzt, nicht absolut. Der Lehrer der Gita neigt nicht zum Pantheismus, welcher behauptet, alles sei Gott, sondern zum Panentheismus, der Anschauung also, daß alles in Gott existiere. Der kosmische Entwicklungsablauf ist keine vollkommene Offenbarung des Absoluten. Obwohl diese Welt eine lebendige Manifestation Gottes ist, kann kein endliches Geschehen jemals das Absolute voll und endgültig ausdrücken." (50)

Die letzgenannte Überzeugung Radhakrishnans dürfte nicht unwesentlich zur Ablehnung seiner Religionsphilosophie durch den deutschen Theologen und Kenner der indischen Mystik, Otto Wolff, beigetragen haben.

„Jedenfalls fallen Gott wie die Welt in das Absolute zurück. Und somit steht am Ende doch ein unpersönlicher Universalismus. 'Unpersönlicher Universalis-

(48) S. Radhakrishnan, "Die Bhagavad Gita", Wiesbaden, o.J., S. 233 f.

(49) ebd., S. 245

(50) O. Wolff, a.a.O., S. 56

mus' ist die endgültige Signatur dieser Religionsphilosophie. War aber der 'Kosmische Gott' — so ist diese Spekulation doch wohl, besonders vom christlichen Theologen, zu fragen — wirklich Gott, wenn er ins Absolute zurückfallen und zu sein aufhören kann?" (51)

So berechtigt diese kritische Anmerkung ist, bleibt es doch fraglich, ob Wolff damit die Intention Radhakrishnans trifft.

Radhakrishnan gehört von der eigentlichen Themenstellung her nicht in dieses Buch, da er nicht zu den traditionellen „Yoga-Meistern" zu zählen ist. Seine weltweite Bekanntheit als hinduistischer Religionsphilosoph mag aber Grund genug sein, um ihn in der Gottesfrage hier zu Wort kommen zu lassen.

Lama A. Govinda — Die ewige Transformation

Mit Lama Anagarika Govinda wird erstmals ein Meister aus dem Buddhismus für die Thematik dieses Buches herangezogen. Auch ihm kann nicht im gängigen Sinne das Prädikat „Yoga-Meister" zugeschrieben werden, da er aus einer zu sehr vom traditionellen Yoga unterschiedenen Tradition kommt. Sicherlich darf er aber als Meditations-Meister bezeichnet werden, und in dieser Eigenschaft gehört er auch in dieses Buch. Es wäre falsch, nun allein den meditativen Ansatz seiner Lehre zu behandeln, ohne auf den Hintergrund, auf die sie tragende weltanschauliche Basis einzugehen.

Die Lösung der Gottesproblematik bei Lama Govinda fällt leicht, denn sie existiert letztlich nicht.

„Im Taoismus wie im Buddhismus gibt es keine Idee eines Gottes oder eines Schöpfers. Warum? Weil das ganze große Universum selbst eine Art des Fließens ist — eine ewige Transformation, die jene innere Gesetzmäßigkeit enthält, welche der Buddha 'Dharma' nannte und welche die Taoisten 'Tao' nennen. Die Idee des Tao bzw. die Idee des Dharma vermitteln uns den Gedanken einer göttlichen Harmonie in diesem unendlichen All, in dem wir leben und von dem

(51) O. Wolff, a.a.O., S. 56

wir nur ein winziger Teil sind und das sich doch in unserem eigenen Körper und in allen unseren Lebensformen darstellt. So kamen Buddhismus und Taoismus zur Einsicht, daß man, statt einen Gegensatz zwischen Gott und seiner Schöpfung, zwischen dem Menschen und dem Universum, zwischen Gutem und Schlechtem und allen diesen Dualitäten zu postulieren, erkennen muß, daß es sich hier um Polaritäten handelt, die keine unversöhnlichen Gegensätze sind, da jeder Polarität eine Einheit zugrunde liegt. " (52)

Die Vorstellung eines persönlichen Gottes, für einige der vorher genannten Verfasser müßte gesagt werden die Erfahrung, wird durch jene einer ewigen Transformation ersetzt. Diese Überzeugung trägt folgenreiche Konsequenzen.

„Niemand kann Gott lieben, obwohl das an sich eine sehr schöne Idee ist. Denn wir können nicht etwas Unendliches lieben. Wir können nur etwas Begrenztes, Endliches lieben — etwas, das eine direkte Beziehung zu uns hat.
Zwar ist es vorstellbar und annehmbar, daß Menschen einen persönlichen Gott verehren. Aber es ist eine ganz andere Sache, wenn ein abstraktes Prinzip zur Gottheit erhoben wird, weil wir es dann mit einer bloßen Abstraktion, einem abstrakten Begriff zu tun haben, nämlich dem 'Gottesbegriff', den weder Buddhismus noch Taoismus zur Basis ihrer Weltanschauung machten. " (53)

Es gehört ein gewisser Mut zur Radikalität dazu, alle jene Erfahrungen der Mystiker der großen Religionen, die eine persönliche Gotteserfahrung bezeugen, mit einem Satz aus der Diskussion zu streichen. Bleibt der Satz „niemand könne Gott lieben" so aufrechterhalten, müßte sich Lama Govinda die Frage nach der Absicht stellen lassen, die Christus leitete, als er das Gebot Gott zu lieben, als das höchste Gebot postulierte.

Mit seiner Aussage steht Lama Govinda im Gegensatz zu den meisten der hier angeführten Yoga-Meistern.

---

52) Alan Watts / L.A. Govinda, "Die Kunst der Kontemplatin", Freiburg 1977, S. 54 f.
53) ebd., S. 66 f.

Swami Muktananda — Der Guru als Gott

Weitaus extremere Auffassungen als Lama Govinda vertritt Swami Muktananda. Für ihn wird sein Guru, Sri Nityananda, zum Gott.
„Mein Weg ist der Siddha-Yoga-Weg. Aus dem Segen eines Siddha lebe ich. Sein Segen ist mein Leben, meine Nahrung, Bad, Meditation, mantra, mein Lebensstrom. Er ist mein höchstes Erreichbares, meine Befreiung und, vor allem, mein ewiges, ruhevolles Daheim. Der höchste Guru, Nityananda, Lehrer und Meister der Siddha-Yogis, jedes Jenseits übersteigend, im Himmel daheim (Anmerkung: wörtlich Siddhaloka, d. i. am Ort der Siddhas). Er ist die höchste Gottheit der Anbetung für Muktananda und umfaßt sein innerstes Selbst. Aus seiner Güte lebe ich. Die göttliche Kraft seines Segens ist in meinem Herzen und durchströmt meinen ganzen Körper.“ (54)
„Ich meditierte wie zuvor, da versetzte mir Gott Nityananda plötzlich einen innerlichen Stoß.
Ich war mir der Welt nicht länger bewußt. Und siehe — mitten in den sprühenden blauen Strahlen erscheint Gurudev, meine verehrte Gottheit Nityananda, mir zugewandt und den rechten Arm in segnender Gebärde erhoben.“ (55)
In diesen Worten findet sich die fragwürdigste Ausformung der Guru-Vorstellung. Der Guru wird nicht mehr zum Spiegel oder Abbild des Göttlichen, nein, er wird zum Gott selbst, zur anzubetenden Gottheit.

Kirpal Singh — Der Gottmensch

Eine verwandte Gott-Guru-Vorstellung vertritt der Sikh-Meister Sant Kirpal Singh. Auf die Frage, ob Gott und Gottmensch (Meister) als ein und dasselbe angesehen würde, antwortete Singh:
„Ja, so ist es; aber es gibt sehr wenige, die genügend Empfänglichkeit entwickeln können, um dies seltene Phänomen zu verstehen. Die physische Welt ist ein Be-

54) Muktananda, a.a.O., S.35
55) ebd., S.197

47

reich der Dualität, in dem die Täuschung am stärksten vorherrscht, und nur geistig Erleuchtete können aus eigener Überzeugung eine solche Aussage, wie sie einige von ihnen machten, bestätigen, zum Beispiel: 'Ich und der Vater sind eins' oder 'Vater und Sohn haben die gleiche Farbe angenommen' usw." (56)

In seiner Schrift über den „Gottmenschen" stellt Kirpal Singh 'Gott' und Meister nicht nur gleich, sondern 'Gott' würde um des Meisters willen sogar aufgegeben, wie es in einem Gesang heißt, den Singh, offenbar als seiner Meinung entsprechend, anführt.

„Gott war es auch, der Knechtschaft und Befreiung schuf, doch der Meister hat all diesem trügerischen Wahn ein Ende gemacht.

Ich opfere Charan Das, meinem Meister, Körper und Seele und würde selbst Gott um des Meisters willen aufgeben." (57)

Neben der „Aufgabe Gottes" muß noch festgehalten werden, daß hier nicht der freie Wille der Geschöpfe für die Knechtschaft verantwortlich zeichnet sondern die Willkür Gottes. An gleicher Stelle wird überhaupt die Willkür Gottes für alles haftbar gemacht, während der Meister daraus erlöst.

Es gibt allerdings bei Kirpal Singh auch Stellungnahmen, die eine Transzendenz Gottes bezeugen.

„Gott ist das höchste Gesetz, das sichtbar oder unsichtbar in der gesamten Schöpfung am Werk ist. In Seiner absoluten Form kann Er weder gesehen noch gehört werden, aber als Er sich zum Ausdruck brachte, offenbarte Er sich in Form von Naam, dem göttlichen Licht und dem heiligen Tonprinzip. Die untersten Bindeglieder dieses göttlichen Prinzips befinden sich im menschlichen Körper; sie können erfahren werden, wenn man sich mit der Hilfe des lebenden Meisters über das Körperbewußtsein erhebt.

Gott ist das Absolute, das bisher noch keiner gesehen hat. Als Er ins Dasein kam, wurde Er Licht- und Tonprinzip. Du kannst Sein Licht sehen, wenn dein Auge einfältig wird." (58)

Die zitierten Passagen zeigen die Gefahr auf, die eine mehrdeutige Verwendung des Gottesbegriffes mit sich bringt. Nur eine klare Bestimmung des Wortes Gott kann hier helfen, Mißverständnis in der verbalen Umsetzung spiritueller Erfahrungen zu vermeiden.

56) Sant Kirpal Singh, "Spirituelles Elixier", Bern 1978, S. 233 f.

57) ders., "Gottmensch", Freiburg 1976, S. 95   58) ders., "Elexier", a.a.O., S. 263 ff.

Bhaktivedanta Swami Prabhupada — Krishna

Der Gründer der sehr umstrittenen Hare-Krishna-Sekte, Swami Prabhupada, war Anhänger einer persönlichen Gottesvorstellung:
„Gott ist eine Person. Es gibt Millionen von Personen, und Gott ist die höchste Person. Selbst in der modernen Demokratie gibt es zwar keinen König, aber letztlich wird ein Präsident Oberhaupt." (59)
Diese höchste göttliche Person stellt für ihn Krishna dar. In dieser Frage gibt es für ihn gar keine Probleme, denn über diesen Sachverhalt sind sich alle „Transzendentalisten" einig:
„Und so sind sich alle Transzendentalisten einig darüber, daß Krishna die höchste göttliche Person ist. Darüber gibt es gar keinen Zweifel." (60)
„Jeder sollte begierig sein, über Krishna und Seine Taten zu hören. Krishna ist die Höchste Absolute Wahrheit, der Persönliche Gott; Er ist alldurchdringend; Er lebt im Herzen eines jeden, und Er existiert als universale Form. Und dennoch erscheint Er, wie Er selbst in der Bhagavad Gita sagt, in der menschlichen Gesellschaft in Seiner ursprünglichen Gestalt, um jeden einzuladen, in Sein transzendentales Reich zurückzukehren, zurück nach Hause, zurück zu Gott. Jeder sollte versuchen, sich für Krishna zu interessieren. Ich lege dieses Buch mit dem Wunsch vor, den Menschen etwas über Krishna mitzuteilen, damit sie ihr Leben voll und ganz nutzen können." (60 a)
So vollzieht sich die Wandlung Krishnas vom Gottesboten zum persönlichen Gott.

(59) Swami Prabhupada Bhaktivedanta — "Christus, Krischto, Krsna", BBT 1975, S. 48
(60) ders. "Sri Isopanisad", Bhaktivedanta Book Trust (BBT) 1971, S. 6
(60a) ders. "Krishna I", BBT o. J., S. 26

Sri Rajneesh — Gott ist Existenz

Eine klare Ablehnung eines personalen Gottesbegriffes vollzieht Sri Rajneesh. Stattdessen formuliert er einen Seinsbegriff, der als Existenz-Materialismus zu umschreiben wäre. Gott ist Existenz und Existenz ist Gott. Dies ist aber nicht scholastisch zu verstehen, wie etwa Meister Eckharts „esse est Deus" (*das*Sein ist Gott), sondern als schlichte Gleichsetzung.

„Gott ist ein mystisches Wort, ein Mambo-Jambo-Wort, eine Erfindung des Priestertums. Wirklich — zu fragen, ob es Gott gibt, ist absurd, denn diejenigen, die 'erkannt' haben, wissen, daß Gott Existenz ist oder Existenz Gott ist! Dinge existieren — nicht Gott. Ein Stuhl existiert, weil er in die Nicht-Existenz gehen kann. Wenn man sagt, daß ein Stuhl existiert, so stimmt das, denn es ist auch möglich, daß er nicht existiert. Aber zu sagen, daß Gott existiert, ist einfach Unsinn, hat keine Bedeutung, denn es ist nicht möglich, daß er nicht existiert. Gott ist Existenz. die wirkliche Seinsheit. Wenn wir jedoch sagen, daß Gott existiert, dann machen wir etwas aus dem Wort Gott. Dann wird Gott zu einer Sache. Aber Gott ist keine Sache, noch ist er eine Person. Deswegen kannst du ihn nicht für irgendetwas verantwortlich machen. Verantwortung kann nur in Zusammenhang mit einer Persönlichkeit da sein. Gott ist keine Person — er ist pure Existenz." (61)

Der Schritt der Gleichsetzung alles Seienden mit Gott wird dann auch erwartungsgemäß klar vollzogen:

„Deswegen möchte ich zuerst klar machen, daß ich mit Gott Existenz meine. Gott ist nicht eine Sache zwischen anderen Sachen. Gott ist die ganze Sache. Wenn man sagt, daß ein Tisch existiert, dann ist es dasselbe, als ob man sagt, daß der Tisch Gott sei. Zu sagen, daß du existierst, bedeutet dasselbe, wie wenn man sagt, daß du Gott bist. Gott bedeutet Seins-Heit — die Qualität der Existenz." (62)

In Rajneeshs Ausführungen kommt immer wieder die Unfähigkeit zum Ausdruck, Gott personal zu denken. Sein wird nicht von seinem Ursprung her gedacht, sondern als immerwährender Vollzug. So wird die Möglich-

(61) Sri Rajneesh in "Sannyas" (Jesus-Ausgabe) Nr. 5 + 6, Margarethenried 1976, S. 91
(62) ebd., S. 92

keit eines Sein erst konstituierenden Gottes gar nicht in Erwägung gezogen.

„So ist Gott für mich Existenz, und Existenz ist unpersönlich. Es kann gar nicht anders sein, denn das Ganze kann keine Person sein. Wie sollte das möglich sein? Für wen sollte es eine Person sein? Gegen wessen Ego sollte es ein eigenes Ego schaffen?" (63)

Es stellt sich auch hier die Frage, inwieweit der Begriff „Gott" überhaupt verwendbar wird. Deshalb läßt sich statt Pantheismus eher Existenz-Materialismus als Skizzierung der Position Rajneeshs verwenden.

Omkarananda — Gedicht

Das Göttliche ist eine lebendige Form:
eine Persönlichkeit ist Gott!
und ist zugleich auch unpersönlich,
alles überschreitend, transzendierend.
Gott ist zeitlos —
und zugleich wirkend in der Zeit.
Und jeder Augenblick entfaltet,
was angeordnet hat Sein Wille.
Diese Gottheit lebt als Liebe in Euren Herzen
und als das Licht in Euren Seelen!
(64)

(63) ebd., S.93
(64) S.Omkarananda, "Die große Verheißung", DLZ Weihnachten 1975, S.2

Maharishi Mahesh Yogi — Brahma und Veda

Der persönliche Gottesbegriff des Maharishi Mahesh ist eindeutiger gefaßt als der unpersönliche. Dabei entbehrt es im Anschluß an die Worte Sri Rajneeshs nicht einer gewissen Ironie, wenn man den folgenden Satz liest: *„Unfähigkeit, die Vorstellung eines persönlichen Gottes zu würdigen, und Unfähigkeit, Ihn zu verwirklichen, sind verständlich; aber eine Verneinung der Existenz des persönlichen Gottes kann nur das Resultat eines unentwickelten Geisteszustandes sein.“ (65)*

Maharish M. Y. versteht den personalen Gottesbegriff wie folgt:

„Um einen klaren Begriff von der allmächtigen Natur eines persönlichen Gottes zu bekommen, sollten wir verstehen, daß seine allmächtige Natur darin besteht, daß seine Sinne, sein Geist und Verstand, sein Intellekt und sein Ego vollkommen sind. Wenn wir Vollkommenheit der Sinne sagen, meinen wir, daß, wenn Er Augen hat, diese in einer solchen Weise vollkommen sein werden, daß sie die Fähigkeit haben, alle Dinge gleichzeitig zu sehen. Wenn Er eine Nase hat, wird er fähig sein, alle verschiedenen Gerüche zugleich zu riechen. Hat Er Ohren, so werden sie alle Laute des gesamten Kosmos zugleich hören können. Sein allmächtiger Geist und Verstand wird sich aller Dinge in jeder Schöpfungsebene zu jeder Zeit bewußt sein. Sein allmächtiger Intellekt wird alles zu jeder Zeit entscheiden können. Alle die unzähligen Entscheidungen, die sich als augenscheinliche Folgen aus den Naturgesetzen im Evolutionsprozeß ergeben, sind die unzähligen Entscheidungen des allmächtigen, persönlichen, höchsten Gottes am Gipfel der Schöpfung. Er regiert und erhält das gesamte Feld der Evolution und die einzelnen Leben der unzähligen Wesen im ganzen Kosmos.“ (66)

Der Gottesbegriff steht im engen Zusammenhang mit dem Evolutionsbegriff. Bei der Behandlung desselben wird sich zeigen, inwiefern Maharishi M. Y. Gott nicht als Schöpfergott, sondern eher im Sinne eines Evolutionslenkers denkt.

In seiner Kommentierung der ersten sechs Kapitel der Bhagavad Gita iden-

---

65) Maharishi M. Y., Wis. v. S.“, a.a.O., S. 311
66) ebd., S. 310

tifizierte Maharishi M. Y. den Schöpfer (Brahma) mit dem Veda.

„Die erste Manifestation der Schöpfung ist das selbst-leuchtende Strahlen des Lebens. Dies ist der Bereich des festgegründeten Intellekts oder des individuellen Ego in seinem eigenen gefestigten Zustand. Dieses selbst-leuchtende Strahlen des Lebens wird der Veda genannt. Die zweite Stufe im Vorgang der Manifestation ist das Entstehen dessen, was wir Schwingung nennen, die die Attribute der prakriti oder Natur hervorbringt — die drei gunas. Dieser Punkt kennzeichnet das Ego im Anfang seines Wirkens. Hier beginnt die Erfahrung in einer sehr feinen Form: die Dreiheit des Erfahrenen, des Erfahrenden und des Vorgangs der Erfahrung wird existent. Dies ist der Anfang des Handelns im Vorgang der Schöpfung. Kurz vor Beginn des Handelns, kurz vor Beginn der feinsten Schwingung, in diesem selbst-leuchtenden Zustand der Existenz, liegt die Quelle der Schöpfung, der Speicher grenzenloser Energie. Diese Quelle der Schöpfung ist der Veda, der Bereich der an das Absolute grenzenden Intelligenz, der aller für die Schöpfung und Evolution des Lebens verantwortlichen Tätigkeit zugrunde liegt und sie durchdringt. Von dieser Intelligenz, der Quelle aller Schöpfung, wird gesagt, daß sie Brahma sei, der Schöpfer. "(67)

Als interessant verdient die Bezeichnung „Manifestation der Schöpfung" festgehalten zu werden. Schöpfung geht vom Veda aus, wobei Veda = Brahman = Schöpfer ist. Veda aber ist nicht das Absolute, sondern grenzt nur an das Absolute an. Brahma müßte daher bereits als Hervorgang des Absoluten gedacht werden.

67) ders., „Bhagavad Gita, Komm. zu Kap. 1—6", SRM Publ. Stuttgart 1971, S. 194

Paul Brunton — Der unendliche Schöpfer

Die Behandlung der Problematik eines persönlichen Gottes wird im Werk Bruntons einen eigenartigen Widerspruch aufzeigen. Brunton äußert sich zuerst zur Personalität Gottes negativ.

„Wenn dem aber so ist, welche neue Antwort wird der Gelehrte auf die alte Frage Gottes entdecken? Schon jetzt hat er wahrzunehmen begonnen, daß im Weltall kein Platz für einen persönlichen Gott ist. Die Quelle des Weltalls fließt ganz offensichtlich ewig, denn der Gelehrte weiß, daß sich das Weltall nicht messen läßt und daß ein Teil davon also nicht größer sein kann als das Ganze. Infolgedessen kann selbstverständlich die Schöpfung nicht größer sein als der Schöpfer selbst. Das unendliche Weltall muß daher notwendig auch einen unendlichen Schöpfer besitzen, und aus diesem Grund kann auch kein Gebilde, kein personifiziertes Wesen — das ja eben doch ein Gebilde wäre! — der Schöpfer sein. Vielmehr ist er etwas, das jenseits aller Form steht, eine Kraft, wenn man so will. Gott muß demnach Unendliche Kraft sein." (68)

Die Unendlichkeit des Weltalls bedingt auch die Unendlichkeit des Schöpfers, der daher auch nicht personal verstanden werden kann. — Hier werden wieder Gott und Weltall auf eine Stufe gesetzt, was dazu führt, den Schöpfer durch Prädikate der Schöpfung bestimmen zu wollen. Gott wird nicht als „der ganz Andere" verstanden, sondern von der Schöpfung her zu erklären versucht.

„Wenn Gott eine Persönlichkeit besitzen und neben und außer anderen Dingen existieren soll, dann wird er notwendigerweise alle Beschränkungen besitzen, die wir gewöhnlich mit einem persönlichen Wesen verbinden. Aber er wird dann nicht mehr das Höchste sein. Wenn unser Glaube nicht auf einen persönlichen Gott hinauslaufen kann, weil Persönlichkeit Beschränkung bedeutet, dann muß er auf einen Gott hinauslaufen, der unbegrenzt und deshalb unpersönlich ist.

Jedermann und alles ist ein Wesen oder ein Ding, aber Gott ist weder ein besonderes Wesen noch eine mental erzeugte Vorstellung. Aber Persönlichkeit bedeutet ein besonderes Wesen. Deshalb ist Gott nicht persönlich." (69)

68) P.Brunton, "Entdecke dich selbst", Zürich 1968, S.21
69) ders., "Weishe.d.Ü.", a.a.O., S.386

Die Personalität Gottes wird entschieden verneint, wenn auch die Begründung dafür als fragwürdig angesehen werden muß.

Konsequenterweise fordert Brunton dann, von Gott nicht mehr als „Er", sondern als „Es" zu sprechen:

„Wenn wir beginnen von diesem kosmischen Geist als 'Er' und 'Ihn' zu sprechen, beginnen wir, ihn in ein Götzenbild zu verwandeln. Der Gebrauch eines männlichen Fürwortes macht Gott menschähnlich und reduziert diese erhabenste aller möglichen Vorstellungen zu einer armselig verkümmerten Gestalt. Aus diesem Grunde weigern wir uns, Gott auf diesen Seiten mit einem solchen Fürwort zu nennen. Der Ausdruck 'Es' ist, da er sächlich und unpersönlich ist, eine passendere Benennunge als 'Er'. Diejenigen, die durch herkömmliches Denken mit Ehrfurcht erfüllt sind, mögen zuerst empfinden, daß ein solches sächliches Fürwort frevelhaft oder herabwürdigend sei, aber wenn sie an seinen Gebrauch gewöhnt sind, werden sie sich vergegenwärtigen, daß es, im Gegenteil, der Gebrauch eines männlichen Fürwortes ist, der frevelhaft und herabwürdigend ist." (70)

Warum sprach Christus: „Er, der Vater, hat Euch lieb!" ?

Nachdem der Leser mit der Verneinung des persönlichen Gottes nun vertraut geworden ist, folgt plötzlich eine überraschende Wendung.

„Man muß Gott in zweifacher Weise auffassen, nämlich erstens als persönlichen Gott, und dann als niemals entstandenen, unpersönlichen Gott. Als der persönliche Gott ist Er der Schöpfer des Weltalls, und du vermagst Ihn nicht von Seiner Schöpfung zu trennen. Und als unpersönlicher Gott ist Er nichts als die Unendliche Wirklichkeit. Es gibt viele persönliche Götter, da es viele Weltalle gibt; aber es gibt nur einen absoluten Gott.

Für den Weisen besitzt der Schöpfer denselben Wert wie die Welt. Alle diese Götter existieren soweit, wie die Welten existieren. Betrachte Gott als das Leben der Welt — wo aber ist Gott hergekommen? Er kam aus dem Absoluten Selbst. Ganz gleich, wie erhaben Er ist — Er muß aus jenem entstanden sein. Und dann entstand aus Ihm das Weltall samt allem, was darinnen ist. Dieser Gott hat eine Form und einen Namen. Aber in dem einen Absoluten ist weder Form noch Name und nichts von Ihm zu sehen." (71)

---

70) ebd., S.383

(71) ders., "Entdecke d.s.", a.a.O., S.321

Es sollte gesondert erwähnt werden, daß dieses Zitat demselben Buch entspringt, wie jenes unter Nummer 68. Gab es also zuerst gar keinen persönlichen Gott, so gibt es jetzt zahllose.

Wer aber schuf die persönlichen Götter? Warum entsprangen nicht auch die einzelnen Weltalle aus dem unpersönlichen Absoluten?

In diesen Punkten besteht eine große Inkonsequenz. Die Brunton'sche Darstellung kann den Hauch des Willkürlichen nicht vermeiden. Gott kann nicht als zweifach aufgefaßt werden, wenn es nur *ein unpersönliches Absolutes* auf der einen und *eine polytheistische Vielheit* auf der anderen Seite gibt. Was ist der „absolute Gott" für den „gewordenen Gott"?

Die Reihe der Fragen ließe sich beliebig forsetzen, Brunton bleibt die Antworten auf sie schuldig.

Die vorhergehenden Seiten haben ein außergewöhnlich breites Spektrum in der Frage nach einem persönlichen Gott aufgefächert. Es reichte von einer klaren Bejahung bis zu einer eindeutigen Verneinung; wobei der Guru als Gott nur eine besondere Facette darstellte. Eine wirklich konkrete und unmißverständliche Darstellung von Gott als Person wird von Aurobindo und Yogananda herausgearbeitet. Bei beiden gründet alles Seiende auf dem Eckpfeiler des persönlichen Gottes.

Bereits an diesem Punkt wird deutlich, wie sehr die Aussagen von „Erfahrungen" relativiert werden müssen. Die gleiche Bestimmtheit, mit der auf der einen Seite die Gottesperson als real existierend postuliert wird, findet sich auch auf der Seite der Entgegner dieser Überzeugung. Von beiden Seiten wird aber jeweils absolute Zweifelsfreiheit geltend gemacht.

Der Versuch einer Beurteilung vermag nur von der Devise auszugehen, alles zu prüfen und das Beste — bei Eingeständnis menschlicher Begrenztheit — zu behalten.

III. Shakti

Die Erklärung des Wortes Shakti in einer ausführlicheren Form als nur im Sachwortindex, liegt in der Bedeutung des Begriffes begründet. Im Tantrismus kommt Shakti eine entscheidende Funktion zu, und auch bei anderen indischen Yoga-Meistern, d. h. nicht speziell tantrisch orientierten, spielt der Begriff eine Rolle.

Shakti stammt von der Wurzel „Shak" ab und hat dort die Bedeutung von „Kraft besitzen, mächtig sein". Aurobindo führt als Worterklärung u. a. auch die Bezeichnung „göttliche Energie" und „Macht des Unendlichen und Ewigen" an.*)

Von Ramakrishna wird Shakti als die manifestierte Kraft Gottes benannt. Er erläutert dies in einem Bild:

„Das Brahman steht zur Shakti in gleichem Verhältnis wie das Feuer zu seiner Brennkraft." (72)

In diesem Bild kommt der Identitätsgedanke von Brahman und Shakti treffend zum Tragen, insofern nämlich Shakti keine von Brahman losgelöste Kraft darstellt.

Auf diesen Gedanken zielt auch ein kurzer Dialog zwischen Schüler und Meister ab, den Heinrich Zimmer in seinem Buch über Ramana Maharshi veröffentlichte.

„Schüler: Ist nicht ein Unterschied zwischen der Kraft (shakti) und dem, der die Kraft hat (shakta)?

Meister: Nein. Das hängt von deiner Einstellung ab. Es gibt nur ein Wirkliches. Blickt man auf die Bewegung, so heißt man es Kraft (shakti), wer sich an das hält, was die Bewegung trägt, nennt es 'ihren Stoff' und reglos. Das erstere ist Betätigung, das letztere Stoff, der zugrunde liegt. Kraft und Stoff sind unzertrennlich, sind im Grunde zwei Aspekte des gleichen Wirklichen. Aber ohne die Kraft (shakti) oder ihre Betätigung und Bewegung wird der Stoff des Wirklichen in seinem Eigenwesen nicht ergriffen.

*) Anm.: Vgl. Synthese des Yoga, S. 946

72) Pelet, a.a.O., S. 2

Schüler: Was ist das wahre Wesen der Kraft (shakti)?

Meister: Sie ist so alt und ewig, wie der höchste Herr, sie hat kein Eigendasein außer ihm. Sie ist die ewige Betätigung des höchsten Herrn (ishvara) und bringt die zahllosen Welten hervor.

Schüler: Welten gehen hervor und vergehen. Wie kannst du sagen, diese Betätigung sei ewig?

Meister: Gesetzt, alle Welten lösen sich auf im Laufe der Zeit, so bleiben sie doch bestehen: eingeschmolzen und ungreifbar in der Kraft, die sie tätig wirkt. Das heißt, die Kraft vergeht nicht, denn was ist ihre Bewegung? Jeder Augenblick ist Schöpfung, jeder Augenblick Untergang. Es gibt keine völlige Schöpfung aus Nichts, keine völlige Vernichtung. Beide sind Bewegung, und die ist ewig.

Schüler: Soll ich glauben, daß Kraft (shakti) und Stoff, Betätigung und was sie trägt beides Aspekte des gleichen Wirklichen sind?

Meister: Ja, aber diese ganze Bewegung, die Schöpfung, die man ein Spiel des Shakti nennt, ist ein spielendes Bilden des Höchsten Herrn. Schreitest du über dieses Spielgebilde hinaus, so ist, was bleibt, die wahre Gestalt, das Eigenwesen des Göttlich-Wirklichen: sein Selbst. " (73)

Aurobindo faßt den Shakti-Begriff auch unter dem Blickwinkel von Ewigkeit und Zeit:

„Das ist die Natur der göttlichen shakti, daß sie zeitlose Macht des Höchsten Wesens ist, die sich in der Zeit als universale Kraft manifestiert und alles, was sich im Universum bewegt und wirksam entfaltet, erschafft, konstituiert, im Dasein erhält und lenkt." (74)

Neben diesem Gedanken, der von Aurobindo in seiner „Synthese des Yoga" ausführlich besprochen wird*), tritt bei ihm noch die Verbindung von Shakti mit der „Göttlichen Mutter" auf. Dies wird umso verständlicher, wenn man die Bedeutung der „Mutter", der Französin Mira Alfassa, für Aurobindo und für seinen Ashram in Pondicherry berücksichtigt.

73) Heinrich Zimmer, „Der Weg zum Selbst", Köln 1974, S. 135 f.

74) Aurobindo, „Sy. d. Y.", a.a.O., S. 771

*) Anm.: Vgl. a.a.O., S. 761—789

„Die eine wahrhaft, transzendente Shakti, die Mutter, steht über allen Welten und trägt in ihrem ewigen Bewußtsein das Höchste Göttliche. Sie allein beherbergt die absolute Macht und die unaussprechliche Gegenwärtigkeit; die Wahrheit, die manifestiert werden soll, umfassend oder hervorrufend, offenbart sie, aus dem Mysterium hinabführend, in dem sie im Licht ihres unbegrenzten Bewußtseins verborgen war und bildet sie zu einer Kraft in ihrer allumfassenden Macht, ihrem unbegrenzten Leben, sowie zu einer Verkörperung im Universum. Das Höchste ist ewig in ihr manifest als immerwährendes saccidananda.“
(75)

Die Shakti als „Mutter des Universums", bezeichnet Aurobindo auch mit dem Begriff der „Mahashakti". — Der Dualitätsbegriff von Gott als „Vater und Mutter" ist in Indien durchaus gebräuchlich. Auf keinen Fall darf er etwa mit der „Gottesmutter" verwechselt werden, wie sie der christliche Glaubensbereich in Maria verehrt.

Einen weiteren wichtigen Aspekt des Shakti-Begriffes spiegelt die nachstehende Aussage Swami Narayanandas wider.

„Niemals kann etwas aus nichts entstehen. Es ist die Shakti (Kraft) Brahmans, die sich als Manas und Materie entfaltet. Und allein die Shakti Brahmans ist es auch, die Purna (das Ganze) in Apurna (das Geteilte), das Unendliche in Endliches, das Formlose in Formen und Bewußtsein in Unbewußtes verwandelt zu haben scheint.

Brahman und seine Shakti (Kraft) sind nichts Unterschiedliches. Sie sind der doppelte Aspekt des nur einen Bewußtseins. Beide, Brahman und seine Shakti, sind Bewußtsein, d. h. Bewußtsein in seinem statischen und seinem kinetischen Aspekt.“ (75 a)

75) ders., „The Mother", Pondicherry 1972, S. 20

„The one original transcendent Shakti, the Mother stands above all the worlds and bears in her eternal consciousness the Supreme Divine. Alone, she harbours the absolute Power and ineffable Presence; containing or calling the Truths that have to be manifested, she brings them down from the Mystery in which they were hidden into the light of her infinite consciousness and gives them a form of force in her omnipotent power and her boundless life and a body in the universe. The Supreme is manifest in her for ever as the everlasting Sachchidananda ...“

75 a) Swami Narayananda, „Der Weg zu Samadhi", Frbg. 1977, S. 32

Narayananda bezieht sich hier auf den Gedanken einer „creatio ex nihilo", den er ablehnt. Aus Nichts kann nicht Etwas entstehen, daher muß eine „Schöpfung aus dem Nichts" verworfen werden.

Hintergrund dieser Anschauung bildet der Gedanke, der wesenhaften Identität von Brahman und "Schöpfung", die hier eher Selbstentfaltung heißen müßte. Man ist versucht, die Substanzmetaphysik Spinozas als Vergleich heranzuziehen, der auch nur von einer Seinsgrundlage ausgeht.

Die Verneinung einer „creatio ex nihilo" auf dem Boden dieser Shakti-Deutung muß aber nicht als zwingend angesehen werden. Ihre Begründung steht auf dem Boden ihres Postulats, das selbst unausgewiesen ist und immer bleiben muß, weshalb sie einen Zirkelschluß darstellt. Welche Implikationen dies mit sich bringen kann und tatsächlich auch mit sich gebracht hat, wird das folgende Kapitel über „Maya" zeigen.

Anm.: Zur vertiefenden Einsicht in diese Thematik sei der interessierte Leser auf die angeführten Werke Avalons, „Schlangenkraft", Shakti und Shakta", „Garland of Letters" sowie Gupta, „Lakshmi Tantra", verwiesen.
Avalon faßt den Shakti-Begriff, im Anklang an die griechische Metaphysik, auch als „göttliche dynamis" auf. (vgl. „Garland", III)

IV. Maya

Eine der für den westlichen Leser befremdendsten Vorstellungen der Yoga-Lehre ist jene der „Maya". Zu dieser Tatsache trägt nicht zuletzt auch die Meinungsvielfalt der östlichen Lehrer bei. Bei kaum zwei Autoren wird die völlig gleiche Auffassung dieses Begriffes vertreten.

In der pauschalen Überlieferung wird Maya mit Illusion oder Täuschung übersetzt. Trotz dieser Pauschalität wird damit doch der Grundgedanke getroffen.

Als typischer Vertreter für die Anhänger einer „absoluten Illusions-Theorie" muß Ramana Maharshi gelten.

„Der Ausdruck maya, wie er im Vedanta benutzt wird, bedeutet 'Täuschung'. Sie ist jene Kraft, die in der Natur die Illusion der unterschiedlichen Wahrnehmung schafft, wie sie sich in den vielfältigen Formen der gegenständlichen Welt darstellt. Sie ist die trennende Kraft, das Prinzip, das die Dinge endlich macht, das das Unmeßbare meßbar erscheinen läßt und Gestalten im Gestaltlosen schafft. Maya wird verantwortlich gemacht für die Vielfalt der Dinge in der offenbaren Welt, die ja in Wirklichkeit alle nur Eins sind. Sie ist keine Substanz, sondern lediglich eine bewirkende Kraft. Man schreibt ihr zwei Funktionen zu: Die eine, das wahrhaft Wirkliche zu verhüllen, die andere, das Unwirkliche zu projizieren." (76)

„Das, was den überall und immer in höchster Vollkommenheit ruhenden, in Sich Selbst erstrahlenden atman, dieses Wirkliche, zum Nichtwirklichen macht, und das immer und überall Nichtseiende als wirklich vorhandene Welt, Seele und Schöpfer wahrnehmen läßt, und so etwas Unwirkliches als etwas Wirkliches vortäuscht, das ist maya." (77)

Der Illusionscharakter alles Seienden, ausschließlich des Atmans, wird hier in extremer Form postuliert. Selbst Seele und Schöpfer werden dabei nicht ausgenommen. Unbeantwortet bleibt die Frage, wieso der „immer in höchster Vollkommenheit ruhende Atman" von Maya überhaupt zum Nicht-

---

76) Satymayi, „R. Maharshi", a.a.O., S. 54
77) ebd., S. 108

61

wirklichen verändert werden konnte. Hier scheint eine contradictio in terminis vorzuliegen.

Eine ähnliche Auffassung gibt auch Avalon in seinem Buch „Die Schlangenkraft" wider, wo er äußert:

„Die spezielle Kraft nun, die die dualistische Welt ins Dasein ruft, ist die Maya Shakti, sie zeigt sich als verhüllende Shakti wie als projizierende Shakti. Das Bewußtsein verhüllt sich vor sich selbst und projiziert aus dem Arsenal seiner vorgängigen Erfahrungen (samskara) den Begriff, die Idee einer Welt, in der es leidet und genießt." (78)

Die Begründung, warum, und die Erklärung, wie sich das Bewußtsein vor sich selbst verhüllt, vermißt man allerdings auch bei ihm.

Bei Yogananda wird eine Begründung für das Auftreten von Maya gegeben, die als Mythos klassifiziert werden kann, wobei anzumerken ist, daß sie auch sein Meister Sri Yukteswar vertreten hat (vgl. Hl. Wissens., 27 ff.)

„Das ganze Universum ist aus GEIST geschaffen, Sterne, Steine, Bäume und Menschen bestehen aus derselben Einen Substanz: Gott. Um eine mannigfaltige Schöpfung ins Leben zu rufen, mußte der Herr jedem Ding den Anschein der Individualität verleihen. Wir würden des irdischen Schauspiels bald müde werden, wenn wir erkennen könnten, daß es nur eine Person ist, die das Stück herausbringt, den Text schreibt, das Bühnenbild malt, Regie führt und alle Rollen spielt. Aber 'die Vorstellung muß weitergehen'; deshalb hat der Meister-Dramatiker im ganzen Kosmos eine unvorstellbare Erfindungsgabe an den Tag gelegt und Seine unerschöpfliche Vielfalt offenbart. Er hat dem Unwirklichen scheinbare Wirklichkeit verliehen.

'Meister, warum muß die Vorstellung weitergehen?', fragt ein Schüler.

'Das ist Gottes Lila — Sein Spiel oder Sein Zeitvertreib', antwortet der Guru. Er hat das Recht, sich in zahlreichen Formen auszudrücken, wenn Er es so wünscht. Für den Menschen kommt es vor allem darauf an, daß er die Täuschung durchschaut. Wenn Gott sich nicht in den Schleier der Maya hüllt, gäbe es kein kosmisches Schöpfungsdrama. Wir dürfen Versteck mit Ihm spielen und nach Ihm suchen, bis wir Ihn finden und den Höchsten Preis gewinnen." (79)

78) A. Avalon, „Die Schlangenkraft", Weilheim 1975, S. 26

79) Yogananda, „Worte", a.a.O., S. 16 f.

Wenn Gott eine Vielfalt an Geschaffenem ins Leben ruft, warum soll er ihr dann nur den „Anschein" von Vielfalt geben? Entweder ist wahrhaft eine Vielfalt oder, im anderen Fall, müßte von „göttlicher Täuschung" gesprochen werden. Gott müßte sich im Geschaffenen, das er ja selbst ist, selbst vergessen, um sich dann, nach langem Suchen, wiederzufinden, um sich selbst den höchsten Preis zu verleihen.

Als weiterer Vertreter dieser Richtung kann Maharishi M. Y. gesehen werden.

„Vom kosmischen Standpunkt aus gesehen erklärt das Vedanta die Beziehung der unmanifestierten absoluten Wirklichkeit (Brahman) zum manifestierten relativen Aspekt des Lebens, indem es das Prinzip von Maya einführt. Das Wort Maya bedeutet wörlich 'das, was nicht ist', nicht existiert. Dies beleuchtet den Charakter von Maya: es hat nichts Greifbares an sich. Sein Vorhandensein wird gefolgert aus den Wirkungen, die es hervorbringt.

Der Einfluß von Maya kann durch das Beispiel des Saftes, der als Baum erscheint, verstanden werden. Jede Faser des Baumes ist nichts anderes als der Saft. Während der Saft Saft bleibt, erscheint er doch als Baum. Ebenso erscheint Brahman, obwohl es Brahman bleibt, durch den Einfluß von Maya als die manifestierte Welt.

Vom Standpunkt des einzelnen aus gesehen, erklärt Vedanta die Beziehung des absoluten Selbst (atman) zum relativen Aspekt des Lebens des einzelnen durch das Prinzip von Avidya. Avidya, Unwissenheit, ist nichts anderes als Maya in gröberer Form. Ist Maya klares Wasser, so ist Avidya schlammiges Wasser. Unter dem Einfluß von Maya erscheint Brahman als Ishvara, der persönliche Gott, der auf der himmlischen Ebene des Lebens im feinsten Bereich der Schöpfung vorhanden ist. In ähnlicher Weise erscheint unter dem Einfluß von Avidya, Atman als Jiva oder Einzelseele. "(80)

Auch hier wird also der persönliche Gott zum Produkt der Maya, zu dem, „was nicht ist".

In abgeschwächter Form begegnet man der Illusions-Theorie bei Paul Brunton, der sie in seine Konzeption einer „mentalistischen Weltanschauung" einfügt, und dahingehend deutet, Maya meine, „daß die Materie eine

---

80) Maharishi M. Y., „B. Gita", a.a.O., S. 474

Illusion des Geistes ist."*) Maya wird als nur noch auf das nicht-geistige-Sein bezogen und nicht mehr auf die Vielfalt des Seienden.

Entgegen der illusionistischen Auffassung von der Welt als Maya, sieht Aurobindo diese als göttliche Schöpfung an.

„Alle anderen Yoga-Wege betrachten das Leben als eine Illusion oder eine vorübergehende Phase; allein der supramentale Yoga betrachtet es als eine Göttliche Schöpfung für eine fortschreitende Offenbarung, das die Erfüllung von Leben und Körper zum Ziel hat." (81)

Aurobindos Auffassung führt ihn zwangsläufig zu einer Auseinandersetzung mit Shankara, dem klassischen Vertreter der bisher ausgeführten „Illusions-Theorie". Dabei scheut er sich nicht, auch gegen diesen klar Position zu beziehen und dessen Überzeugung als unvereinbar mit seiner eigenen Erfahrung zu bezeichnen.

„Man ist gewöhnt, Shankaras Philosophie so zu verstehen, daß die Höchste Wirklichkeit ein raum- und zeitloses Absolutes ist (Parabrahman), jenseits von jedem Merkmal, jeder Eigenschaft, und daß die Welt eine Schöpfung der Maya ist, nicht absolut unwirklich, doch wirklich nur in der Zeit und solange man in der Zeit lebt; sind wir einmal zu einer Erkenntnis der Wirklichkeit gelangt, dann sehen wir, daß Maya und die Welt und alles in ihr ohne bleibendes und wahres Dasein sind. Sie ist, wenn auch nicht unwirklich, so doch falsch; sie ist ein Irrtum des Bewußtseins, sie ist und ist nicht; sie ist in ihrem Ursprung ein irrationales und unerklärliches Mysterium, obgleich wir ihr Geschehen wahrnehmen können oder zumindest die Art, wie dieses sich unserem Bewußtsein darbietet. Brahman wird in der Maya als Ishvara erkannt, der die Werke der Maya aufrechterhält, und die scheinbar individuelle Seele ist tatsächlich Brahman selbst. Letzten Endes jedoch scheint all dies hier eine Erfindung der Maya zu sein, und nichts ist wirklich wahr. Sollte dies Shankaras Philosophie sein, dann ist sie für mich unannehmbar und unglaubhaft, wie glanzvoll und sinnreich sie auch sein mag und wie kühn und nachdrücklich begründet; sie befrie-

---

*) Anm.: Vgl. Weisheit des Überselbst, S. 45

81) Aurobindo, „On Himself", S. 124

„All other Yogas regard this life as an illusion or a passing phase; the supramental Yoga alone regard it as a thing created by the Divine for a progressive manifestation and takes the fulfillment of the life and the body for its object."

64

digt weder meinen Verstand noch stimmt sie mit meiner Erfahrung überein.
(81 a)

Als Grund für die Meinung Shankaras sieht Aurobindo eine begrenzte Bewußtseinsentfaltung an:

„Anstatt einer Welt integraler Wahrheit und Göttlicher Harmonie, geschaffen im Licht der Göttlichen Gnosis, haben wir eine Welt, gegründet auf der Teilwahrheit einer innewohnenden kosmischen Intelligenz, in der alles halb wahr und halb falsch ist. Dies ist es, was einige der alten Denker, wie Shankara, die nicht die dahinter liegende umfassendere Wahrheits-Kraft zu erkennen vermochten, als Maya brandmarkten und für die höchste schöpferische Gotteskraft hielten.“ (82)

Wohin die Theorie von Maya (als Illusion) führen kann, zeigt Aurobindo treffend in Bezug auf die individuelle Erlösung auf.

„Die Erlösung des Einzelnen kann aber nicht wirklich Sinn haben, wenn das Dasein im Kosmos selbst eine Illusion ist. Nach der monistischen Anschauung ist die individuelle Seele eins mit dem Erhabenen. Ihr Empfinden von Getrenntheit ist Unwissenheit, Flucht aus diesem Empfinden und Identität mit dem Erhabenen ist die Erlösung. Wem aber nützt dann diese Flucht? Nicht dem Erhabenen Selbst, denn bei ihm wird vorausgesetzt, daß es immer und unwandelbar frei, still, schweigend und rein ist. Auch nicht der Welt, denn sie bleibt ständig in der Gebundenheit und wird durch die Flucht einer einzelnen Seele nicht von der universalen Illusion befreit. Es ist die individuelle Seele selbst, die sich ihr höchstes Gut durch die Flucht aus Kummer und Trennung in den Frieden und die Seligkeit bewirkt. Also könnte es aussehen, als gäbe es gerade im Ereignis der Befreiung und Erleuchtung eine gewisse Wirklichkeit der individuellen Seele, unterschieden von der Welt und vom Erhabenen. Für den Anhänger der Illusions-Theorie ist aber die individuelle Seele Illusion und nur existent im unerklärlichen Geheimnis von Maya. So ergibt sich: Die Flucht einer illusorischen, nicht-seienden Seele aus illusorischer, nicht-seiender Gebunden-

81 a) ders., „Briefe I", a.a.O., S. 44

82) ders., „The Mother", a.a.o., S. 61

„As a result, instead of a world of integral truth and divine harmony created in the light of the divine Gnosis, we have a world founded on the part truths of an inferior cosmic intelligence in which all is half-truth, half-error. It is this that some of the ancient thinkers like Shankara, not perceiving the greater Truth-Force behind, stigmatised as Maya and thought to be the highest creative power of the Divine.“

heit in einer illusorischen, nicht-seienden Welt ist das höchste Gut, nach dem diese nicht-seiende Seele trachten muß! Denn das ist das letzte Wort dieser Erkenntnis: 'Es gibt niemand, der gebunden, niemand, der befreit ist und niemand, der frei zu werden sucht.' So wird vidya letztlich ebenso sehr ein Teil des Phänomenalen wie avidya. Maya tritt uns gerade bei unserer Flucht in den Weg und lacht über die triumphierende Logik, die den Knoten ihres Geheimnisses zu durchschneiden schien. " (83)

An dieser Stelle scheint es sinnvoll, Aurobindo mit dem Religionsphilophen und Yoga-Lehrer P. J. Saher zu konfrontieren. Saher vertritt zwar eine modifizierte Maya-Theorie, im Sinne einer *„Überlagerung der letzten, äußersten Wirklichkeit"* (84), kommt aber dann in der Frage der individuellen Erlösung zu einer ganz abstrusen Überzeugung:

„Das Individuum wird nicht durch eine 'Sünde' oder Stupidität daran gehindert, Erleuchtung zu erlangen. Das Hindernis ist in einem gewissen Sinne 'Gott' selbst, Denn das Individuum qua Ego erhält von Gedanken zu Gedanken Nahrung vom Bewußtsein-an-sich, dessen 'Versorgungsbasis' wiederum der Atman ist. Durch den Atman zieht 'Gott' das Individuum zu sich hin, durch Seine Maya stößt 'Gott' das Individuum immer weiter von der Erleuchtung fort. Die spirituelle Evolution des Individuums hängt dann von einem Gleichgewicht dieser Kräfte ab. Erleuchtung ist daher gleichzeitig das Leichteste und das Schwierigste auf der Welt. " (85)

An anderer Stelle spricht er in diesem Zusammenhang auch von der *"den Individuen von Gott auferlegten Massenpsychose"*.

Gerade in der Konfrontation mit Aurobindo tritt die Fragwürdigkeit der Ausführungen Sahers scharf kontrastiert hervor.

Sondert man von der Maya-Lehre jene eigentümlichen Ausformungen ab, so zeichnet sich als mögliche Grundidee eine Trennung zweier Welten ab, wie sie sich ähnlich in Platons Trennung von geistiger Welt (kosmos noetos) und sinnlich wahrnehmbarer Welt (kosmos aisthetos) darstellt. Die letztere bildet dabei nur eine ontologisch tiefere Stufe, und nur der, der jene als die alleinige Wirklichkeit ansieht, verfällt der „Täuschung der Maya".

83) ders., GL I, a.a.O., S. 53 f.
84) P. J. Saher, „Cr. Mystik", a.a.O., S. 17 (vgl. auch, ders. „Indische Weisheit und das Abendland", Meisenheim 1965, S. 89
85) ders., „Indische Weisheit und das Abendland", S. 244

V. Schöpfungsvorstellungen

Den Begriff einer "Schöpfung", etwa im Sinne einer augustinischen "creatio ex nihilo", findet man in den Lehren der Yoga-Meister nur schwerlich. Die Schöpfungsvorstellungen basieren weitgehend auf dem Bild einer Emanation alles Seienden aus dem einen Ursprung. Parallelen zur neuplatonischen Philosophie ließen sich zeigen, wobei allerdings Plotin nur bedingt geltend gemacht werden kann, da er den Begriff der „Emanantion" als Minderung des Einen verneint.

Das Fehlen eines Schöpfungsbegriffes liegt auch darin begründet, daß eine monistische Identifizierung von 'geschaffenem' und absolutem Sein, d. h. von Gott und Welt, weitverbreitete Überzeugung der Yoga-Meister ist. Parallel zur Schöpfungsfrage wird nachstehend auch die Stellung der Erde im Gesamtkosmos und die Frage der verschiedenen Seinssphären aufgegriffen.

Vivekananda — Ewige Schöpfung

Vivekananda beantwortet die Frage nach der Entstehung des Weltalls in der Form, daß er diesem ein anderes vorausgehen läßt und so den Schöpfungsgedanken aufhebt durch die Idee von einem ewigen Prozeß.

„Woraus ist dann dieses Weltall hervorgegangen? Aus einem vorhergehenden, feineren Weltall. Woraus ist der Mensch hervorgegangen? Aus einer vorhergehenden, feineren Form. Woraus ist der Baum entstanden? Aus dem Samen; der Baum war im Samen enthalten und wird sichtbar, wenn er hervorsprießt. Genauso wurde dieses Universum eben aus jenem Weltall der kleinsten Form erschaffen. Es wurde sichtbar gemacht, wird in diese kleinste Form zurückgehen und wieder offenbar werden." (86)

86) Vivekananda, "Jnana-Yoga I", Freiburg o.J., S.7

67

„Wir stellen also fest, nichts kann aus Nichts erschaffen werden. Alles besteht seit Ewigkeit und wird in Ewigkeit bestehen." (87)

Wird die Welt als ewig angesehen, taucht sofort wieder die Problematik der Unterschiedenheit von Gott und Geschöpf auf, die innerhalb dieser Konzeption nicht anders beantwortbar ist als im Sinne einer Identität beider. Denn, wenn alles Existierende ewig ist, kann nichts geschaffen sein, alles muß Eines sein, und dieses Eine kann auch Gott genannt werden.

So verwundert es dann auch nicht, wenn Vivekannanda im Rahmen seiner Erklärung der Vedanta-Philosophie darauf hinweist, es gäbe im Sanskrit kein entsprechendes Wort für Schöpfung, weil eben diese Vorstellung nicht existierte.

„Die eigentliche Vedanta-Philosophie beginnt mit der Lehre, die gemäßigter Nicht-Dualismus genannt wird. Diese glaubt, die Wirkung sei niemals von der Ursache verschieden, sondern sie sei dasselbe wie die Ursache, nur in einer anderen Form. Wenn das Weltall die Wirkung ist und Gott seine Ursache, dann kann das Weltall nichts anderes sein als Gott selbst. Ihre erste Feststellung ist: Gott ist sowohl die wirkende Kraft im Weltall als auch seine materielle Ursache. (Causa efficiens und causa materialis). Gott ist der Schöpfer, und Er selbst ist das Material, aus dem die ganze Natur hervorgeht. Für das Wort „Schöpfung" gibt es im Sanskrit kein entsprechendes Wort, weil keine der Sekten in Indien an eine Schöpfung im westlichen Sinne glaubt; nämlich als an Etwas, das aus dem Nichts entsteht. Was wir unter Schöpfung verstehen, ist eine „Ausbreitung" dessen, was bereits vorhanden ist. Das ganze Weltall ist demnach Gott selbst. Wir lesen in den Veden: 'Wie eine Spinne ausläßt den Faden aus ihrem Körper . . . so ist das ganze Weltall aus jenem Wesen entstanden'." (88)

Zweifelhaft muß es erscheinen, ob der Ausdruck „Schöpfer" hier überhaupt noch anzuwenden ist. Deshalb darf der Begriff „Ausbreitung" auch nicht als „explicatio Dei", etwa im Sinne des Cusanus, verstanden werden, sondern das Weltall *ist* Gott und zwar nicht im Sinne eines Abbildes, sondern als reine Identität gedacht.

---

87) ebd., S. 8
88) ders., "Jnana-Yoga II", S. 11 f.

68

Unter Berücksichtigung dieser Darlegungen wird eine andere Aussage Vivekanandas gänzlich unverständlich.

„Die Frage wurde gestellt, woher dieses Weltall komme, worin es verharre und wohin es gehe. Eine Antwort darauf lautet: Es kommt aus der Freiheit, verharrt in Knechtschaft und kehrt wieder zur Freiheit zurück. " (89)

Angesichts dieser Voraussetzung müßte sich Gott, denn er ist ja, wie ausgeführt, mit dem Weltall identisch, in die „Knechtschaft" begeben, sich also selbst unbewußt werden, um sich dann selbst wieder zu befreien. Wo liegt hier die innere Vernunft?

Nun kann menschliches Denken sich nicht anmaßen, den Willen Gottes zu erforschen, aber eine Erklärung wie die obrige läßt sich nur schwer mit der Vorstellung von der göttlichen Weisheit vereinen.

Unter Ausschluß des Vereinbarkeits-Problems von nachstehender und vorheriger Aussage, soll hier die Stellung des Menschen verdeutlicht werden, wie sie sich aus der Sicht Vivekanandas ergibt.

„Dieser menschliche Körper ist der mächtigste Körper im Weltall, und der Mensch ist das mächtigste Wesen. Der Mensch steht über allen Tieren, über allen Engeln. Es gibt nichts größeres als den Menschen. Selbst die devas (göttliche Wesen) müssen zur Erde zurückkehren und in Menschengestalt nach Befreiung streben. Nur der Mensch gelangt zur Vollkommenheit, was selbst den devas versagt bleibt. " (90)

Der Mensch — das Maß aller Dinge?

89) ders. "Karma-Yoga", a.a.O., S. 125

90) ders., „Raja-Yoga", Freiburg o.J., S. 26

Arthur Avalon — Die Emanationen Brahmans

In weitgehend gleicher Form wie Vivekananda expliziert Avalon in seinen Schriften den „Schöpfungs"-Gedanken.

„Der nächste Punkt betrifft die Natur der Schöpfung oder besser gesagt der Entwicklung. Denn der Ausdruck Schöpfung ist mit dualistischen Vorstellungen eines außer-kosmischen Gottes verbunden, der eine Welt hervorbringt, die von ihm so getrennt ist wie der Topf vom Töpfer. Nach dieser Lehre besteht eine Entfaltung des Bewußtseins oder der Chit-Shakti (verbunden mit Maya-Shakti) in bestimmte Formen hinein. Dies bedeutet nicht, daß Brahman sich ganz in Seine Emanationen verwandelt, das heißt, von ihnen erschöpft wird. Brahman ist unendlich und kann deshalb niemals in einer Form, auch nicht im Weltall, ganzheitlich enthalten sein. Immer übersteigt Er das Universum. Deshalb bleibt das Bewußtsein, wenn es sich entfaltet, immer was es war, ist und sein wird. Die höchste Chit wird als Shakti zum Weltall und bleibt dennoch höchste Chit." (91)

„Schöpfung ist somit eine Emanation aus Brahma und kann veranschaulicht werden durch ein System konzentrischer Sphären." (92)

Hier wird der Emanationsbegriff expressis verbis beim Namen genannt. Brahman „verwandelt" sich in seine Emanationen. Im Ausdruck verwandeln kommt die Aufhebung der Schöpfungsvorstellung besonders treffend zum Ausdruck. Brahman bleibt immer Brahman, auch in seinen Emanationen, die ja letztlich nicht einmal das sind. Wie Brahman aber das Universum „übersteigen" soll, das er ja selbst ist und warum dies „geschehen" soll, bleibt ungeklärt.

„Fernerhin gibt es keine erste Schöpfung. Die Universen entstehen und vergehen in einem ewigen Prozeß. Daher ist das gegenwärtige Universum nicht etwas völlig Neues, denn es ist das Ergebnis vergangener Welten und deren Handlung — oder Karma. Nicht nur die 'bewußten' Wesenheiten, sondern alle individuellen Zentren der Welt haben ihr Karma, das hier im Grunde genommen als

91) A. Avalon, "Shakti u. S.", a.a.O., S. 182

92) ders., "Isopanishad", Madras 1971, S. 25
„Creation is thus an emanation from Brahma, and may be illustrated as a system of concentric spheres ...".

'göttliches Spiel aus Glückseligkeit' verstanden wird — deshalb kann eigentlich von freiem Handeln gesprochen werden, obwohl es, pragmatisch gesehen, begrenzt ist." (93)

Avalons Ewigkeitsidee deckt sich mit jener Vivekanandas. Die Vorstellung, die auch hier allem zugrunde liegt, ist jene der absoluten Identität von „Schöpfer" und „Geschöpf", bzw. „Schöpfung" und „Schöpfer". Alles ist Brahman und nur Maya verhüllt für das individuelle Sein, das eigentlich gar keines ist, 'seine' Identität mit dem Absoluten.

Inayat Khan — Sein und Erkenntnis

In den Ausführungen Inayat Khans, dem Begründer des Sufi-Ordens im Westen, wird der Schöpfungsgedanke in enger Verbindung mit einem Bewußtwerdungsprozeß Gottes gesehen. Dies veranlaßte den Verfasser eines Buches über ihn, Inayat Khans Gnosis mit der Philosophie Hegels zu vergleichen.

„Wozu dient diese Schöpfung, was ist das Ziel dieser Offenbarung? Diese Frage ist mit einem Wort zu beantworten: der Befriedigung Gottes wegen. Warum ist er ohne das nicht befriedigt? Weil Gott das einzige Wesen ist; und das Verlangen des Seins ist, sich des Seins bewußt zu werden." (94)

„Die Intelligenz in ihrem ursprünglichen Aspekt ist die Essenz des Lebens, ist der Geist oder Gott. Aber wenn diese Intelligenz in eine Behausung eingefangen wird wie Körper und Gemüt (mind), dann erkennt sie ihre ursprüngliche Erkenntnisnatur, und diese erkennende Intelligenz wird Bewußtsein." (95)

Das Problem, das sich stellt, ist, ob Gott zu seiner Bewußt-'werdung' eines

---

93) ders., "The World as Power", Madras 1974, S.304

„Moreover there is no first creaton. The Universes come and go eternally. The present Universe, therefore, is not something entirely new, for it is the outcome of past worlds and their activities or karma. Not only 'conscious' entities but all individual centres in the world have their Karma which is here conceived as essentially Play out of Joy — therefore, essentially free action, though pragmatically restricted."

94) Louis Hoyack, "Die Botschaft von Inayat Khan", Zürich o.J., S.68

95) ebd., S.69

Schöpfungsprozesses bedurfte. Gott, das reine Sein, auch das Über-Sein genannt, um seine absolute Transzendenz auszudrücken, weiß sich selbst ewig als sich Selbst. Gott kann in seinem Bewußtsein nicht zunehmen, da er alles Bewußtsein immer und zugleich ist. In Gott ist keine Zeitlichkeit.

„Ein Bewußtsein erwacht aus dem Absoluten, das Bewußtsein der Existenz ... des 'Ich Bin' ... Mit dem Gefühl des Ich-Seins ballte sich die dem Absoluten innewohnende Kraft gewissermaßen zusammen, mit anderen Worten, sie konzentrierte sich auf einen Punkt. Der göttliche Geist bildete das Kraftzentrum, von dem aus er seine Strahlen als Seele aussandte.“ (96)

Wenn das Wesen des Absoluten reines Bewußtsein ist, sonst könnte es nicht das Absolute sondern eher das Nichts heißen, kann nicht „aus ihm ein Bewußtsein erwachen". Auch hier wird Zeitlichkeit auf Gott angewandt.

Die Stellung des Menschen skizziert Inayat Khan mit den Worten:

„Ein menschliches Wesen ist daher ein erwachsener Engel, oder ein Engel ist eine Seele, die nicht erwachsen ist." Diesen Satz aus Khans Schrift „Die Seele Woher und Wohin" kommentiert Hoyack: *„Dieser kurze Satz ist heilsam, indem er die einseitige Auffassung, welche die Erdenfahrt der Seele als einen Fall betrachtet, aufhebt. Soviel mir bekannt ist, finden wir in allen übrigen gnostischen Systemen nichts, was diesem Satze gleichkäme. Auch er ist ein genialer Fund. Das Leben erhält auf diese Weise eine Rechtfertigung, welche im Neuplatonismus und auch in der christlichen Auffassung nicht gegeben ist. In diesen beiden letzteren Systemen ist der Fall eine Katastrophe, im Grunde eigentlich sinnlos, die wieder aufgehoben werden kann. Bei Inayat Khan dagegen wird der Lebenszyklus, nämlich die Reise der Seele von der 'Quelle' (source) zum 'Ziel' (goal) mit der Erde als Wendepunkt, das Ziel in sich selber.* (97)

Auch bei Inayat Khan wird der Mensch zur „Krone der Schöpfung" erhoben, demgegenüber der Engel noch in den 'Kinderschuhen' steckt.

Mit welcher Begründung einer materieller Welt wie der Erde, vor allem unter Berücksichtigung ihres geistigen Standes, eine derartige Privilegiertheit zugesprochen werden kann, erscheint schwer einsichtig.

96) Sirkar van Stolk/ Daphne Dunlop, „Inayat Khan und seine Botschaft von Liebe und Schönheit und Harmonie", East-West Pub. Fonds 1972, S. 152 f.

97) Hoyack, a.a.O., S. 90

Aurobindo — Kraft und Materie

Selbst bei Aurobindo tritt die Idee einer Schöpfung in den Hintergrund, obwohl von seinem Gottesbegriff her hier größere Bestimmtheit zu erwarten gewesen wäre.

„Von Schöpfung können wir nur insofern sprechen, als das Sein in Form und Bewegung zu dem wird, was es in Substanz und Status bereits ist. Wir müssen jedoch seine Unbestimmbarkeit in jenem speziellen und positiven Sinn betonen, nicht als Verneinung, sondern als unentbehrliche Bedingung für seine freie, unendliche Selbst-Bestimmung. Sonst wäre die Wirklichkeit etwas Fixiertes, ewig Determiniertes, oder sie wäre etwas Unbestimmtes, das festgelegt und an eine Summe von Bestimmungs-Möglichkeiten gebunden ist, die in ihm enthalten ist. Die Freiheit des Absoluten von aller Begrenztheit, von jedem Gebundensein durch seine eigene Schöpfung, kann nicht selbst in Begrenztheit, in absolute Unfähigkeit, in Leugnung aller Freiheit zur Selbst-Bestimmung verkehrt werden. Das wäre ein Widerspruch. Es wäre ein Versuch, durch Verneinung das Unendliche und Unbegrenzbare abzugrenzen und einzuschränken. In die zentrale Tatsache der beiden Seiten der Natur des Absoluten, in seine wesenhafte und in seine selbst-schöpferische oder dynamische, dringt kein realer Widerspruch ein. Nur eine reine unendliche Wesenhaftigkeit kann sich auf unendliche Weise formulieren.“ (98)

„Die Freiheit des Absoluten von jedem Gebundensein durch seine eigene Schöpfung", diese Worte enthalten eine eindeutige Absage an einen 'sich-selbst-bewußt-werdenden-Gott'. Gott, der Absolute, steht als Ewiger jenseits seiner Schöpfung, bildet zugleich aber ihr tragendes Prinzip.

In seiner „Synthese des Yoga" wird von Aurobindo auch die Vorstellung der Emanation als Erklärungsmodell herangezogen.

„In seiner Beziehung zum Universum ist das Höchste das brahman, die einzige Wirklichkeit, die nicht nur die geistige, materielle und bewußte Substanz aller Ideen, Kräfte und Formen des Universums ist, sondern ihr Ursprung, die sie erhaltende und besitzende Macht, der kosmische und suprakosmische Geist. Alle letzten Begriffe, auf die wir das Universum zurückführen können: Kraft und

98) Aurobindo, "GL II, 1", a.a.O., S. 50f.

Materie, Name und Form, purusha und prakriti sind noch nicht in vollem Umfang das, was das Universum wirklich ist, weder an sich noch seiner Natur nach. So wie alles, was wir sind, das Kräftespiel und die Formgestaltung, der mentale, psychische, vitale und physische Ausdruck eines erhabenen Selbst und nicht den Bedingungen des Mentals, des Lebens und des Körpers unterworfen ist, so ist auch das Universum das Kräftespiel und die Formgestaltung, der kosmische Ausdruck der Seele und der Natur eines höchsten Daseins, das keinen Bedingungen durch Kraft und Materie, Idee, Name und Form unterworfen ist und das auch nicht der fundamentalen Unterscheidung zwischen purusha und prakriti unterliegt. Unser eigenes höchstes Selbst und jenes erhabene Dasein, das zum Universum geworden ist, sind ein einziger Geist, ein einziges Selbst und ein einziges Sein. Das Individuum ist seiner Natur nach einzelner Ausdruck des universalen Seins. Es ist seinem Geist nach eine Emanation der Transzendenz." (99)

Noch stärker vermindert Aurobindo die Trennung zwischen Absolutem und Relativem in seinen „essays über die gita":

„Er, der erhabene Herr, der Meister seiner Kraft, seiner Shakti, erschafft, treibt an und lenkt die ganze Natur und jegliche Persönlichkeit, Macht und Wirksamkeit der zahllosen Seienden. Jede Seele ist ein partielles Wesen dieses selbstseienden Einen, eine ewige Seele dieser All-Seele, eine partielle Manifestation dieses erhabenen Herrn und seiner universalen Natur. Alles hier ist dieses Göttliche Wesen, diese Gottheit, Vasudeva. Denn er wird durch die Natur und durch die Seele in der Natur zu allem, was ist. Alles geht aus ihm hervor und lebt in ihm oder durch ihn, obwohl er selbst größer ist als irgendeine auch die umfassendste Manifestation, als jeder tiefste Geist, als jede kosmische Gestaltung." (100)

Das Eine und die individuelle Seele werden deckungsgleich, womit die von Aurobindo selbst postulierte Trennung beider doch weitgehend aufgehoben wird. Gott wird zur Welt, die Welt wird Gott.

Die Unterscheidung zwischen der Ewigkeit Gottes und der Zeitlichkeit der Schöpfung versucht Aurobindo durch eine Aufteilung zu veranschaulichen.

99) ders., "Sy.d.Y.", a.a.O., S. 312f.

100) ders., "Gita", a.a.O., S. 445

„Es gibt eine Welt der Unwissenheit, es gibt auch Welten der Wahrheit. Schöpfung hat keinen Anfang und kein Ende. Nur von einer bestimmten Schöpfung kann man sagen, sie habe einen Anfang und ein Ende." (101) Wie zwischen Schöpfung und bestimmter Schöpfung unterschieden werden kann, muß offen bleiben. Die Trennung der zwei Welten, ein philosophisch durchaus gebräuchliches Modell, kann nur eine Berechtigung gewinnen, wenn der Hervorgang der 'niederen' aus der 'höheren' belegt wird, denn ein göttlicher Schöpfungsakt kann dafür kaum herangezogen werden.

Die Wahl des Konjunktives in der Beschreibung von Theorien über den Ursprung des kosmischen Seins drückt aus, inwieweit Aurobindo selbst möglicherweise keiner Schöpfungsvorstellung absoluten Vorrang einräumen wollte.

„Zweifellos sind mehrere Theorien über den Ursprung des kosmischen Seins möglich, nach denen es vorstellbar ist, daß ein solches extremes und starres Verhältnis zwischen den Weltkräften zustande kam. In einem All-Willen könnte ein Grundgesetzt dieser Art und ein entsprechendes Gebot vorhanden gewesen sein. Oder die Seele könnte eine Idee dieser Art gehabt und sich einem ichhaften materiellen Leben der Unwissenheit zugewandt haben. Man könnte auch annehmen, die ewige individuelle Seele sei durch ein in ihrem Innern aufkommendes unerklärliches Begehren dazu gedrängt worden, das Abenteuer der Finsternis zu suchen. Sie hat sich aus ihrem ureignen Licht in die Tiefen einer Nichtbewußtheit hinabgestürzt, woraus dann diese Welt der Unwissenheit entstanden sei. Oder die Vielen, also ein Kollektiv von Seelen, sei hierzu veranlaßt worden. Denn ein individuelles Wesen kann keinen Kosmos bilden. Ein Kosmos muß entweder apersonal oder multipersonal sein oder Schöpfung oder Selbst-Ausdruck eines universalen oder unendlichen Wesens. Dieses Begehren könnte eine All-Seele mit heruntergezogen haben, um mit dieser eine Welt aufzubauen, die auf die Macht der Unbewußtheit gegründet ist. Wenn das nicht der Fall ist, könnte die ewig allwissende All-Seele selbst abrupt ihr Selbst-Wissen in jene Finsternis der Unbewußtheit hinabgestürzt und die individuellen Seelen mitgenommen haben, damit sie durch eine aufsteigende Stufenfolge von Leben und

101) ders., "Briefe über den Yoga I", a.a.O., S.276

Bewußtsein ihre Evolution nach oben beginnen. " (102)
Es kann hier nicht der Ort sein, alle Theorien einzeln zu besprechen; die
Textstelle wurde nur belegt, um die Vielfalt der Denkmodelle Aurobindos
zu dokumentieren und dadurch aufzuzeigen, inwiefern seine Ausführungen jeweils in Relation zu einer Gesamtvorstellung gesetzt werden müssen.
Entscheidende Bedeutung sollte aber bei allen „Abfalls-Theorien" der individuellen freien Entscheidung zugemessen werden. Der Gedanke eines kollektiven „Absturzes" individueller Wesen aufgrund eines Aktes der Weltseele, würde in ein ethisches Chaos führen. Willkür nähme die Stelle der
Gerechtigkeit ein.

Yogananda — Idee und Erscheinung

*„Wenn jemand euch sagte: 'Ich bin Gott', würdet ihr ihm kaum glauben. Doch
wir alle dürfen mit Recht behaupten: 'Gott ist zu meinem Ich geworden'. Aus
welcher anderen Substanz könnten wir sonst geschaffen sein? Er ist der Urstoff
der Schöpfung. Bevor Er die Welt der Erscheinung ins Leben rief, existierte nur
Er als GEIST. Aus Seinem Wesen schuf Er alles: das Universum und die Seelen
der Menschen. " (103)*
Yogananda schließt hiermit an Vivekananda an, der ebenfalls die Schöpfung als aus der Substanz Gottes geworden ansah. Der Substanzbegriff korrespondiert bei Yogananda mit dem Geistbegriff. Schöpfung bedeutet
Traumprojektion des göttlichen Geistes.
*„Ich will dich gern aufklären, denn diese Materialisation ist kein unerklärliches
Geheimnis. Der ganze Kosmos ist ein vom Schöpfer projizierter Gedanke. Und
so ist auch der im Raum schwebende, schwere Erdkörper nichts als ein Traum
Gottes, der alle Dinge aus Seinem Geist erschaffen hat, ähnlich wie der Mensch
im Traum alle Lebewesen der Schöpfung nachbilden und lebendig werden lassen kann.*

102) ders., "GL II,2", a.a.O., S.161f.
103) Yogananda, "Worte", a.a.O., S.60

„Gott erschuf diese Erde zuerst als Idee. Dann belebte Er sie, und es entstand die Atomenergie und später die Materie." (104)

In diesen Ausführungen Babadjis, des höchsten Meisters in der Tradition des Kriya-Yoga, der auch Yogananda folgte, wird die Unterscheidung zwischen geistigem (ideellen) Kosmos und physischem Kosmos nur als zeitlich verstanden. Die Schöpfung einer rein geistigen Welt wird offensichtlich ausgeschlossen, sie bildet nur eine gedankliche Vorstufe, der eine materielle Welt folgt. Innerhalb dieser Schöpfung werden dann verschiedene Sphären (Lokas) unterschieden, die Yoganandas Meister, Sri Yukteswar, in seiner Schrift „Die Hl. Wissenschaft" im einzelnen beschreibt. (105)

Zur 'Sinn-Frage' der Schöpfung führt Yogananda aus:

„Der göttliche Sinn dieser Schöpfung — soweit die menschliche Vernunft ihn zu erfassen vermag — ist in den Veden erläutert worden. Die Rishis lehrten, daß jede menschliche Seele von Gott erschaffen wurde, um eine bestimmte, einmalige Ausdrucksform des Unendlichen zu offenbaren, ehe sie wieder in ihr Absolutes Sein zurückkehrt. Daher liebt Gott alle Menschen unterschiedslos, denn jeder von ihnen ist ein individueller Funke Seines Seins." (106)

Die hier angesprochene Rückkehr in das Absolute Sein muß mit hoher Wahrscheinlichkeit nicht als Auflösung des individuellen Seins verstanden werden. Der göttliche Funke geht als unbewußter aus der Gottheit hervor, um als bewußter wieder in sie zurückzukehren. Wenn er sich dann wieder auflösen würde, entbehrte dieser Prozeß jeder Sinnhaftigkeit.

Das Rätsel der Schöpfung zu lösen steht nicht in der Macht des Menschen. Menschliches *Bewußtsein* sollte immer seiner Grenzen *bewußt sein.* Dies dokumentiert der folgende Ausspruch Sri Yukteswars in unmißverständlicher Klarheit. Er könnte als Leitsatz über diesem Buch stehen und mag besonders an jene gerichtet sein, die behaupten, sie hätten das Absolute 'verwirklicht' und seien zum 'Gott' geworden.

---

104) ders., "Autob.", a.a.O., S. 327 (vgl. auch Yukteswar, S. 58

105) vgl. Sri Yukteswar "Die Heilige Wissenschaft", Weilheim 1976, S. 34ff., 79ff.
  vgl. auch Aurobindo, "Hymns to Mystik Fire", S. 23f.

106) Yogananda, "Autob.", a.a.O., S. 501

„Hebt ein paar Geheimnisse für die Ewigkeit auf. Wie kann die begrenzte Vernunft des Menschen die unerforschlichen Beweggründe des unerschaffenen Absoluten erfassen? Der menschliche Verstand, der durch das Gesetz von Ursache und Wirkung an die Welt der Erscheinungen gebunden ist, steht verwirrt vor dem geheimnisvollen Gott — dem Anfanglosen und Ursachlosen. Die menschliche Vernunft allein kann die Rätsel der Schöpfung nicht ergründen; früher oder später aber wird uns Gott selbst jedes Geheimnis entschleiern.“ (107)

Kirpal Singh — Negative und positive Kraft

Kirpal Singh erklärt die Schöpfung aus der Polarität zweier Kräfte heraus, die er als a priori in Gott gegeben ansetzt.

„Die negative Kraft — Kal, Shaitan, Aharman — stellt die Kraft dar, welche sich zum Ausdruck bringt und die gesamte Schöpfung hervorruft. Die andere, Dayal, Rahman und Harmuzd (positive Kraft), ist die Kraft, welche sich einwärts wendet und die Seele zu ihrem Ursprung zurückführt. Es sind also die Zentrifugal- und Zentripetalkräfte, die in der ganzen Schöpfung am Werk sind. Das Gemüt ist ein Vertreter der negativen Kraft und zieht einen ständig in die äußere Welt. Andererseits führt die Verbindung mit dem göttlichen Wort im Inneren die Seele zurück zu Gott, der wortlos und absolut ist.“ (108)

Die Sinnfrage, die sich bei dieser eigenartigen Polarität aufdrängt, wird hier nicht gestellt. Warum jene Prozessualität in dieser Form ablaufen soll bleibt unbeantwortet.

Zieht man eine andere Aussage, über den Fall der Seele, heran, so wird der ganze Gedankenbau noch ungewöhnlicher.

„Die Frage, warum der reine Geist so sündig wird, daß er sich in dieser Welt in einer so furchtbaren Lage befindet, ist mehr theoretischer als praktischer Natur. Von einer reinen, unvergänglichen Region kommen die Seelen in niedere Be-

---

107) ebd., S.498
108) Kirpal Singh, ”Elixier”, a.a.O., S.225f.

78

reiche, umgeben von einer Mischung aus Materie verschiedenen Grades, und
werden durch das Gesetz des Karma (Ursache und Wirkung) regiert. In den
niederen Regionen könne sie entsprechend ihrem Verhalten aufwärts oder ab-
wärts gehen. Jene, die hier das Rechte tun, haben nun die Gelegenheit, es auf
die eine oder andere Weise zu handhaben, entweder in die höheren Regionen
zu gehen oder, wenn die günstige Gelegenheit nicht richtig und zum Vorteil ge-
nutzt wird die gegenteiligen Folgen zu tragen." (109)
Die Seelen „kommen" in einen niederen Bereich, wobei nicht ausgewiesen
wird warum, und sie werden vom Karma regiert, ohne daß eigentlich er-
sichtlich wird, wo der karmische Prozeß entspringt.

Schwer verständlich ist ein Vergleich der obigen Aussage von der „furchtba-
ren Lage des Geistes in dieser Welt" mit der nachstenden:
„Die menschliche Geburt ist die höchste Stufe in der ganzen Schöpfung. Es ist
wirklich eine seltene Gnade, die ihr erhalten habt." (110)
Die bereits in Gott angesiedelte Polarität setzt Kirpal Singh auch auf den
Menschen um — daher dessen Janus-Gesicht.

Radhakrishnan — Der Ursprung aller Erscheinung

Radhakrishnan deutet in seiner Kommentierung die Lehre der Bhagvad Gita im Sinne einer klaren Differenzierung zwischen Gott und seinen Geschöpfen. Mehrfach weist er auf die strikte und unverwischbare Transzendenz Gottes hin, der zwar tragendes Prinzip allen Seins ist, aber von diesem
nicht umfaßt wird.
„Der Autor verwirft die Samkhya-Lehre von der Unabhängigkeit der prakriti.
Er behauptet, daß all das, was sich aus den drei gunas zusammensetzt, keines-
wegs ein auf sich selbst beruhender, von Gott unabhängiger Urstoff sei, sondern
aus ihm allein entspringt. Wohl enthält und umfaßt er alles; dieses alles aber
enthält und umfaßt ihn nicht. Das ist der Unterschied zwischen Gott und seinen

109) ebd., S.163
110) ebd., S.299

Geschöpfen. Sie alle werden vom Göttlichen belebt, doch berühren ihre Verän-
derungen die Ganzheit des Göttlichen nicht. Alle Dinge sind ihm unterworfen;
er aber ist keinem einzigen unterworfen. " (111)
Radhakrishnan geht dann auch auf den im Kapitel über Brahman schon an-
gesprochenen Aspekt der Immanenz Gottes in seinen Geschöpfen ein und
verneint diese weitgehend.

„Aufklärung darüber, wie sich das begrenzte phänomenale Universum aus der
absoluten Gottheit erhebt, führt zur Macht des Göttlichen. Der Allerhöchste ist
der Ursprung aller Erscheinungen, wird aber von ihnen nicht berührt. Das ist
der Yoga der göttlichen Macht. Obgleich Gott die Wesen erschafft, reicht er doch
in einem solchen Grade über sie hinaus, daß wir nicht einmal sagen können, er
wohne in ihnen. Selbst der Gedanke einer Immanenz Gottes ist, streng genom-
men, unhaltbar. Alle Wesen gehen auf seine Doppelnatur zurück. Da seine
höhere Eigennatur aber der an dem Werke der prakriti unbeteiligte atman ist,
ist ebenso wahr, daß die Wesen nicht in ihm wohnen, noch er in ihnen. Sie sind
eins und doch voneinander getrennt. " (112)
Damit wird auch der Emanationsgedanke unmißverständlich zurückgewiesen.

Gott bleibt in sich immer Derselbe, durch seine Schöpfung verändert er
sich nicht in seiner Wesenheit. Er bildet die ideelle Grundlage der Schöpfung, die sein absolutes Sein abbildhaft darstellt. Als ideelle Grundlage fließt
er aber nicht in seine Schöpfung selbst ein, wie dies das Bild der Emanation
vermittelt.

„Es ist nicht so, daß die göttliche Einheit in Einzelstücke aufgespalten ist. Dieser
Kosmos ist nur eine Teiloffenbarung des Unendlichen, wird nur von einem
Strahle seines glänzenden Lichtes erleuchtet. Das transzendente Licht des Al-
lerhöchsten weilt jenseits dieses ganzen Kosmos, jenseits von Zeit und Raum. "
(113)
Bei Radhakrishnan dominiert ein Gottes- und Schöpferverständnis, das
sich deutlich von den häufig verschwommenen Vorstellungen anderer Au-

111) Radhakrishnan, "Gita", a.a.O., S.249
112) ebd., S.275f.
113) ebd., S.308

toren abhebt. Er deckt sich mit seiner Auffassung nahezu vollständig mit einem Schöpfungsgedanken, wie er auch aus christlicher Sicht verstanden wird. Gottes Transzendenz gegenüber der Schöpfung wird immer bewahrt, die Einheit gegenüber der Vielheit betont.

Maharishi Mahesh Yogi — Sein — Prana — Karma

In der „Wissenschaft vom Sein" geht Maharishi M. Y. detailliert auf die Problematik des Schöpfungsgedankens ein. Er versucht von einer Seinsanalyse her, das Verständnis für die Zusammenhänge zu erschließen.

„Jenseits der subtilsten Schicht alles im relativen Feld Existierenden befindet sich das abstrakte, absolute Feld reinen Seins, welches unmanifestiert und transzendent ist. Es ist weder Materie noch Energie. Es ist reines Sein, der Zustand der Existenz an sich. Dieser Zustand reiner Existenz liegt allem, was existiert, zugrunde. Alles stellt sich als Ausdruck dieser reinen Existenz oder dieses absoluten Seins dar, welches der Urgrund allen relativen Lebens ist. Dieses eine, ewige unmanifestierte, absolute Sein manifestiert sich in der Schöpfung in vielen Lebens- und Existenzformen." (114)

„Das Sein ist die letzte Wirklichkeit von allem, was war, ist oder sein wird. Es ist ewig und unbegrenzt, die Basis aller Lebensphänomenen im Kosmos. Es ist die Quelle von Zeit, Raum und Kausalität. Es ist die Allgegenwart und die Allerfüllung, Anfang und Ende der Existenz, das alldurchdringende, ewige Feld allmächtiger, schöpferischer Geisteskraft. Ich bin Das ewige Sein, du bist Das, und all dies ist in seiner eigentlichen Natur Das ewige Sein." (115)

Dieses Sein bestimmt Maharishi M. Y. dann als Gott, wobei Gott hier als Gott im unpersönlichen Sinn verstanden werden muß, wie im Kapitel I ausgeführt.

„Es ist überall und unter allen Bedingungen das Sein, der Urgrund der Schöpfung, alldurchdringend. Es ist der allgegenwärtige Gott für die, die Es kennen

114) Maharishi M. Y., „Wis. v. S.", a.a.O., S. 29
115) ebd., S. 30

und verstehen, die Es fühlen und leben. " (116)

Diese Seinsbestimmungen sind klar und eindeutig, werden aber gleichzeitig auch auf die individuelle Existenz angewandt, die mit dem unpersönlichen Gott identifiziert wird. Hier bleibt der Emanationsgedanke weiter bestehen und die Immanenzvorstellung, die im vorangegangenen Abschnitt von Radhakrishnan äußerst relativiert wurde, wird hier erneut zu absoluter Blüte geführt. Besonders deutlich tritt dies hervor, wenn Maharishi M. Y. den Prana - Gedanken in seine Schöpfungstheorie einführt.

„Sein fängt an, Schwingung zu werden, Prana versetzt sich in Schwingung, und die Schöpfung beginnt sich zu manifestieren. Indem das Sein subjektive Natur annimmt, wird es Verstand und Geist, indem es objektive Natur annimmt, wird es Materie.

Die kosmische Intelligenz oder die schöpferische Macht, die die eigentliche Natur des Seins ist, bringt Prana aus sich hervor, aus dem Inneren des absoluten Seins. Prana tritt aus der Quelle des unmanifestierten Seins hervor, indem das absolute Sein die Rolle von Prana übernimmt. So gibt die eigentliche Natur des Seins den Anstoß zu dem Vorgang der Erschaffung und Entfaltung.

Was ist dafür verantwortlich?

Die eigentliche Natur des Seins. Es ist, als ob das Absolute schöpferisch und relativ werden will.

Man mag fragen: warum?

Aus seiner eigenen Natur heraus; vielleicht aus Freude an der Vielfalt.

Ausdehnung des Glücks ist der Zweck der Schöpfung. " (117)

Schöpfung wird nicht mehr im Wortsinn als „Schöpfung" verstanden, sondern „die Schöpfung beginnt sich zu manifestieren". Hier liegt eine entscheidende Veränderung vor. Der Schöpfungsgedanke wird weitgehend zu einem unpersönlichen kosmischen Vorgang umgewandelt. Es wird nicht mehr vom Schöpfer gesprochen, sondern von der „schöpferischen Macht des Seins". Die Schöpfung wird entpersonalisiert.

Der dritte Aspekt in Maharishi M. Y.'s Gedankengebäude zur Schöpfung ist der des Karma. Karma, als ewiges kosmisches Gesetz, bildet den Samen

116) ebd., S. 32
117) ebd., S. 44

für jede Schöpfung. Es kann nicht von einem Beginn des Karma gesprochen werden — Karma ist ewig existent.

„Dies zeigt, daß im Prinzip die Substanz des Karma vor der Schöpfung des individuellen Geistes bestand. Das führt uns zu dem Schluß, daß es eine Nacht vor der Schöpfung gab. Da war der Tag vor diesem Tag und eine Nacht vor dieser Nacht. Der Kreislauf von Schöpfung und Auflösung ist ewig in der Ewigkeit des Seins. Im Verlauf der Schöpfung entsteht der Geist, weil zuvor schon ein Geist bestand, der ein gewisses Karma geschaffen hat. Der Einfluß dieses Karmas besteht weiter als Grundlage des gegenwärtigen Geistes.“ (118)

Diesen Ausführungen liegt die Idee vom „Tag und Nacht Brahmans" zugrunde, von der Weltennacht (Pralaya) und dem Weltentag (Manvantara), die sich in einem ewigen Prozeß ablösen.

Swami Narayananda — Die eine Unendlichkeit

Wurde die Frage des Verhältnisses von Schöpfer zu Schöpfung in den vorangegangenen Abschnitten zumindest durch das Bild der Emanation oder der Manifestation weitgehend zu wahren gesucht, wobei Gott stets 'größer' als die Welt war, so kommen bei Swami Narayananda beide zur absoluten Deckung. Der 'Schöpfer' wird (= ist) die 'Schöpfung'.

„Das Wort 'Schöpfung' ist darum irreführend. Denn es erweckt die Vorstellung von einem Schöpfer neben einem erschaffenen Wesen oder Ding, und das ist sowohl unlogisch als auch widersinnig. Wenn es nur eine Unendlichkeit gibt und diese die Fülle selbst ist, vollkommen und all-durchdringend, dann kann es daneben kein erschaffenes Ding oder Wesen geben.

Weiter besagt das Wort Schöpfung, daß etwas aus nichts entsteht, und auch das ist unlogisch. Wie schon gesagt, läßt sich die Unendlichkeit nicht einmal um ein Atom vermehren oder vermindern. Wäre dies möglich, so müßte die Unendlichkeit begrenzt und endlich sein.

---

118) ebd., S.47

Das Wort 'Schöpfung' setzt also der unbegrenzten Unendlichkeit Grenzen. Wenn es einen Schöpfer getrennt von der Schöpfung gäbe, so würden sie einander begrenzen, und aus der Unendlichkeit würde etwas Begrenztes und Endliches." (119)

Dies führt erneut zur Frage, warum der Mensch sich nicht als Gott erkennt, und als Lösung bleibt wiederum nur die 'Selbst-Verhüllung' Gottes.

„Die schöpferische Kraft Gottes verhüllt sich selbst durch sich selbst — und entfaltet sich als Universum." (120)

„Es ist die Kraft Gottes, die sich als Universum entfaltet und sich dann wieder in sich selbst zurückzieht (sich ein-faltet). So sind Evolution (Ent-Faltung) und Involution (Ein-Faltung) ein ewiges Spiel in Gott."

Es gab keine Zeit ohne Schöpfung und es wird niemals eine Zeit ohne Schöpfung geben. Zu fragen, wann die Schöpfung begann, ist gleichbedeutend mit der Fragestellung, wann Gott erschaffen wurde. Eine solche Frage ist widersinnig und unlogisch.

Schöpfung und Zerstörung von Welten sind ein ununterbrochener Vorgang in der Unendlichkeit, wie das Aufsteigen und Verschwinden von Blasen im Meer. Verglichen mit der Unendlichkeit ist unsere Welt nur ein Körnchen Staub.

Die Gesamtsumme der in der Unendlichkeit eingesetzten Energie ist immer die gleiche; die Unendlichkeit läßt sich nicht einmal um ein Atom vermindern oder vermehren. Evolution ist lediglich ein Wandel der Form vom kausalen zum grobstofflichen Zustand und umgekehrt." (121)

Gott muß sich also selbst unbewußt werden, um sich dann wieder selbst zu sich selbst zu erlösen und dies als ewiges Spiel.

Wenn hier von der Logik und vom Widersinn die Rede ist, so darf mit Recht gerade zu diesem Punkt auf beide verwiesen werden.

---

119) Narayananda, "Die Grundlage universeller Religion", Frbg. 1975, S. 8 f.
120) ebd., S. 97
121) ebd., S. 97 ff.

Paul Brunton — Der Körper Gottes

Der Pralaya/Manvantara-Gedanke kehrt auch bei Paul Brunton wieder.
Bei ihm wird er zur Beschreibung der Ewigkeit des Weltgeistes benutzt, in
dem das Universum eingefaltet liegt.

*„Die Kosmologie der verborgenen Lehre beginnt ihre Antwort auf diese Fragen
damit, daß sie erklärt, das Universum sei ein endloser Prozeß. Es gibt keinen
Augenblick, in dem es nicht bestand, entweder verborgen oder aktiv, und folglich wird es auch nie einen Augenblick geben, an dem es nicht weiterbesteht, entweder latent oder aktiv. Dies ist darum, weil die Welt nicht durch einen plötzli-
chen Schöpfungsakt entsteht, sondern durch einen schrittweisen Prozeß der Offenbarung. Denn da sie ein gewaltiger Gedanke ist und nicht ein gewaltiges
Ding wird sie durch den Weltgeist aus ihm selbst heraus zum Sein gebracht, aus
seiner eigenen mentalen 'Substanz', und nicht aus irgendeinem außenliegen-
den Stoff."* (122)

Was hier „verborgen" heißt meint Pralaya und was „aktiv" meint Manvantara. Schöpfung wird bei Brunton im Sinne eines Prozesses verstanden.

*„Auf diese Weise gibt es keinen besonderen Augenblick in der langen Geschichte
des Universums, da gesagt werden könnte, daß es zum erstenmal geschaffen
worden wäre. Es hat niemals einen Anfang gehabt und folglich wird es auch
niemals ein Ende haben. Es ist niemals begonnen worden, daher kann es auch
niemals beendet werden. Es ist ewig, weil der Stoff, bis zu dem wir es letzlich
zurückverfolgen können, nichts anderes als Geist ist, bei dem es keinen denkba-
ren Anfang und kein denkbares Ende gibt. Geist ist das, was er seit der anfanglosen, unberechenbaren Vergangenheit gewesen ist; wie Buddha sagte: 'Ungeboren, ungeschaffen, ungezeugt.' Er hat keinen ersten und keinen letzten Augenblick."* (123)

Als Begründung für die Ablehnung einer Schöpfungsidee führt Brunton
das unterschiedliche Alter von Sternen und Planeten an. Daraus wird einsichtig, daß er Schöpfung allein mit materieller Welt gleichsetzt, wobei
materielle Welt allerdings nach seiner Vorstellung letztlich „mental" ist.

---

122) P. Brunton, "Weish. d. Ü.", a.a.O., S. 47
123) ebd., S. 48

Die Ablehnung der Schöpfung aufgrund astronomischer Vorgänge kann nicht als stichhaltig gelten, da ihr zugrunde liegende geistige Vorgänge völlig unberücksichtigt bleiben.

Um dem Anspruch der Ewigkeit des Universums besondere Geltung zu verschaffen, identifiziert Brunton es mit dem „Körper Gottes".

„Es ist eine wissenschaftlich erhärtete Tatsache, daß die Planeten, Sterne und Nebel, die am Firmament aufleuchten, verschiedenen Alters sind. Einige sind jung und andere sind alt; einige sind beinahe 'neugeboren', aber andere sind im Sterben. Deshalb ist der Glaube, daß Gott einmal die Welt plötzlich erschuf — was heute alle diese astrologischen Körper gleichaltrig machen würde — unannehmbar. Es ist vernünftiger, mit der verborgenen Lehre zu glauben, daß das Universum niemals einen Anfang hatte und niemals ein Ende haben wird, daß es ewig und selbsterhaltend ist, weil es der Körper Gottes ist — wenn wir diesen vielmißbrauchten Ausdruck gebrauchen wollen — der ewig und selbsterhaltend ist, und daß eine ewige Entwicklung des ganzen Universums und seiner Geschöpfe ständig voranschreitet." (124)

Die Schlußfolgerung schließlich: „Das Universum ist deshalb so alt oder so ewig wie der Weltgeist selbst." (125)

Brunton unterscheidet nicht mehr zwischen Ewigkeit und Zeit, sondern Zeit wird der Seinsrang der Ewigkeit verliehen. Ewigkeit als das immer gleichbleibende, nicht ausgedehnte, sich selbst wissende Sein, das als Wesensprädikat nur Gott zuzusprechen ist; existiert für Brunton nicht, nur eine ewige Zeit im Sinne einer ewigen Zeitdauer.

Brunton geht dann auf den Gottesbeweis aus der Kausalität heraus ein.

„Von der Tatsache, daß wir finden, daß jede sogenannte Ursache selbst ihren Ursprung in einer vorhergehenden Ursache hat und daß diese ihrerseits wieder die Wirkung ist, die durch eine frühere Ursache hervorgerufen wurde, und so fort, soweit wir auch versuchen mögen, zu einer ersten Ursache des Universums zurückzuforschen, ist es richtig zu schließen, daß es im Universum keinen Anfang gibt und folglich auch kein Ende geben kann. Dies bedeutet, daß der Prozeß des Immerwerdens ein ewiger ist und er das wahre Gesetz des dem Universum

124) ebd., S.49
125) ebd., S.50

86

eigenen Seins darstellt. Denn kein besonderes Ding ist allein eine Ursache oder allein eine Wirkung, sondern muß immer beides zu gleicher Zeit sein." (126)
Das gleiche Argument greift er an späterer Stelle noch einmal auf:
„Aber selbst wenn wir einen äußeren Gott als Schöpfer des Universums verlangten, wenn wir seinen Ursprung zu entdecken suchen, so sind wir verpflichtet weiter vorzugehen und einen zweiten Gott zu verlangen, der der Schöpfer des ersten ist. Und wir können selbst hier nicht stehen bleiben. Wir werden gezwungen sein, einen dritten Gott zu fordern, der den zweiten schuf. Und so werden wir selbst in eine Reihe von Schöpfern verwickelt werden, die endlos nach rückwärts erweitert werden muß." (127)
Da ein regressus ad infinitum vorliegt, kann es keinen Schöpfer geben, daher auch keine Schöpfung. Dies ist der Anti-Schöpfungs-Beweis Bruntons. Studiert der Leser nun aufmerksam das gleiche Werk „Die Weisheit des Überselbst" weiter, so stößt er mit Verwundern auf eine Textstelle, wo der gleiche Beweis exakt umgekehrt wird.
„So könnten wir theoretisch, erbittert und ohne Ende fortfahren, eine psychologische Maschine zu konstruieren, worin ein Selbst sich wie ein Rad in einem anderen dreht und das wiederum in einem dritten, aber wir würden unvermeidlich in dieser rückschreitenden Reihe von Beobachtern aus Notwendigkeit heraus gezwungen werden, den Mechanismus durch die Einführung eines letzten wechselfreien Beobachters von ihnen allen zu vervollständigen." (128)
Dasselbe Argument, das für die Gottesfrage abgelehnt wurde, wird nun für den „letzten Beobachter", das Selbst, als Beweis herangezogen. Damit führt Brunton seine Argumentation selbst ad absurdum. Es kann nicht der gleiche Beweis auf der einen Seite richtig und auf der anderen Seite falsch sein. Bruntons Verneinung des persönlichen Gottes und der Schöpfung muß als unbegründet und unbewiesen abgelehnt werden.

126) ebd., S. 51
127) ebd., S. 384
128) ebd., S. 183

Eine Analyse des Schöpfungsbegriffes der Yoga-Meister zeigt eine weitverbreitete Verschwommenheit in der Differenzierung zwischen Gott und Schöpfung. Hier wird eine bestimmte Erfahrung in einer Weise umgesetzt, die nicht mehr in ihr selbst begründet ist. Zur Stützung wird dann der Emanationsgedanke herangezogen, der eine göttliche Immanenz in der Schöpfung legitimieren soll.

In dieser Frage ist eine äußerst sorgfältige Prüfung der Quellen geboten und die Mahnung Sri Yukteswars über die Begrenztheit menschlichen Bewußtseins sollte nicht unberücksichtigt bleiben.

Die Gefahr der „Vergottung der Schöpfung" durch zahlreiche Yoga-Meister darf nicht übersehen werden.

VI. Theodizee

Die Frage der Vereinbarkeit der Existenz des „Bösen" mit der Güte eines liebenden Gottes beschäftigt menschliches Denken seit Urzeiten. Sie flammte vor allem nach den beiden Weltkriegen erneut heftig auf, und der Weg zur Gottesnegierung führte für manche Menschen über das Erleben der Kriegsgreuel. Mit der verstärkten Einflußnahme östlicher Denkweise und Yoga-Philosophie in westlichen Ländern, muß die Frage der Theodizee auch bei ihren Vertretern einer Analyse unterzogen werden.

Vorwegnehmend lassen sich zwei Richtungen skizzieren. Die eine sieht den Ursprung des „Bösen" bereits im Wesen Gottes begründet, die andere in der Freiheit des Geschöpfes.

Aus den Worten einer Schülerin und engen Mitarbeiterin Vivekanandas, Schwester Nivedita, einer Engländerin, läßt sich unschwer die Zuordnung Vivekanandas zur ersten Gruppe erkennen.

„Während er (i. e. Vivekannanda, d. Verf.) sprach, entdeckte ich erschüttert den Egoismus als Grundlage unseres Betens zu einem Gotte der Vorsehung, der gütig und tröstlich ist und wobei der Gott übersehen wird, der in den Vulkanen wohnt. Ich entdeckte, daß solch ein Kult von den Hindus mit Recht ein bloßes Schachergeschäft, eine doppelte Buchführung mit der Gottheit genannt wird. Und ich erkannte die kühne, unendlich höhere Wahrheit einer Lehre, die uns zeigt, wie Gott sich ebensosehr im Bösen als im Guten kundgibt. Ich erkannte, daß die wahre, dem Geiste gemäße Haltung, nach Vivekanandas strengem Worte, ein Suchen des Todes ist und kein Suchen des Lebens; daß es gilt, auf die Spitze des Schwertes loszustürzen, für immer Eins zu werden mit dem Entsetzlichen." (129)

Angesichts dieses Gottesbegriffes, der zu einer Pervertierung der Vorstellung des liebenden Gottes führt, stellt sich die Frage, ob der Weg zur Vereinigung mit diesem „Entsetzlichen" noch ein erstrebenswerter ist. Über die ethischen Konsequenzen dieser Auffassung kann an dieser Stelle noch

---

129) Rolland, „Vivekananda", a.a.O., S. 118 (Bd. 1)

nicht gesprochen werden, sie werden später zu behandeln sein.

Aurobindo bezieht weitgehend eine Position die ihn zur zweiten Gruppe zählen läßt. Der Ursprung des „Bösen" resultiert aus einem Abfall, einer Trennung von Gott.

„Wenn in Wahrheit alles saccidananda ist, können Tod, Leiden, Böses, Beschränkung nur die in der praktischen Wirkung positive, im Wesen negative Schöpfung eines verzerrenden Bewußtseins sein, das aus der totalen, einenden Erkenntnis seiner selbst in den Irrtum von Trennung und partieller Erfahrung verfallen ist. Das ist der Sündenfall des Menschen, wie er in dem poetischen Gleichnis der hebräischen Genesis versinnbildlicht ist. Jener Fall des Menschen ist sein Abirren aus der völligen, lauteren Annahme Gottes und seiner selbst, oder vielmehr Gottes in sich selbst, in ein trennendes Bewußtsein, das jenes ganze Gefolge der Gegensatzpaare nach sich zieht: Leben und Tod, Gutes und Böses, Freude und Leid, Fülle und Mangel, die Frucht eines zerteilten Wesens. Das ist die Frucht, die Adam und Eva, purusha und prakriti, die von der Natur verführte Seele, gegessen haben. Die Erlösung kommt dadurch, daß wir das Universale im Individuum und den spirituellen Begriff im physischen Bewußtsein wiedererlangen. Nur dann kann es der Seele in der Natur erlaubt sein, an der Frucht des Lebensbaumes teilzuhaben, wie Gott zu sein und für immer zu leben. Nur dann kann der Zweck, weshalb sie in das materielle Bewußtsein herabgekommen ist, erfüllt werden, wenn die Erkenntnis von Gut und Böse, von Freude und Leiden, von Leben und Tod dadurch vollendet wurde, daß die menschliche Seele ein höheres Wissen erlangt, das diese Gegensätze miteinander versöhnt, sie im Universalen zur Identität bringt und ihre Zertrennungen in das Ebenbild der göttlichen Einheit umwandelt." (130)

In Fortführung dieser Gedanken gelangt Aurobindo zur Erkenntnis des „Nicht-Seins" des „Bösen", Dem „Bösen" kann kein wirkliches Sein zugesprochen werden, es besteht nur in einer zeitweisen Überschattung des Lichtes durch das Dunkel.

„Darum ist die Beziehung zwischen Wahrheit und Lüge, zwischen Gut und Böse nicht die gegenseitiger Abhängigkeit, vielmehr von der Art eines Widerspruches wie zwischen Licht und Schatten. Der Schatten hängt vom Licht ab,

---

130) Aurobindo, „GL I", a.a.O., S. 67

was seine Existenz anbetrifft. Aber das Licht ist hinsichtlich seines Daseins nicht vom Schatten abhängig. Die Beziehung zwischen dem Absoluten und diesen Gegensätzen zu einigen seiner fundamentalen Aspekte ist nicht so, daß sie entgegengesetzte fundamentale Aspekte des Absoluten wären: Die Lüge und das Böse besitzen keinen fundamentalen Charakter, keine Macht der Unendlichkeit oder ewigen Wesens, kein Selbst-Sein, auch nicht dadurch, daß sie im Selbst-Seienden latent vorhanden sind; sie besitzen nicht die Authentizität ursprünglichen Inneseins im Absoluten. " (131)

Das Bestehen des „Bösen" muß daher als ein relatives bezeichnet werden. Es nimmt seinen Ursprung aus einer ursprünglichen Verfehlung der geschaffenen Wesen, die aus der Freiheit ihrer eigenen Entscheidung sich von Gott abwandten und — 'fielen'. Die Freiheit seiner Geschöpfe gilt auch und gerade dem Schöpfer als unantastbares Gut, so daß er einen Abfall nicht verhindern durfte.

Dazu Yogananda:

„Alles Leiden entsteht durch Mißbrauch des freien Willens. Gott hat uns die Fähigkeit verliehen, Ihn anzunehmen oder abzuweisen. Es liegt nicht in Seinem Willen, daß wir Schmerzen leiden; doch Er greift nicht ein, wenn wir uns zu einem Handeln entschließen, das uns Leid bringt.

Die Menschen beachten den weisen Rat der Heiligen nicht, erwarten aber, durch ungewöhnliche Umstände oder irgendein Wunder errettet zu werden, wenn sie in Not sind. Der Herr kann alles vollbringen; doch Er weiß, daß die Liebe nicht mit Wundern erkauft werden kann. " (132)

Aufschlußreich, diese Worte mit einer Ausage Ramana Maharshis zu vergleichen.

„Frage: Weshalb nur ist samsara, die endlich gewordene Schöpfung und Offenbarung — so leidvoll und böse?"

Meister: Aus Gottes Willen.

Frage: Wie kann Gott so etwas wollen?

Meister: Das ist unerforschlich. Jener KRAFT kann kein persönlicher Beweggrund untergeschoben werden; jenem einen, unendlichen, allweisen, allmächti-

131) ders., „GL II, 1", a.a.O., S. 350

132) Yogananda, „Worte", a.a.O., s. 101

gen Wesen kann kein Wunsch, kein Zweckwollen zugeschrieben werden. Gott ist von Handlungen, die in Seiner Gegenwart geschehen, unberührt; nehmen Sie als Vergleich die Sonne und das, was auf der Welt geschieht. Es hat keinen Sinn, dem Einen, bevor es zu dem Vielen wurde, Verantwortung und Beweggründe zuzuschreiben." (133)

Die Positionen sind deutlich geworden; Yogananda: Leiden durch Mißbrauch des freien Willens — Ramana Maharshi: Leiden aus Gottes Willen. Wer mag der „Gott" des Ramana Maharshi sein?

Berücksichtigt man die Tatsache, daß Ramana Maharshi der Meister von Paul Brunton war, so verwundert es nicht, diesen in die gleiche Richtung weisen zu sehen.

„Obwohl wir den Menschen selbst wegen einiger der Leiden und Übel in der Welt die Schuld zusprechen können, bleibt ganz einleuchtend ein großer Teil, für den wir ihn nicht tadeln können, wie zum Beispiel die Leiden, die einander durch wilde Dschungeltiere zugefügt werden, die mit ihm überhaupt keinen Kontakt haben. Wem können wir dann die letzte Verantwortung zuschreiben, außer dem Weltgeist selbst? Wenn wir verstehen, daß diese ganze Welt und nicht bloß ein Teil davon — der Teil, der uns gefällt — eine göttliche Offenbarung ist, so verstehen wir, daß Gott auch im Gangster sein muß. Es mag sein, daß der Gangster seinen Willen durch Unwissenheit in die Irre geleitet, seine Gelegenheiten durch Selbsttäuschung mißbraucht und das Leben durch Gier falsch gedeutet hat, aber dies macht seine innerste treibende Kraft nicht weniger göttlich. Wir müssen den Tatsachen mutig ins Gesicht sehen und uns vergegenwärtigen, daß der göttliche Wille letzten Endes hinter dem ganzen Universum steht und folglich sogar auch hinter seinem Grauen sein muß, hinter Todesangst und Verruchtheit." (134)

Da Brunton nur von einem immanent gedachten Weltgeist ausgeht, bleibt ihm letztlich gar keine andere Erklärung, als Gott und das „Böse" zu identifizieren, da er andernfalls seine Weltgeist-Theorie aufheben müßte.

Wenn abschließend zur Theodizee-Problematik ein Zitat aus Swami Omkaranandas Kommentar zur Bergpredigt angeführt wird, so kann dieses

---

133) R. Maharshi, „Gespräche 1", a.a.O., S. 55

134) P. Brunton, „Weish. d. Ü.", a.a.O., S. 278

92

einerseits als Fazit und andererseits als Anruf gelten.

„Das Böse, der Teufel, existiert also nicht für den, dessen Bewußtsein ganz von intensiver Liebe und Erfahrung Gottes erfüllt ist. Unwissenheit, Dunkelheit und das Böse existieren nur, weil unsere Liebe zu Gott begrenzt ist. An manchen Stellen unseres Lebens ist Schatten, weil das darauf geworfene Licht nicht voll ausreicht. Schulen wir unsere Intelligenz, stärken wir unser inneres Wesen und setzen wir alle unsere Fähigkeiten ein, mehr Licht zu erhalten! Wenn wir mehr Licht in uns tragen, wird das Böse ohne Kämpfe unbemerkt eines natürlichen Todes sterben. Verstärkt man das Licht in einem Zimmer, schwinden Dunkelheit und Schatten aus allen Ecken. Es ist kein Zeichen von Weisheit, mit dem Bösen zu kämpfen. Harre aus im Streben nach dem Guten und suche darin mehr und mehr — bis ins Unermeßliche — zu wachsen." (135)

Gott ist reinste Liebe! Er ist das Licht, das die Schatten des Bösen vertreibt, das freier Wille einst ins Dasein rief!

---

135) S. Omkarananda, „Der universelle Geist der Bergpredigt", DLZ o. J., S. 81 f.

VII. Evolution

In der Philosophie der Yoga-Meister dominiert die Bejahung der Evolutionstheorie, wobei aber auch bei diesem Komplex im einzelnen sehr differenzierte Modelle gefunden werden können.

Vivekananda geht von der Existenz einer „Ur-Energie" aus, die in einer „ersten Substanz" involviert war und den antreibenden Impulsgeber der Evolution bildet. Er baut damit auf der Einfaltungs-Entfaltungs-Hypothese auf, die den Schöpfungsgedanken durch die Auffassung der ewigen Existenz alles Seienden ersetzen soll.

„Wir stellen also fest, nichts kann aus Nichts erschaffen werden. Alles besteht seit Ewigkeit und wird in Ewigkeit bestehen. Aber die Bewegung vollzieht sich wellenförmig: Rückbildung zu feinen Formen und Neubildung zu gröberen. Diese Einfaltung und Entfaltung geht durch die ganze Natur. Die ganze Entwicklungsreihe von der niedersten Manifestation des Lebens bis hinauf zum höchsten, vollkommenen Menschen ist nur möglich, wenn etwas eingefaltet war. Die Frage ist, was war eingefaltet? Gott. Der Evolutionist wird dieser Idee natürlich widersprechen, weil damit behauptet wird, Gott ist Intelligenz, und weil er findet, daß Intelligenz erst viel später im Laufe der Entwicklung auftritt. Intelligenz ist zu finden beim Menschen und bei höheren Tieren, doch hat es Millionen von Jahren gedauert, bevor die Intelligenz in der Welt erschien. Dieser Einwand der Entwicklungstheoretiker hält nicht stand, wenn wir unsere Theorie zur Anwendung bringen. Der Baum entsteht aus dem Samen und geht zu ihm zurück: Anfang und Ende sind gleich. Wenn das richtig ist, dann muß diese ganze Entwicklungsreihe vom Protoplasma am einen Ende zum vollkommenen Menschen am anderen Ende ein einziges Leben sein. Wenn wir am Ende den vollkommenen Menschen finden, dann muß er auch am Anfang schon dagewesen sein. Daher war das Protoplasma die Einhüllung der allerhöchsten Intelligenz. Gleichgültig ob dies erkannt wird oder nicht, ist es diese eingehüllte Intelligenz, die sich langsam enthüllt, bis sie im vollkommenen Menschen offenbar wird." (136)

136) Vivekananda, „Jnana-Yoga I", a.a.O., S. 8 f.

Diese Vorstellung schließt eine *reale* Prä-Existenz des Menschen als rein geistige Wesenheit aus und läßt nur eine gewissermaßen genetisch-ideelle Vorformung gelten.

Vivekananda sah den Entwicklungsgedanken aber nicht im Bild einer linearen Entwicklung auf ein Ziel hin, sondern er glaubte an eine Bewegung in zwei Richtungen.

„Wenn unser menschliches Werden dem Tierreich entsprungen ist, so können umgekehrt die Tiere verkommene Menschen sein. Was wissen wir davon? Wir finden eine Reihe von Körpern, die sich gradweise übereinander erheben. Kann man behaupten, daß die Reihe immer vom Niederen zum Höheren fortschreitet und nie vom Höheren zum Niederen geht? . . . Ich glaube, daß die Reihe nach beiden Richtungen sich bewegt." (137)

Der Weg des Menschen kann also — nach Vivekanandas Überzeugung — zurück ins Tierreich führen. Es fragt sich, ob in diesem Falle der Begriff „Evolution" überhaupt noch angebracht ist. Die Problematik eines Rückschrittes des Menschen ins Tierreich wird im Kapitel über Reinkarnation eigens erörtert werden.

Eine besonders starke Betonung des Involutionsgedankens findet sich in den Werken Sri Aurobindos. Dabei wird besonders die Vorstellung zu beachten sein, die Aurobindo von der Entwicklung des Lebens aus dem sogenannten „Unbelebten" hatte.

„Doch verbleibt die Pflanze offensichtlich auf einer Zwischenstufe der Lebens-Evolution zwischen der Tier-Existenz und der 'unbelebten' Materie. Gerade das muß man erwarten, wenn Leben eine Kraft ist, die sich aus der Materie entwickelt und im Mental ihren Höhepunkt erreicht. Ist dem so, müssen wir auch annehmen, daß es bereits in der Materie selbst existiert, versunken oder latent im materiellen Unterbewußtsein oder in der Nicht-Bewußtheit. Von woher könnte es sonst emportauchen? Evolution vom Leben in Materie setzt seine vorhergehende Involution in dieser voraus. Sonst müßten wir annehmen, es sei eine Neuschöpfung, die auf magische und unerklärliche Weise in die Natur eingeführt wurde. Wäre sie das, müßte sie entweder eine Schöpfung aus dem

---

137) Rolland, „Vivekananda", a.a.O., S. 98 (Bd. 2)

Nichts oder das Ergebnis materieller Vorgänge sein, die durch nichts in den Abläufen selbst und durch kein Element verwandter Natur in ihnen begründet sind. Oder das Leben mag in unfaßbarer Weise von oben herniedergekommen sein, aus einem supraphysischen Bereich oberhalb des materiellen Universums. Die beiden ersten Annahmen können als willkürliche Auffassungen verworfen werden. Die letzte Erklärung ist möglich, sie ist auch begreiflich. In der okkulten Betrachtung der Dinge ist wahr, daß Druck aus einer Lebensebene oberhalb des materiellen Universums das Hervortreten des Lebens hier unterstützt hat. Das schließt aber nicht den Ursprung von Leben aus Materie selbst als die ursprüngliche, notwendige Bewegung aus. " (138)

Hiermit kann Aurobindo zwar die Entstehung des Lebens aus der Materie erklären, gibt aber noch keine Antwort, die die Existenz der Materie an sich begründete. Muß nicht noch ein Schritt weitergegangen werden und Materie selbst mit Leben identifiziert werden, Leben allerdings in einer verfestigten Form? Kann nicht eine Parallele gezogen werden zwischen der „Herniederkunft" des Lebens und der Lehre vom einstmaligen „Fall der Geistwesen"?

Die Formulierung, *„so wie Gott ganz und gar Natur geworden sei, suche die Natur nun fortschreitend danach, Gott zu werden",* (139) bringt allerdings die Gefahr, Gott und Geist (Geistwesen) zu identifizieren.

An anderer Stelle verwendet Aurobindo dann auch für den gleichen Sachverhalt den Ausdruck „Geist".

„Das Sein des Geistes ist etwas anderes als das Mental und größer als dieses. Spiritualität ist etwas anderes als Mentalität. Das spirituelle Wesen ist deshalb etwas vom mentalen Wesen Unterschiedenes: Geist tritt als etwas Endgültiges in der Evolution hervor, weil er das ursprüngliche Element und Bewirkende der Involution ist. Evolution ist eine umgekehrte Aktion der Involution. Was in der Involution Unterstufe und zuletzt abgeleitet ist, muß in der Evolution als erstes sichtbar werden. Was in der Involution das Ursprüngliche und Grundprinzip ist, tritt in der Evolution als Letztes und Höchstes hervor. " (140)

138) Aurobindo, „GL I", a.a.O., S. 212 f.

139) ders., „GL I", a.a.O., S. 139

140) ders., „GL II, 2", a.a.O., S. 259

Aurobindo unterscheidet zwischen unbewußter und bewußter Evolution. *„Es ist zu beachten, daß das Erscheinen des menschlichen Mentals und Körpers auf der Erde einen folgenschweren Schritt, eine entscheidende Wandlung im Verlauf und Prozeß der Evolution darstellt. Es ist nicht nur ein Weiterführen der alten Linien. Bis zum Hervortreten eines entwickelten denkenden Mentals in der Materie war die Evolution nur unterbewußt oder subliminal durch das automatische Wirken der Natur vollzogen worden, nicht aber durch die des Selbsts bewußte Aspiration, Intention, nicht durch den Willen oder das Suchen des lebenden Wesens. Das war so, weil die Evolution mit der Unbewußtheit begann und das verborgene Bewußtsein noch nicht genügend aus ihr hervorgetreten war, um durch den des Selbsts bewußten teilnehmenden individuellen Willen ihres lebenden Geschöpfes aktiv mitzuarbeiten. Aber im Menschen hat diese notwendige Umwandlung stattgefunden, das Wesen ist zu seinem Selbst erwacht und seiner inne geworden. Im Mental ist offenbar geworden sein Wille, sich zu entwickeln, an Erkenntnis zu wachsen, das innere Dasein zu vertiefen und das äußere auszuweiten sowie die Fähigkeit der Natur zu vermehren."* (141)

Offen bleibt hier die Frage nach der geistigen Führung dessen, was Aurobindo das „automatische Wirken der Natur" genannt hat. War hier wirklich nur ein Automatismus am Werk oder fand eine gezielte Entwicklung durch eine Führung geistiger Wesenheiten statt?

Eine besondere Eigentümlichkeit in Aurobindos Evolutionsvorstellung bildet seine Einordnung der Erde als *der* Stätte der Entwicklung.

„Man kann einen Himmel durch die Hingabe an den Gott jenes Himmels erreichen. Doch dies ist kein Fortschritt. Die anderen Welten sind fixierte Welten und jede ist auf ihre eigene Art, auf ihren Typ festgelegt. Die Evolution aber findet auf Erden statt, daher ist die Erde der eigentliche Bereich des Fortschritts. Die Wesen der anderen Welten schreiten nicht von einer Welt zur anderen fort. Sie bleiben auf ihren eigenen Typ fixiert." (142)

Hier wird die Position der Erde mit einer gewissen Willkür festgeschrieben, denn für die Begrenzung der Evolution allein auf den physischen Plan führt

---

141) ebd., S. 247

142) ders., „Briefe über den Yoga I", a.a.O., S. 12

Aurobindo keine überzeugenden Argumente an. Es erschiene auch sinnlos, die fortschreitende Linie der Entwicklung in dieser strikten Form zu beschneiden.

In folgenden Sätzen kommt diese Zäsur noch deutlicher zum Ausdruck.

„Die indische Vorstellung ist die, daß die Evolution hier stattfindet und selbst die Götter, wenn sie ihre Gottheit überschreiten und die Befreiung erlangen wollen, auf die Erde herabkommen müssen. Es sind die westlichen Spiritualisten und andere, die glauben, daß die Geburt auf Erden ein Stadium des Fortschritts von einem niedrigeren Ort als die Erde sei; und war man einmal auf Erden, kehrt man nicht zurück, sondern geht in eine andere Welt ein und bleibt dort solange, bis man in eine weitere, noch bessere Welt 'voranschreiten' kann, usw., usw.... Und auch diese 'vollkommene soziale Ordnung auf Erden' ist zweifellos keine buddhistische Idee — die Buddhas träumten nie von etwas Derartigem — ihr Anliegen war, den Menschen zum nirvana zu verhelfen, nicht zu einer vollkommenen Ordnung auf Erden. All dies steht in reinem Widerspruch zum Buddhismus. "(143)

Das Augenmerk muß hier vor allem auf die Relation von „Göttern" und „Befreiung" gerichtet werden. Der Aspekt einer möglichen „Befreiung" weist die „Götter" schon als Wesen aus, die ebenfalls in einer Entwicklung stehen. Keinesfalls darf hier eine Verwechslung mit dem absoluten Geist erfolgen. Entscheidend allerdings für Aurobindo ist die Annahme, evolutive Bewußtwerdung könne sich auch für nicht-materielle Wesen nur auf der Erde vollziehen.

Aufschlußreich ist eine Kontrastierung der Auffassung Aurobindos über die Bedeutung der Erdsphäre mit der Überzeugung Gopi Krishnas.

„Die riesigen Fortschritte in unserem Wissen vom Universum, als Erfolg verbesserter Untersuchungs- und Beobachtungsmethoden, hätte eine Neuorientierung des Denkens über unsere unbedeutende Stellung in der Schöpfung bewirken sollen, statt dessen hat es eher unseren Dünkel vermehrt, weil dem Menschen eine Ausnahmestellung als dem einzigen Verstandeswesen in einem Kosmos von Billionen von leuchtenden Welten zugesprochen wird. Es ist deshalb nicht überraschend, daß eine paradoxe Situation weiter besteht: Einerseits

143) ebd., S. 72

98

bleibt der Gläubige dabei, daß der Mensch als Ebenbild Gottes geschaffen wurde oder latent sogar Gott (Brahman) selbst ist und daß sein einziges Lebensziel die Vereinigung mit seinem Schöpfer ist, während andererseits die Ungläubigen Gott ganz und gar aus der Schöpfung streichen, sich Seines Platzes bemächtigen und dem Menschen die Vorherrschaft in einer grenzenlosen Zahl lebloser Welten aus Feuer zuschreiben, ziellos im Raum schwebend, ohne einen einzigen Hinweis auf den Zweck seiner ewigen Existenz." (144)

Entscheidend an diesem Absatz ist die drastische Bedeutungsminderung des Erdenplanes. Hier liegt eine weitaus realistischere Sichtweise zugrunde, die dem Menschen seine ihm angemessene Stellung im Universum zuweist.

Wie aus verschiedenen Passagen seiner Schriften hervorgeht, muß auch Gopi Krishna zu den Vertretern der Evolutions-Theorie gezählt werden.

„Alle Propheten, Mystiker und Seher wie auch Einzelne (z. B. der Dichter William Wordsworth) können kurze oder längere, ja sogar bleibende Verbindungen mit diesen höheren Seinsebenen besessen haben, die so wunderbar und atemberaubend wirken, wie ein plötzlicher Aufstieg auf die Ebene des menschlichen Bewußtseins mit seinem ganzen Universum an Denken und Vorstellungen für den Affen bedeutet haben mag." (145)

„Das gleiche Phänomen läßt sich während der Übergangsperiode vom Menschenaffen zum Menschen erkennen. Noch verkümmerte, unfertige Arten des kommenden intelligenten Menschen müssen hier und da erschienen sein und die oberste Grenze des allgemeinen Denkniveaus des Untermenschen überstiegen haben, bis der Übergang vollendet war. Von Zeit zu Zeit werden diese 'Menschen' in hohem Maße dazu beigetragen haben, gesündere Lebensweisen und bessere gesellschaftliche Bedingungen zu schaffen, in sehr ähnlicher Weise wie die Erleuchteten seit Aufdämmern der Geschichte eine bessere Organisation des menschlichen Lebens und der Gesellschaft durch Beispiel und Vorschrift bewirkten, um den Entwicklungsprozeß zum Gipfel hinauf zu erleichtern." (146)

144) Gopi Krishna, „Höheres Bewußtsein", Freiburg 1975, S. 147

145) ders., „Die neue Dimension des Yoga", Weilheim 1975, S. 51

146) ders. u. C.F.v. Weizsäcker, „Biologische Basis der Glaubenserfahrung", Weilheim 1973, S. 74

Gopi Krishna spricht von Intelligenz, ohne diese individuellem Sein zuzuordnen, im Sinne der Existenz eines individuellen geistbegabten Wesens. Es stellt sich bei seiner Auffassung eines kontinuierlichen Überganges vom Affen zum Menschen die Frage nach dem Tod. Was überlebte beim Tod eines Affen — eine Affenseele? Was bildete den Träger für das kontinuierlich fortschreitende Bewußtsein — die Affenseele?

Bei einer Bejahung beider Fragen bleibt offen, wieso bei naturgesetzlicher Notwendigkeit nicht generell ein völliger Übergang vom Affen zum Menschen stattgefunden hat. Auch gäbe die Weiterexistenz der Tierseele zahlreiche Probleme auf, besonders wenn man sie als Übergang zur Menschenseele sähe.

Bei einer Verneinung beider Fragen bliebe ungeklärt, auf welche Weise überhaupt eine Kontinuität in der Entwicklung des Bewußtseins aufrechterhalten bleiben konnte.

Der Meister Yoganandas, Sri Yukteswar, erteilt in einer Erklärung der Genesis der Evolutionstheorie eine Absage. Yogananda gibt diese in seiner Autobiographie wie folgt wieder:

„Als Gott das Menschengeschlecht erschuf, materialisierte er kraft Seines Willens männliche und weibliche Körper und verlieh den neuen Lebewesen die Fähigkeit, sich auf ähnliche 'unbefleckte' oder göttliche Weise zu vermehren. Da alle individuellen Seelen bis dahin nur in instinktgebundenen Tierkörpern gelebt hatten, wo sie ihre Vernunft nicht voll entfalten konnten, erschuf Gott nun die ersten menschlichen Körper, die symbolisch ADAM und EVA genannt werden. Diesen hauchte Er die Seelen oder göttlichen Wesenheiten zweier Tiere ein und gab ihnen damit die Möglichkeit zur Höherentwicklung. In Adam, dem Manne, herrschte die Vernunft vor, und in Eva, der Frau, überwog das Gefühl, womit auch hier das Prinzip der Dualität oder Polarität, das der ganzen Welt der Erscheinungen zugrunde liegt, ausgedrückt wurde. Solange sich der menschliche Geist nicht von der Schlangenkraft tierischer Gelüste verlocken läßt, verbleiben Vernunft und Gefühl gemeinsam im Himmel der Freude. Der menschliche Körper ist also nicht nur auf dem Wege der Evolution aus der Tierwelt hervorgegangen, sondern wurde durch einen besonderen Schöpfungsakt Gottes erschaffen. Die tierischen Formen waren zu primitiv, um der Gött-

lichkeit voll Ausdruck zu verleihen; den ersten Menschen wurden als einzigen Lebewesen die okkulten Zentren der Wirbelsäule und der potentielle, allwissende 'tausendblättrige Lotos' des Gehirns gegeben." (147)
Wenn die tierischen Formen zu primitiv waren, um der Göttlichkeit Ausdruck zu verleihen, dann muß entweder Gott zuerst Unvollkommenes geschaffen haben, das er dann verbesserte, oder dieses Unvollkommene resultierte aus einer ungesetzlichen Schöpfung durch die individuellen Seelen. Wesentlich bleibt hier vor allem die Auffassung, Gott habe individuelle Seelen geschaffen und diese hätten sich nicht nach einer Involution auf evolutivem Wege zum Menschenwesen emporentwickelt.

Maharishi Mahesh Yogi kann ebenfalls zu den Vertretern einer Evolutionstheorie gezählt werden.
„Auf der untersten Ebene der Evolution sind die unbewegten Schöpfungszustände. Von dort aus entwickeln sich die Arten, und die Schöpfung entfaltet sich in Intelligenz, Machtvollkommenheit und Freude. Die fortschreitende Stufenfolge der Evolution zieht sich durch die verschiedenen Arten des Pflanzen- und Tierreiches und steigt zu der Welt der Engel auf. Zuletzt, auf der höchsten Ebene der Evolution, ist Er, dessen Macht, Freude, Intelligenz und Energie unbegrenzt sind. All-wissend ist Er, all-gewaltig und all-selig, allmächtig ist Er, der auf der höchsten Ebene der Evolution wohnt." (148)
Auch bei Maharishi M. Y. taucht eine a priori-Hierarchie der Lebewesen auf, ohne eine Begründung für deren Entstehung. Menschliche Existenz kann nicht zu einem wahren Selbstverständnis gelangen, wenn sie in einer bestimmten Hierarchie einfach an einer Stelle „gesetzt" wird. Die Kette der einzelnen Seinsglieder kann nicht von einem Ursprung und damit aus einem Kausalzusammenhang herausgelöst werden.

Die bestimmteste Ablehnung erfährt die Evolutions-Theorie durch Swami Omkarananda. Bei ihm wird auch der Gedanke eines Abfalls explizit thematisiert.

147) Yogananda, „Autob.", a.a.O., S. 186 f.
148) Maharishi M. Y., „Wis. v. S.", a.a.O., S. 309

„Jeder ist ein gefallener Engel — nicht ein aufgestiegener Affe! Und darum hat ein jeder die Pflicht, zu seinem ursprünglichen Zustand göttlicher Vollkommenheit zurückzukehren.

Was immer auch die Wissenschaft über die Herkunft des Menschen behaupten mag, die Wahrheit bleibt unangetastet, daß ein jeder aus der Vollkommenheit des Göttlichen hervorgegangen ist. Dieser Zustand höchster Vollendung muß in bewußtem eigenem Erleben wiedererlangt werden, sodaß aus dem gefallenen Engel ein wirklicher Engel wird!" (149)

Der göttliche Schöpfungsakt stellte eine Erschaffung rein geistiger Wesen dar, und erst aus deren Abfall heraus bildeten sich materielle Welten und Wesen, wobei bestimmte geistige Energien und Willensimpulse jene Formen hervorriefen, die unter der menschlichen Ebene liegen. Erst in der Menschenform kann der „gefallene Engel" wieder seine geistige Ur-Form zum Ausdruck zu bringen versuchen, um aus bewußter Kraft erneut zu einem „wirklichen Engel" zu werden.

Deshalb kann es als fragwürdig angesehen werden, wenn Paul Brunton behauptet:

„Wir beginnen als einfaches Molekül und enden als komplexer Mensch. Wir drängen uns nach einem unsichtbaren Ziel, weil wir das Bedürfnis nach Vervollkommnung verspüren. Welch lange Reise liegt schon hinter uns vom Urschlamm bis zu unserem heutigen Selbst!" (150)

Woher sollte das „Bedürfnis nach Vollkommenheit" entspringen, wenn nicht aus dem 'unbewußten Wissen' einer einstigen geistigen Lebensform. Diese Einsicht muß Brunton verspürt haben, ansonsten läßt sich ein Satz, wie jener in seinem Buch „Das Überselbst", nicht erklären, wo es im Gegensatz zum vorherigen Zitat heißt:

„Dann entdecken wir, daß wir wirklich aus dem Lichtreich gefallene Engel sind." (151)

Der Weg führte die individuellen Geistwesen, durch eigenes Verschulden, aus dem Lichtreich *hinab* in die Materie, *nicht* vom Urschlamm *hinauf* ins Licht!

149) Zeitschrift des DLZ, Nr. 31, S. 23
150) P. Brunton, „Philosophie der Wahrheit", Freiburg 1973, S. 359
151) ders., „Das Überselbst", Freiburg o. J., S. 295

VIII. Atman — Selbst — Individualität

„Kleiner als das Kleinste, größer als das Größte ruht der Atman verborgen im Herzen der Schöpfung. Der Weise, der von Begierden befreit ist, dessen Sinne in Frieden sind, gewahrt die Erhabenheit des Atman in sich selbst. Unbewegt schweift der Atman in die Ferne; ohne sich zu rühren, durchläuft er den Raum. Das Leiden des Weisen erlischt, sobald er den unermeßlichen Atman wahrnimmt, der alles durchdringt, unkörperlich inmitten des Körperlichen, beständig inmitten der vergänglichen Dinge. Dieser Atman kann weder durch Lernen noch durch Wissenschaft erkannt werden. Der Atman des Weisen erkennt sich in seiner eigenen Weisheit."
(Katha-Upanishad 1,2,20–23)

In der Atman-Lehre wird der zentrale Punkt der Yoga-Philosophie erreicht. Der Atman ist ein Funken der Gottheit, er ist die Einzelseele in der Weltseele (Brahman). Bildet die Summe der Einzelseelen nun die Weltseele oder stellt das Ganze mehr als die Summe seiner Teile dar? Sind Gott, Weltseele und Einzelseele substantiell identisch oder verschieden? In diesen beiden Fragen zeichnet sich der Umriß der Gesamtproblematik ab.

Ramakrishna — Der Ganges und die Wellen

Im „Evangelium M", einer Schrift, die Ramakrishnas Schüler Mahendras Nath Gupta aus den Lehren seines Meisters zusammenstellte, wird überliefert, Ramakrishna habe nicht gern die traditionelle Formulierung „Ich bin Er" gebraucht, die die Identität von Atman und Brahman ausdrücken soll. Stattdessen bevorzugte er das Bild, daß „die Wellen zum Ganges gehören, nicht der Ganges zu den Wellen." (152)

152) S. Lemaitre, „Ramakrishna", a.a.O., S. 128

Er kleidete seine Auffassung in nachstehendes Gebet:

„O Gott! Du bist der Herr, und ich bin Dein Diener . . . Du bist die Mutter, ich bin Dein Kind. Du bist mein Vater und meine Mutter, du bist alles, ich bin nur ein Teil von Dir.“ (153)

Die Gefahr der „Ich bin Er-Formulierung", ganz abgesehen von der Frage ihrer generellen Gültigkeit, sah Ramakrishna in einer falschen Anhaftung an psychische Zustände, die einer wirklichen geistigen Entwicklung hinderlich sein mußte.

„Die Behauptung: 'Ich bin Er' . . . ist keine gesunde Haltung. Wer immer dieses Ideal bei sich nährt, bevor er das Bewußtsein seines leiblichen Ich überwunden hat, wird großen Schaden davontragen, in seinem Fortschreiten wird er gehemmt, und nach und nach zieht es ihn herunter. Er täuscht die anderen und täuscht sich selbst in seinem völligen Nichtwissen um seinen kläglichen Zustand.“ (154)

Die Trennung von Einzelseele und Weltseele, die Aufrechterhaltung der Individualität und ihr Verhältnis zur Gottheit, finden bei Ramakrishna häufig nur sehr unscharfen Ausdruck.

„Genau so ist es mit dem Lehrer, der mit der Weltseele eins wurde, aber das Ich der Erkenntnis noch behielt, – eine leichte Spur Individualität, um sein von der Gottheit gesondertes Sein zu bezeichnen.“ (155)

„Du wirst in dem Augenblick frei sein, wo dein Ichbewußtsein schwindet und du selber in die Gottheit eingehst.“ (156)

Hier besteht eine Unklarheit über die Bedeutung des „Ich". In der zweiten Aussage scheint es sich um das „ich", d. h. die begrenzte Persönlichkeit zu handeln, in der ersten dagegen um das „Ich", die wirkliche, ewige geistige Individualität, die zwar in die Gottheit „eingeht", aber sich nicht in ihr „auflöst".

153) ebd.

154) Rolland, "Vivekananda", a.a.O., S. 154 (Bd.2)

155) Pelet, "Worte d. R.", a.a.O., S. 46

156) ebd., S. 35

Diese noch einigermaßen deutliche Betonung des Fortbestandes der Individualität wird an anderer Stelle aufgehoben, indem Ramakrishna auf die Frage, ob er in der Versenkung noch ein Ich-Bewußtsein besäße, antwortet:

„Ja, für gewöhnlich bleibt ein wenig Ich-Bewußtsein zurück. Es ist wie ein Stückchen Blattgold, das, auf einen Goldklumpen gerieben, sich nicht völlig aufbraucht. Alles äußere Bewußtsein schwindet, doch läßt Gott ein wenig Ichbewußtsein zurück, damit ich ihn genießen kann. Manchmal vertreibt er sogar dieses wenige. Dieses ist die gestaltlose Versenkung. Niemand vermag zu sagen, was für ein Zustand das eigentlich ist. Es ist die völlige Verwandlung des eigenen Selbst in das seine." (157)

Wie über die gestaltlose Versenkung gesprochen werden kann, ohne von einem diese Erfahrenden auszugehen, hätte wahrscheinlich auch Ramakrishna nicht beantworten können.

Diese Paradoxie wird noch deutlicher in einer Beschreibung, die Satyamayi über Ramakrishnas Erfahrung des Nirvikalpa-Samadhi liefert.

„So tauchte Ramakrishna in den unaussprechlichen Glanz von Nirvikalpa-Samadhi, der Einswerdung mit dem Absoluten. In dieser höchsten Ekstase stellten Geist und Sinne ihre Tätigkeit ein, der Körper wurde starr. Das Universum entschwand seiner Schau; selbst der Raum schmolz dahin. Alles war auf seine Ideen zurückgeführt, die wie Schatten vor dem dämmrigen Hintergrund des Geistes vorüberflossen. Nur ein schwaches Bewußtsein von 'Ich — Ich' wiederholte sich selbst in dumpfer Eintötnigkeit. Dann hörte auch dieses auf —, und was übrig blieb, war das reine Sein. Die Seele verlor sich im großen Selbst, und jede Ahnung einer Zweiheit war ausgelöscht. Es gab keine Begrenzungen mehr, und der endliche Raum war eins mit dem Unendlichen. Jenseits der Worte, jenseits der Gedanken hatte Ramakrishna das Brahman verwirklicht." (158)

Wie konnte *Ramakrishna*, der sich ja im großen Selbst *verlor*, das Brahman verwirklichen? Es wird hier eine Gaukelei mit Worten betrieben, die gerade bei dieser diffizilen Thematik völlig unangebracht ist.

156) ebd., S.35
157) ebd., S.191
158) Satyamayi, "Ramakrishna", a.a.O., S.82 f.

105

Vivekananda — Die Suche nach der wahren Individualität

Die nicht immer eindeutigen Formulierungen, die bereits bei Ramakrishna festzustellen waren, finden sich auch bei seinem Schüler und Nachfolger Vivekananda. Fortbestand und Auflösung des individuellen Selbst gehen vielfach undifferenziert ineinander über. Ausschlaggebend mag dafür die Überzeugung Vivekanandas von einer „werdenden Individualität" sein.

„Fortwährend fragen sie: 'Aber was wird aus meiner Individualität? Werde ich sie nicht behalten? . . . Ihre Individualität! Wie steht's denn mit der? Ich möchte sie mir mal gerne anschau'n! . . . ' 'Alles ist ein Fluten, alles wandelt sich . . .'. 'Es gibt keine Individualität — außer am Ende der Bahn.' 'Wir sind noch keine Individuen. Wir streben bloß Individualität an: diese ist das Absolute, unsere echte Natur. Der allein lebt, der in allen lebt. Je mehr wir unser Leben auf begrenzte Besitztümer einstellen, desto mehr verfallen wir dem Tode. Unsere einzigen Augenblicke wahren Lebens sind diejenigen, worin wir in anderen, im Weltall leben. Wenn wir uns auf dies winzige Leben einschränken, so heißt das einfach Tod. Und darum überkommt uns Todesfurcht. Sie kann nur dann überwunden werden, wenn der Mensch sich klarmacht, daß er lebt, solange nur ein Leben in diesem ganzen Weltall ist . . . Dies Scheinbild des Menschen ist bloß ein Kampf, um diese Individualität an den Tag zu bringen, die jenseits ist . . . ' Und dieser Kampf vollzieht sich durch die Entwicklung der Natur, welche von Stufe zu Stufe sich zur Kundgabe des Absoluten erhebt." (159) Die wahre Individualität ist also das „Absolute", das am Ende eines langen Weges erreicht wird. Am Ende des Weges steht die „erlöste Seele".

„Die heiligen Schriften erklären weiter, daß die erlösten Seelen ihre Macht durch Anbeten und Suchen nach Gott erwerben; deshalb sind sie ungeeignet, das Weltall zu regieren. Außerdem behalten diese erlösten Seelen ihr individuelles Bewußtsein." (160) Diese Stelle bietet eine eindeutige Antwort auf die anfänglich formulierten Fragen. Das Verhältnis der erlösten Seele zu Gott besteht in der anbetenden Hinneigung, wobei die jeweilige Individualität erhalten bleibt. Dafür mag noch ein weiteres Zitat Zeugnis ablegen:

159) Rolland, "Vivekananda", a.a.O., S. 102f. (Bd. 2)

160) Vivekananda, "Karma-Yoga", a.a.O., S. 159

noch ein weiteres Zitat Zeugnis ablegen:

„Von ihnen (i.e. den individuellen erlösten Seelen, d. Verf.) sprechen die Sank-hyas als solchen, die in diesem Schöpfungszyklus in die Welt geschickt werden, um Vollkommenheit zu erlangen, damit sie im nächsten Zyklus die Beherrscher von Weltsystemen werden. Doch keiner von ihnen wird Gott (Ishvara) je gleich.“ (161)

Mit dieser Differenzierung könnte man die Behandlung der Atman-Frage bei Vivekananda beschließen, gäbe es nicht Textpassagen in seinen Schriften, die diese vollständig aufheben.

„Ja, wir sind das allwissende, allgegenwärtige Wesen dieses Weltalls! Aber kann es viele solcher Wesen geben? Kann es hunderttausend Millionen allgegenwärtiger Wesen geben? Sicherlich nicht! Wir sind nur Eines. Es gibt nur ein einziges Selbst, und dieses Selbst sind wir. Hinter dieser winzigen Natur steht das, was wir Seele nennen. Es gibt nur ein Wesen, ein Sein, das Ewig-Glückselige, das Allgegenwärtige, das Allwissende, das Geburtlose, das Todlose.“ (162)

Die individuellen Seelen verschmelzen zum einen Selbst, der einen, all-einigen Wesenheit. Die krasseste Ausformung dieser Vorstellung, die der eigenen Aussage Vivekanandas (vgl. 161) diametral entgegensteht, findet sich in den beiden Sätzen:

„Wir sind der Gott des Alls! Wer Gott anbetet, betet sein eigenes verborgenes Selbst an.“ (163)

Entweder wird Gott (Ishvara) zum Schemen degradiert oder die hier geäußerte Auffassung des Selbst entbehrt jeder Grundlage.

Vivekananda versucht seine Einheits-These durch einen zweifelhaften Beweis zu stützen:

„Man weiß von Personen, die bei besonderen Gelegenheiten in einen eigentümlichen Bewußtseinszustand gerieten, hervorgerufen durch tiefe Meditation, Selbsthypnose, Hysterie oder Drogen. Ihre Erfahrung zeigt, daß im Augenblick, da sie das innere Etwas wahrnahmen, das äußere verschwunden war,

161) ebd., S. 157

162) ders., "Jnana-Yoga", a.a.O., S. 253 (Bd. 1)

163) ders., "Jnana-Yoga II", S. 49

und das beweist, daß alles, was existiert, ein Einziges ist. " (164)

Die Schlußfolgerung, die Erfahrung der inneren Realität, die mit dem Verschwinden der äußeren einhergeht, beweise die alleinige Existenz eines Einzigen, muß als unzutreffend abgelehnt werden. Die Erfahrung der inneren Realität wird von zahllosen Mystikern der Geschichte keinesfalls als undifferenziertes Einheitserlebnis gekennzeichnet. Gerade auf der inneren Ebene wird die geistige Individualität zur konkreten Realität, die ja auch Vivekananda an anderer Stelle gelten läßt. Welche der einander widersprechenden Aussagen für Vivekananda in stärkerem Maße geltend gemacht werden kann, läßt sich hier nicht entscheiden.

Aurobindo — Personalität und Apersonalität

„Dies Selbst wird nicht geboren und stirbt auch nicht, noch ist es etwas, das nur einmal in das Seiende eintritt und, wenn es abscheidet, nie wieder in das Seiende eintreten wird. Es ist ungeboren, uralt und ewig. Es wird nicht erschlagen, wenn der Körper erschlagen wird. Wer kann den unsterblichen Geist erschlagen? Waffen können ihn nicht zerschmettern, noch Feuer ihn brennen, noch Wasser ihn ertränken, noch der Wind ihn austrocknen. Ewig beständig, unbeweglich, alles durchdringend, ist er immer und ewig. Nicht erschaffen wie der Körper, sondern größer als die ganze Schöpfung. " (165)

Aurobindo wendet hier auf das Selbst die Prädikate an, die gemeinhin zur Bestimmung des Wesens Gottes benutzt werden; es ist ewig, unerschaffen, alles durchdringend, größer als die Schöpfung. Vor allem die letzte Bestimmung legt die Vermutung nahe, zu unterscheiden zwischen dem Göttlichen Selbst und dem geschöpflichen Selbst.

„Es kann aber nur zustandekommen, wenn der Mensch wahrnimmt, daß das Selbst in ihm und das Selbst in den anderen ein einziges Wesen ist, und daß dies Selbst etwas Höheres ist als das Ich: ein unendliches, apersonales und univer-

---

164) ebd., S. 129

165) Aurobindo, "Gita", S. 65

sales Seiendes, in dem alle sich bewegen und ihr Wesen haben, — sobald es wahrnimmt, daß die kosmischen Götter, denen er sein Opfer darbringt, Gestalten einer einzigen, unendlichen Gottheit sind; wenn er weiter alle seine begrenzten und einengenden Vorstellungen von dieser Einzigen Gottheit aufgibt und wahrnimmt, daß er das höchste und erhabene Göttliche Wesen ist, zugleich endlich und unendlich, das eine Selbst und die Vielen. Er steht jenseits und über der Natur, obwohl er sich durch die Natur manifestiert. Er ist jenseits der Einschränkung durch die Qualitäten, guna, wenn er auch die Macht seines Wesens durch eine unendliche Qualität formuliert. Das ist der Purushottama, dem das Opfer dargebracht werden muß. Das darf aber nicht um irgendeines vergänglichen Lohnes willen für das Wirken geschehen, sondern allein deshalb, damit die Seele Gott besitzt und in Harmonie und Einheit mit dem Göttlichen lebt. " (166)

Unter Purushottama versteht Aurobindo die göttliche Person, das göttliche Selbst, das die tragende Grundlage individueller Existenz ist. Die Beziehung zwischen individuellem Selbst (Seele) und Purushottama skizziert Aurobindo in seiner Beschreibung des Yoga-Zieles.

„Das wirkliche Ziel des Yoga ist also eine lebendige und sich selbst vervollkommnende Einung mit dem göttlichen Purushottama, nicht die selbstvernichtende Versenkung in das apersonale Wesen. Als ihr höchstes Geheimnis stellt uns die Gita dar: Wir sollen unser ganzes Dasein in das Göttliche Wesen emporheben. In ihm sollen wir wohnen. Geeint mit ihm sollen wir unser Bewußtsein mit dem seinigen vereinen. Unsere bruchstückhafte Natur soll seine vollkommene Natur widerspiegeln. In unserem Denken und Empfinden sollen wir völlig vom göttlichen Wissen inspiriert sein. Im Wollen und Handeln sollen wir bis ins Letzte und ohne Makel vom göttlichen Willen motiviert werden. In seiner Liebe und Seligkeit sollen wir das Begehren verlieren. Das ist die Vollkommenheit des Menschen. Das ist das wahre Ziel und der tiefste Sinn menschlichen Lebens. Es ist die höchste Stufe im immer fortschreitenden Opfer unseres Wirkens. Denn bis zum Ende bleibt er der Herr des Wirkens und die Seele des Opferns. " (167)

166) ebd., S. 129
167) ebd., S. 133

Vervollkommnung steht also als letztendlicher Zielpunkt des Yoga-Pfades, nicht Selbstvernichtung.

„Es ist zu beachten, daß nirgendwo in der Gita auch nur andeutungsweise die Auflösung des individuellen spirituellen Wesens in das geoffenbarte, unbegrenzbare oder unbedingte Brahman als die wahre Bedeutung oder Bedingung der Unsterblichkeit oder als das wahre Ziel des Yoga dargestellt wird. Im Gegenteil, später beschreibt sie Unsterblichkeit als ein Innewohnen im Ishvara in seinem höchsten Zustand. " (168)

Die Entwicklung der Seele zur Selbst-Verwirklichung führt über die Begrenzung der Persönlichkeit hinaus zu einer Erkenntnis ihrer wahren göttlichen Individualität, zu einem Verständnis der universalen geistigen Einheit alles Geschaffenen, wobei der individuelle Akzent der jeweiligen Seele sich aber nicht in einer „vergotteten Apersonalität" auflöst, sondern in seiner höchsten Potenz erhalten bleibt. Welchen „Weg" es für die spirituelle Seele dann gibt — von Ewigkeit zu Ewigkeit — bleibt das Geheimnis Gottes, dessen Wesen auch von der spirituellen Seele nie erschöpfend zu erkunden sein wird.

Die Seele führt eine Existenz in der Polarität zwischen Universellem und Individuellem.

„Im Verfolgen dieser Gedankenführung gelangen wir zur Idee einer umfassenden spirituellen Existenz, für die das Universelle und das Individuelle zwei zusammenhängende Kräfte bilden, die jeweiligen Pole ihrer Manifestation, unbegrenzte Peripherie und mannigfaltiges Zentrum der tätigen Wirklichkeiten ihres Seins. " (169)

Eigentümlicherweise sind auch im Werk Aurobindos Stellen vorhanden, an denen er die Existenz der ewigen Individualität leugnet.

„Es gibt keine Individualisierung. Wenn der Widerschein des Supramentals auf unser stillgelegtes und geläutertes Selbst fällt, verlieren wir jedes Empfinden von Individualität. Denn hier gibt es keine Konzentration von Bewußtheit, die

---

168) ebd., S. 412

169) ders., „The Problem of Rebirth", Pondicherry 1973, S. 68
„On this line of thinking we arrive at the idea of some great spiritual existence of which universal and individual are two companion powers, pole and pole of its manifestation, indefinite circumference and multiple centre of the activised realities of its being. "

eine individuelle Entfaltung unterstützen könnte. " (170)
Im Kontext seiner Philosophie wirkt diese Aussage ebenso unverständlich wie die nachstehende.

„Es ist möglich, in einem Nirvana, dem Erlöschen aller Individualität, zu verbleiben, bei einer statischen Realisation haltzumachen oder die kosmische Bewegung nur als Spiel an der Oberfläche oder als Illusion anzusehen, die dem schweigenden Selbst auferlegt ist. So können wir in einem erhabenen unbeweglichen und unveränderlichen Zustand jenseits des Universums übergehen." (171)

Was oder wer sollte „verbleiben", wenn es zu einem „Erlöschen aller Individualität" im Nirvana kommt? Entweder es erlischt wahrhaftig alles, dann kann nicht mehr von „verbleiben" gesprochen werden oder es verbleibt etwas oder irgendjemand, dann kann nicht mehr von Erlöschen gesprochen werden.

So führt selbst Aurobindo in einigen Werkpassagen die Reihe von Ramakrishna und Vivekananda fort und läßt die Grenzen zwischen personaler und apersonaler Existenz verschwimmen. Allerdings muß die starke Dominanz der Werkstellen, die sich für einen Fortbestand individueller Existenz aussprechen, hervorgehoben werden.

Ramana Maharshi — Das Eine Wesen

Ramana Maharshi kann als Repräsentant jener Auffassung gelten, die den Atman als die allein wirkliche Realität bezeichnet. Gott und Atman sind auswechselbare Begriffe, und der eine Atman stellt die Gesamtheit der Existenz als Einheit dar. Jegliche Unterschiedenheit ist in ihm aufgehoben.
„Das 'Ich' wirft die Illusion des 'ich' ab und bleibt trotzdem als 'Ich' übrig — die Selbst-Verwirklichung ist ein Paradoxon. Der Verwirklichte sieht darin keinen Widerspruch. Nehmen Sie bhakti: Ich nahe mich Ishvara, dem höchsten Herrn,

170) ders., "GL I", a.a.O., S. 171
171) ebd., S. 313

111

mit der Bitte, in Ihm aufgehen zu dürfen. Dann liefere ich mich Ihm gläubig und konzentriert aus. Was bleibt danach zurück? — *Statt des ursprünglichen 'ich' läßt die vollkommene Selbstaufgabe etwas zurück, das Gott ist, in dem das 'ich' verloren gegangen ist. Es ist parabhakti, die höchste Form der Hingabe; die Selbstaufgabe als Höhepunkt von vairagya, der Entsagung.* "(172)

Weitaus deutlicher noch als an dieser Stelle, in der noch von einer Beziehung zwischen Ich und Ishvara die Rede ist, wobei allerdings die spezifische Gottesvorstellung Ramana Maharshi's berücksichtigt werden muß, tritt das anfangs angezeigte Atman-Verständnis in den beiden folgenden Sätzen zutage.

„In Wirklichkeit gibt es nichts als den atma; die Welt ist nur eine Projektion des Geistes. Der Geist entstammt dem atma; so ist der atma allein das Eine Wesen. " (173)

In Atman wird die Trennung von Gott und Mensch aufgehoben. Der Schleier der Maya, mit dem sich Gott vor sich selbst verhüllt, wird entfernt, und Gott erkennt sich als sich selbst, als Gott. Der Atman ist Brahman.

„Wahrhaft wirklich ist das Selbst in seinem Eigenwesen. Die äußere Welt samt allen Wesen und dem weltwaltenden Höchsten Herrn sind reiner spiegelnder Schein, der überm Selbst (atman) erscheint wie der Anschein von Silber an einem Stück Perlmutter. Alle drei: die Welt, die Wesen und der weltwaltende Höchste Gott, erscheinen zugleich und verschwinden zugleich. Im Grunde ist es das Eigenwesen des Selbst, das als Welt, Ich und Höchster Herr erschaut wird; alle drei sind im Grunde „Eigenwesen Shivas", d. h. Eigenwesen des Selbst. " (174)

Hier tritt der Monismus des Advaita in seiner reinsten Form auf. Eine Beziehung von Geschöpf (Atman als individuelles Selbst) und Schöpfer (Ishvara) kann es nicht mehr geben.

172) R. Maharshi, "Gespräche 1", a.a.O., S. 51

173) ebd., S. 139

174) Zimmer, a.a.O., S. 141

Swami Sivananda — Selbst und Unendlichkeit

Eine „Vergottung des Selbst" ergibt sich auch im Werk von Swami Sivananda, was seine Erklärung schon darin findet, daß er Gott als die ewig existierende einzige Wesenheit, als reine Immanenz denkt. Daher ist Gott identisch mit dem Selbst.

„Gott, als das innewohnende Selbst: Dieses innerste Selbst im Menschen ist seinem Wesen, seiner Natur nach Gott selbst, nichts anderes.

Er ist unsterblich, absolute Intelligenz, ohne Ursache, ohne Geburt, alldurchdringend, unzerstörbar, unveränderlich.

Atman, das göttliche Selbst, ist unzerstörbar, ohne ein Außen oder Innen, wie ein Stück Zucker, das ausschließlich aus Zucker besteht. Das Selbst ist eins, eine Einheit und doch zu Allen Dingen geworden.

Atman ist frei von Unreinheit, Schmerz und Sorge. Das göttliche Selbst handelt nicht und macht keine Erfahrungen. Es kann auch nie das Objekt einer Erfahrung werden.

Das, wodurch der Jiva, die individuelle Seele, das Selbst erfährt oder erlebt, ist das Bewußtsein = Prajnana.

So wie der Fluß endlich im Meer seine Ruhestatt findet, so findet der Mensch oder die einzelne individuelle Seele seine Ruhestatt im Atman oder Höchsten Selbst, im Unendlichen, Grenzenlosen . . .". (175)

Der Unterschied zwischen Ramana Maharshi und Swami Sivananda besteht darin, daß letzterer in seinem Monismus die individuelle Seele — in oben zitiertem Verständnis — forbestehen läßt.

„Genau so, wie nach dem Zerbrechen eines Kruges der Raum innerhalb dieses Kruges als der ursprüngliche große Raum weiterbesteht, so existiert die individuelle Seele nach dem Zerbrechen ihrer Behausung weiter als ewige Unendlichkeit." (176)

Bei seiner Identifizierung des Selbst mit Gott erhebt sich die Frage, inwieweit auch bei Swami Sivananda der Gottesbegriff überhaupt noch anwendbar ist. Gott wird zur Vielheit, indem er in ihr aufgeht und hebt damit praktisch seine Existenz als Gott auf.

175) S. Sivananda, „Furcht", a.a.O., S. 47

176) ebd., S. 51

Ähnlich wie bei der Erörterung des Maya-Begriffes stellt sich die Problematik, zu erklären, wieso das Selbst überhaupt in einen Zustand gelangen konnte, in dem es sich seiner ewigen Göttlichkeit nicht bewußt war?
Im übertriebenen Sinne ließe sich die Theorie zuspitzen zu der These, wenn das Ich sich nicht als Selbst (= Gott) erkennen würde, könnte Gott nicht mehr Gott sein.

Yogananda — die freie Seele

Sri Yukteswar erläuterte Yogananda die Wege der Seele durch die drei Welten (irdisch, astral, kausal), um dann ihre Existenz jenseits dieser Bereiche zu beschreiben.

„Wenn es der Seele gelungen ist, aus dem Kokon der drei Körper herauszuschlüpfen, entrinnt sie auf immer dem Gesetz der Relativität und wird zum unvergänglichen, ewigen Dasein. Schau den Schmetterling der Allgegenwart, dessen Flügel mit Sonnen, Monden und Sternen besät sind! Die Seele, die zum GEIST geworden ist, bleibt allein in der Sphäre des lichtlosen Lichts, des dunkellosen Dunkels, des gedankenlosen Gedankens und berauscht sich in ekstatischer Freude am Kosmischen Schöpfungstraum Gottes.
'Eine freie Seele!' rief ich (i.e. Yogananda, d. Verf.) ehrfürchtig aus. Wenn die Seele endlich die drei körperlichen Hüllen der Täuschung abwirft, vereinigt sie sich, ohne ihre Individualität zu verlieren, mit dem Unendlichen." (177)
Die Seele behält ihre Individualität und lebt als Geschöpf Gottes in der Unendlichkeit seines Reiches, in dieser Form beantwortete Yogananda die am Anfang des Kapitels gestellten Fragen.

---

177) Yogananda, „Autob.", S. 434

Bhaktivedanta Prabhupada — Die höchste Existenz

Der vielfach sehr umstrittenen Hare-Krishna-Gesellschaft mag manches vorgeworfen werden können, eines jedoch nicht, daß sie gelehrt habe, das Selbst sei identisch mit Gott. Ihr 1977 verstorbenes Oberhaupt thematisierte diese Frage an der Auseinandersetzung der beiden großen vedantischen Schulen des Shankara und des Ramanuja.

„Im Vedanta-sutra wird von Anfang an zwischen der Energie und dem Ursprung der Energie unterschieden. Der erste Aphorismus erklärt eindeutig, daß die Höchste Absolute Wahrheit der Ursprung aller Erweiterungen ist. Shankaracarya behauptet unverfroren, die Höchste Absolute Wahrheit könne nicht unverändert bleiben, weil alle Dinge Umwandlungen der Absoluten Wahrheit seien. Doch diese Schlußfolgerung ist nicht richtig, denn es ist eine ewige Tatsache, daß die Höchste Absolute Wahrheit stets unverändert bleibt — obwohl unzählige Energien von Ihm ausgehen. Shankaracaryas Theorie, nach der die gesamte Manifestation nur Illusion ist, muß daher als falsch bezeichnet werden. Ramanujacarya erklärte zu diesem Punkt: 'Die Unpersönlichkeitsphilosophen argumentieren, daß, wenn es vor der Schöpfung der materiellen Welt nur Ihn, die Absolute Wahrheit gab, nur dadurch die vielen Lebewesen aus ihm hervorgegangen sein könnten, daß Er Sich Selbst umwandelte. Wie sonst könnte Er, der Er doch allein war, all die Lebewesen erschaffen haben?' Zu dieser Streitfrage erklären die Upanishaden, daß alles von Ihm, der Absoluten Wahrheit, manifestiert wurde, daß alles von Ihm erhalten wird, daß nach der Vernichtung alles wieder in Ihn zurückkehrt, und daß Er, eben weil Er absolut ist, dennoch stets der Gleiche bleibt. Aus dieser Aussage der Upanishaden geht eindeutig hervor, daß die Lebewesen bei ihrer Befreiung in die Höchste Existenz eingehen, ohne ihre ursprüngliche Identität zu verlieren oder aufzuhören, aktiv zu sein.“ (178)

Bezeichnenderweise findet sich bei allen Schulen oder Gemeinschaften, die eine „Vergottung“ des Selbst, im Sinne der absoluten Identität lehren, der Bezug auf die Person Shankaras. In diesem Zusammenhang kann ein Rückgriff auf die Geschichte sehr informativ sein.

178) S. Bhaktivedanta, „Die Lehren des Sri Krishna Caitanya“, BBT o. J., S. 256

Radhakrishnan — Die erlöste Seele und der höchste Herr

Die Deutung der Bhagavad Gita durch Radhakrishnan vollzieht sich in wesentlichen Punkten parallel zu jener Sri Aurobindos. Wie bei diesem so liegt auch bei Radhakrishnan der Schwerpunkt seiner Erläuterungen auf dem Hinweis des Fortbestandes der Individualität der Einzelseele und ihrer wesenhaften Unterschiedenheit von Gott.

„Das ewige Leben ist keine Auflösung in das undefinierbare Absolute, sondern Erlangung eines über die empirische Bewegung hinausgehobenen, allumfassenden und freien Geistes. Sein Zustand bleibt von den immer wiederkehrenden Vorgängen der Schöpfung und der Auflösung unberührt; denn er ist über alle Manifestationen erhaben. Die erlöste Seele wächst in die Gleichheit mit dem Göttlichen hinein, nimmt ein unveränderliches Wesen an und ist sich ewig des höchsten Herrn bewußt, welcher sich verschiedener kosmischer Gestalten bedient." (179)

Mit diesen Worten schließt sich Radhakrishnan auch ganz an die Auffassung Sri Yukteswars an, vor allem in der Frage der kosmischen Gestaltungsformen des persönlichen Gottes.

In seiner Kommentierung von Kap. 15, 7 der Bhagavad Gita geht Radhakrishnan auf die Schwierigkeiten der Vereinbarkeit von Gottes Einheit und der gleichzeitigen Vielheit der Schöpfung ein. Dabei weist er darauf hin, der Ausdruck „Bruchstück" im 7. Vers dürfe nicht als Zerteilung Gottes verstanden werden.

„Dies bedeutet nicht, daß das Allerhöchste in Stücke gebrochen oder geteilt werden kann. Das Einzelmenschliche ist ein Werk des Allerhöchsten, ein Brennpunkt des einen großen Lebens. Das Selbst ist der Kern, der sich erweitern und die ganze Welt, mit Herz und Geist, in inniger Vereinigung umfassen kann. Die tatsächlichen Manifestationen mögen Bruchstücke sein, die Wirklichkeit der Einzelseele aber ist das Göttliche, welches menschliche Offenbarung nicht vollkommen ausdrücken kann. Gottes Ebenbild im Menschen ist die Brücke zwischen Himmel und Erde. Jedes Einzelwesen hat seine ewige Bedeutung innerhalb des Kosmos. Wenn es sich über seine Begrenzung erhebt, wird es nicht in

---

179) Radhakrishnan, „Gita", S. 360

das Überpersönliche Absolute aufgelöst, sondern lebt in dem Höchsten und wird zum Teilhaber Gottes am kosmischen Wirken. " (180)

Ein letztes Textzitat mag die Verneinung der Auflösung der Individualität noch einmal belegen.

„Diese Strophe (Kap. 18, 54) ist abermals ein Hinweis darauf, daß die Gita den höchsten Zustand nicht im Aufgehen des Individuellen in ein formloses Absolutes, sondern in der Hingabe an den höchsten Herrn sieht, der das Bewegliche und das Unbewegliche in sich vereint. " (181)

Gopi Krishna — Individuelles und kosmisches Bewußtsein

Gopi Krishna geht in seiner Schrift „Die neuen Dimensionen des Yoga" auf die irrtümliche Interpretation der „Vereinigung des Selbst mit Brahman" im Westen ein.

„Was einige westliche Schriftsteller für 'Auslöschen' oder 'Vernichtung' nach der Beschreibung der 'Vereinigung mit brahman' oder Nirvana halten, ist tatsächlich das Fortnehmen der Trennungslinie zwischen dem individuellen und dem kosmischen Bewußtsein. Wer würde, wenn er in ein Meer verwandelt würde, wieder zurückkehren wollen in die Ungewißheit und die Qualen der vergänglichen Seifenblase?
Der Fehler liegt in der irrtümlichen Annahme, daß in diesen erhabenen Zuständen der mystischen Vereinigung die Persönlichkeit vollkommen ausgelöscht wird. Dies geschieht nicht, weil ein solches Ereignis die höchste Erfahrung all ihrer Glückseligkeit und Größe berauben würde. " (182)

Hervorzuheben ist das Argument, welche Unsinnigkeit es darstellte, einen beschwerlichen Weg zur Vereinigung mit Gott zu beschreiten, in dem Wissen, nach Erreichen des Zieles nicht mehr länger existent zu sein.

---

180) ebd., S. 377

181) ebd., S. 426

182) Gopi Krishna, „Dimensionen", a.a.O., S. 37 f.

Lama Anagarika Govinda — Individualität und Universalität

Die größte Klarheit in der Frage des Verhältnisses von universellem Geist und individuellem Selbst spiegeln die Schriften Lama A. Govindas wider. Bereits in seinen frühen Werken geht Lama Govinda detailiert auf die Bedeutung individueller Existenz ein, die er als Brennpunkt kosmischen Seins versteht. An zahlreichen Stellen verneint er entschieden alle Arten von Auflösungsvorstellungen des Selbst in einem undifferenzierten Absoluten. Die vollendete Form gewinnt seine Argumentation in seinem Werk „Schöpferische Meditation und multidimensionales Bewußtsein", das in gewissem Sinne die Krone seiner Arbeit darstellt.

Lama Govinda lehnt die Vorstellung eines ewig bereits „vorgefertigten", vollkommenen Selbst ab.

„Die Idee, daß wir bereits vollkommen seien, weil ja das ganze Universum in uns stets gegenwärtig sei, und daß wir nur den bösen Intellekt zu unterdrücken hätten, damit unsere Vollkommenheit an das Tageslicht kommen könne, um sich dann in ihrer ganzen Fülle zu offenbaren —: das ist einer der größten Irrtümer all derer, die Vollkommenheit nur in der undifferenzierten Einheit des absoluten brahman sehen und die die Befreiung oder Wiederherstellung jenes ursprünglichen Zustandes absoluter Einheit durch Entwertung und Verneinung der Individualität und des individuellen Bewußtseins anstreben. Wenn wir uns wirklich unserer innersten Natur anvertrauen wollen — und damit der Natur jenes Universums, aus dem wir hervorgingen —, dann können wir nicht gleichzeitig die Bedeutung und Sinnhaftigkeit unserer Individuation bezweifeln, da diese ja das Produkt eben jener angenommenen Ur-Einheit und Vollkommenheit ist.

Weder absolute Einheit noch absolute Differenzierung können ein sinnvolles, erstrebungswürdiges Ideal sein. Und so kann Vollkommenheit weder mit einem unpersönlichen brahman gleichgesetzt werden, noch mit dem begrenzten egozentrischen Bewußtsein einer getrennt existierenden Persönlichkeit. Vielmehr muß dieses Ideal in der Mitte der zwei Extreme gesucht werden: da, wo das Individuum zum lebendigen Brennpunkt eines universellen Bewußtseins wird. "
(183)

183) Lama A. Govinda, „Schöpferische Meditation und Multidimensionales Bewußtsein", Freiburg 1977, S. 50

Individualität wird also verstanden als bewußt gewollter „schöpferischer"
Akt und nicht als unbegründbare maya-haftige Verhüllung der in Wahrheit
allein existierenden monistischen Gottheit.

Daher versteht Lama Govinda den Begriff der „Einswerdung" auch nur im
Sinne einer höchsten Selbst-*Findung*, nicht im Sinne einer Selbst-*Auflösung*.

*„Einswerden bedeutet jedoch nicht, sich im anderen aufzulösen und Polarität,
auf welcher das Wissen beruht, aufzuheben. Auch das Einswerden im Liebes-
akt hebt dieses Wissen um die Identität des Individuums nicht auf, wenngleich
sie diese modifiziert und ihrer 'Absolutheit' beraubt. Im Überwinden der 'absoluten' Zweiheit zugunsten einer Polarität, in welcher Einheit und Differenzierung in gleicher Weise gegenwärtig sind, werden die Liebenden im Akt der
'Einswerdung' in ihrer Individualität nicht vernichtet, sondern sie verlieren
nur ihr Ichheitsgefühl. Individualität ist verschieden von der Illusion der Ich-
heit. Die Letztere resultiert in einer geistigen emotionellen Gleichgewichtsstö-
rung und ist die Ursache von Leiden und Enttäuschungen. In gleicher Weise
wurde die Individualität des Buddha nicht im Vorgang der Erleuchtung oder
im Erlebnis seiner Universalität zerstört. Er 'zerschmolz nicht in der Unendlichkeit', löste sich nicht im All auf, sondern führte vierzig weitere Jahre ein
aktives Leben." (184)*

Eine andere Stelle drückt den gleichen Gedanken in abgewandelter Form
aus:

*„Individualität und Universalität sind nicht zwei gegenseitig sich ausschlie-
ßende Werte, sondern zwei Seiten derselben Wirklichkeit, die sich gegenseitig
ergänzen und vervollständigen und eins werden im Erlebnis der Erleuchtung.
Dieses Erlebnis löst den Geist aber nicht in einem amorphen All auf, sondern
bringt uns vielmehr zum Bewußtsein, daß das Individuum selbst die Ganzheit
in seinem Kern in einem Punkt, wie in einem Brennpunkt, enthält. So wird die
Welt, die bisher als eine äußere Wirklichkeit aufgefaßt wurde, verschmolzen
oder integriert im erleuchteten Geist in jenem Augenblick, in dem die Universalität des Bewußtseins realisiert wird. Dies ist der höchste Augenblick der Befrei-*

184) ebd., S. 59

119

ung von den Hindernissen und Fesseln der Unwissenheit und der Illusion."
(185)

Lama Govinda versucht die Begründung seiner Auffassung auch von der Sinn-Frage her zu geben. Wenn die Universalität einer Darstellung in der Individualität ermangelte, würde sie ihre eigenste Form der Selbstgestaltung entbehren.

Hier muß allerdings berücksichtigt werden, daß Lama Govinda keinen christlich-jüdisch-islamischen Gottesbegriff zugrunde legt, sondern eine buddhistische Weltanschauung.

„Unsere abstrakten Denker wollen jedoch eine Einheit ohne Verschiedenheit haben und Unendlichkeit ohne etwas Endliches oder Ewigkeit ohne Wechsel, Universalität ohne Individualität, Leere ohne Form, Substanz ohne Qualität, Energie ohne Materie, Geist ohne Körper und dergleichen mehr. Sie sehen nicht ein, daß Einheit ohne Verschiedenheit sinnlos ist oder daß es keine Unendlichkeit geben kann ohne Endliches, daß Universalität nur im Individuum erlebt werden kann und daß das Individuum andererseits seinen Sinn und Wert nur aus der Erkenntnis seines universellen Hintergrundes schöpft. Mit anderen Worten, Universalität und Individualität sind nicht zwei gegenseitig sich ausschließende unvereinbare Gegensätze. Wir können zu keiner Universalität gelangen, wenn wir unsere Individualität zerstören oder verachten. Wir alle sind Individuen, aber wir sind nicht notwendigerweise Egoisten. Individualität ist nicht identisch mit Egozentrik. Indem wir unser Ich überwinden, verlieren wir nicht unsere Individualität, sondern im Gegenteil, wir bereichern und erweitern unsere Persönlichkeit, welche auf diese Weise ein Ausdruck eines größeren und universaleren Lebens wird." (186)

Die Polarität beider Prinzipien sieht Lama Govinda in der Unterschiedlichkeit der zwei großen kulturellen Systeme des Westens und des Ostens verkörpert. Der Westen ist einer Überbetonung des Individuellen in seinem negativen Aspekt verhaftet, die zu einem verwerflichen Egoismus führt; der Osten dagegen der Irrtümlichkeit erlegen, alles Individuelle zu verneinen und zu einer Auflösung im Gestaltlosen zu streben. (vgl. op. cit., 242)

185) ebd., S. 69
186) ebd., S. 128

120

Lama Govindas Forschungen gipfeln schließlich in einem Appell, der auch als Richtlinie für dieses Kapitel gelten kann:

„So laßt uns endlich mit dem Selbstbetrug, den wir ständig durch Abstraktion von Abstraktionen oder dadurch begehen, daß wir uns in einem 'Absoluten' verlieren, Schluß machen, denn dies sind nur Worte oder Begriffe, die weder einen Inhalt haben, noch vorstellbar, erfahrbar oder in irgendeinem Sinne 'konkret' sind." (187)

Kirpal Singh — Aham Brahmasmi

Die berühmte Formel „Ich bin Brahman" wird von Kirpal Singh bejaht, was auch bei ihm eine Verneinung individueller Existenz in der göttlichen Vereinigung zur Folge hat.

„Das spirituelle Leben besteht darin, daß man Schicht um Schicht um Schicht der verschiedenen koshas oder Hüllen — die physische, die astrale und die kausale — die den Geist bedecken ablegt, bis er in seiner ursprünglichen Pracht (aus sich selbst strahlend und schattenlos) leuchtet und zu sich kommt und sagt 'Ich bin die Seele' 'Aham Brahm Asmi' — oder 'Tat tvam asi' 'Das bist du selbst'. Ich bin ein Tropfen vom Meer des Allbewußtseins. Und erst wenn dieses Bewußtsein dem Geist dämmert, eilt er ungestüm seiner Quelle oder seinem Ursprung entgegen — dem Meer Ewiger Glückseligkeit.
Wenn ein Wassertropfen seine Identität im Ozean verliert, wird er ein Teil des Ozeans. Genau so bleibt auch der Geist, wenn er einmal in die Gottheit eintaucht oder sich mit Gott vermischt, nicht länger ein individueller Geist für den Rest der ihm zugeteilten Zeitspanne seiner physischen Existenz, sondern wird zum integralen Teil Gottes, dem Meer des Lebens. Dies alles kann nur durch die Gnade einer Meister-Seele erreicht werden, und so wird die mühselige Heimwärtsreise ganz leicht und glatt von statten gehen. Es ist dem Menschen nicht gegeben dies durch sich selbst und ohne Hilfe eines Satguru zu erreichen." (188)

187) ebd., S. 54

188) Kirpal Singh, „Was ist Spiritualität?", Gelnhausen 1963, S. 60 ff.

Erneut taucht das traditionelle Bild vom Wassertropfen auf, der sich im Ozean auflöst. Es ist den betreffenden Verfassern offensichtlich nicht möglich, den Gedanken einer Fortexistenz des Tropfens zu denken, der sich dann auf ewiger Reise durch das Meer der Glückseligkeit befindet.

„Wer sich nicht über das Ego, die Kraft, die diese Grenzen schafft, erhebt, kann nicht hoffen, zu der Stufe zu gelangen, welche die Überwindung aller Individualität und die Verwirklichung der Einheit allen Lebens ist." (189) Unerklärlich bleibt nur, wer oder was sich nach Überwindung aller Individualität verwirklicht?

Maharishi Mahesh Yogi — Individueller Geist und ewiges Sein

Zu den Vertretern einer Verneinung der Individualität muß auch Maharishi M. Y. gezählt werden. Aussagen in dieser Richtung lassen sich in seinem Werk in Fülle finden. Einige mögen hier als Beleg dienen.

„Wenn er in diesem Zustand gewesen ist, wird der Geist erfüllt mit dem Wert des Seins, denn in der Transzendenz, außerhalb des Bereiches von Karma, hört er auf, individueller Geist zu sein, und wird eins mit dem absoluten, ewigen Sein." (190)

„Wenn der bewußte Geist transzendiert und den Zustand des Seins erreicht, wird er vollkommen zu Sein. Er verliert seine Individualität und wird kosmischer Geist, er wird allgegenwärtig und erlangt reine, ewige Existenz. Im Zustand der Transzendenz hat er keine Fähigkeit zur Erfahrung. Hier existiert der Geist nicht, er wird zur Existenz." (191)

„Hier (i.e. Transzendenz, d. Verf.) hört der individuelle Geist auf zu sein; er erlangt den Status göttlicher Intelligenz. Er hat die Grenzen des Wünschens und Verlangens eines individuellen Geistes überschritten und ist vollständig in tiefem Frieden gegründet und erreicht höchstes Glücklichsein.

189) ders., „Elixier", a.a.O., S. 29
190) Maharishi M. Y., „Wis. v. S.", a.a.O., S. 52
191) ders., „Gita", S. 417

Das Erfahrungsvermögen wird aufgehoben, wenn der Geist seine Individualität verliert. Der Zustand des Seins kennt kein Erfahren; es ist ein Zustand, der alles Wissen oder Erfahren transzendiert. " (192)

Auch hier läßt sich die Formulierung mit einem Fragezeichen versehen, denn nach dem Verlust seiner Individualität kann *er* (der Geist) nicht mehr allgegenwärtig werden.

Eine Begründung für seine Auffassung gibt Maharishi M. Y. in gewissem Sinne in seiner Bewertung individuellen Seins.

„Wenn man sich wirklich hingibt, verliert man die unbedeutende Individualität des an Zeit, Raum und Kausalität gebundenen Einzelgeistes und erlangt den unbegrenzten, ewigen Status des absoluten Seins. Dies ist allein möglich im Zustande transzendentalen Bewußtseins. " (193)

Ist die Individualität als völlig unbedeutende Seinsform deklariert, wird ihre Tendenz zur Auflösung leichter verständlich.

Ganz eigentümlich mutet eine andere Erklärung an:

„Das Wunder dieses Pfades ist, daß man sich selbst um der Liebe willen verliert. Der Liebende weiß nur zu verlieren, und dieses Immer-Verlieren kennt keinen Beweggrund des Gewinns. Er weiß nur, daß er selbst ohne Ziel ist. Die Liebe entsteht, und er nimmt sie in Empfang, wie sie kommt; und wie sie kommt, so wächst sie. Immer verliert er sich und weiß nicht, daß er sich verliert; nicht einmal dann weiß er es, wenn er vollkommen verloren ist. Denn wenn er verloren ist, dann ist er Gott; oder vielmehr nicht er ist Gott, sondern Gott ist Gott. Einheit in Gottesbewußtsein, eine ewige Existenz, Einheit in ewigem Leben, Einheit des absoluten Seins; nur das Eine verbleibt. Die Verschiedenheiten des Lebens sind dann wie die verschiedenen Wellen auf dem ewigen Ozean der Liebe Gottes. " (194)

Da das individuelle Selbst wesenhaft immer Gott war und ist, in seinem individuellen Sein aber nichts davon weiß, muß „Gott" letztlich von sich selbst „abgefallen" sein, d. h. sich selbst unbewußt geworden sein. Es ergibt sich wieder die gleiche Unbegründbarkeit wie bei der Maya-Theorie.

192) ders., „Gita", S. 417
193) ders., „W. v. S.", S. 115
194) ebd., S. 326

Paul Brunton — Das Überselbst

Paul Brunton versucht den Begriff der wirklichen geistigen Wesenheit mit der Bezeichnung „Überselbst" zu beschreiben. Diesen Begriff bildete er im Verlauf seiner Arbeit heran, wobei es interessant ist, zu verfolgen, welche Entwicklung seine Auffassung zur Frage der geistigen Individualität nahm. In seinem ersten Buch, in dem er seine Erfahrung mit indischen Yogis und Fakiren beschreibt, schildert er eine eigene meditative Erfahrung im Ashram von Ramana Maharshi.

„Ich bin ganz ruhig, ich weiß, wer ich bin und was mit mir geschieht. Das Wissen um mich ist aber herausgelöst aus der engen Umgrenzung der eigenen Persönlichkeit, es hat sich verwandelt in ein erhabenes All-Wissen. Das Ich ist noch da, aber verwandelt, strahlender, vertiefter. Ich bin herausgewachsen über das kleine Ich, ein anderes, göttlicheres Wesen wird in mir geboren." (195)

Wesentlich hierbei ist die klare Bejahung individueller Existenz, die allerdings über die persönliche Begrenzung hinausgewachsen ist.

Erstaunlicherweise lautet dann eine Passage des späteren Werkes „Entdecke dich selbst":

„Denn in dem Augenblick, da du das persönliche Selbst ausschaltest, bleibt doch nichts und niemand übrig, der sich der Ewigkeit erfreuen könnte! Du verschwindest — aber sich vorzustellen, irgend jemand könne sich in aller Ruhe der Ewigkeit hingeben, ist eine Illusion. Die Menschen zerbrechen sich den Kopf über das Problem: 'Wie werde ich meine Tage im Himmel bloß mit diesem Nichtstun verbringen können?' Sobald jedoch das persönliche Ich verschwindet, löst sich auch dieses Problem sofort in Nichts auf. Das Himmelreich ist dann hier." (196)

Gab es zuerst noch ein höheres Selbst, so bleibt nun „nichts und niemand" übrig.

In seinem philosophischen Hauptwerk „Die Weisheit des Überselbst" findet Brunton dann wieder zur Bejahung individueller Existenz zurück.

„Es ist nicht nötig, diesen Übergang von unserer niedrigeren Persönlichkeit zu

195) P. Brunton, „Yogis", Hamburg 1937, S. 311
196) ders., „Entdecke d. s.", a.a.O., S. 72 f.

unserer höheren Individualität zu fürchten. Es ist nicht ein Rückwärtsschreiten zu etwas Geringerem, als was wir schon sind, das heißt, zur Vernichtung hin, sondern ein Vorrücken zum Mehr, als wir jetzt sind, das heißt, gegen wahre Selbsterfüllung. Das individuelle Bewußtsein wird nicht verloren. Es wird ausgedehnt, vergrößert, erweitert. " (197)

Bewußtseinserweiterung bedeutet nicht Auflösung individueller Existenz; das Überselbst wid individuell verstanden.

„Die philosophische Auffassung jedoch übersteigt diese beiden Vorstellungen, weil sie das persönliche Leben beiseite stellt und es durch seine letzte nichtegoistische Wurzel, das individuelle Überselbst, ersetzt. " (198)

Brunton versucht dann, dieses Überselbst näher zu bestimmen, seine Abgrenzung zum „Weltgeist" zu vollziehen.

„Doch das endliche Selbst kann niemals den Weltgeist in seiner Fülle in seine Erfahrung bringen, einfach weil die Endlichkeit selbst beim Versuch untergehen und verschwinden würde. Dieser mystische Treffpunkt, das Überselbst, stellt die äußerste Grenze dar, bis zu der das endliche Selbst bewußt an der höchsten Existenz teilhaben kann. Es ist jenes Fragment Gottes, das im Menschen wohnt und ihn doch umgibt, ein Fragment, das all die Qualität und Größe Gottes hat, aber nicht all die Weite und Macht Gottes. Der Unterschied zwischen dem Weltgeist und dem Überselbst ist nur einer des Bereiches und Grades, nicht einer der Art, denn sie sind beide im Wesen derselbe 'Stoff'. " (199)

Diese Stelle verdeutlicht erneut die Schwierigkeit Bruntons, den Weltgeist (Gott) als wahrhaft transzendent zu denken. Er bleibt einer monistischen Ausgliederung verhaftet, die letztlich alles als wesenhaft gleiche Göttlichkeit auffaßt. Allerdings versteht er diese Ausgliederung nicht als Wesensminderung des Weltgeistes.

Sehr treffend weist Brunton dann auf den Unterschied von Einheit und Identität in Bezug auf die Überselbste hin.

„Das Überselbst des einen Menschen ist verschieden von dem Überselbst eines

197) ders., „Weish. d. Ü.", a.a.O., S. 239
198) ebd., S. 252
199) ebd., S. 253

125

anderen, aber nicht getrennt von ihm; eins mit ihm, aber nicht identisch mit ihm." (200)

Geistige Einheit läßt sich vielleicht im Bild der einen „geistigen Familie" veranschaulichen, obwohl man bei der Umsetzung irdischer Bilder auf geistige Sachverhalte vorsichtig sein muß.

„Der Schüler geht aus seinem persönlichen Selbst heraus und betritt einen Zustand absoluter innerer Leere. Es gibt hier nichts, um erkannt zu werden, wie es nichts gibt, um benannt zu werden. Es ist nicht die Vernichtung, so erwartet von den Materialisten, denn Bewußtsein einer neuen Art existiert noch immer. Es ist nicht die Verschmelzung, so gesucht durch Absolutisten, denn Individualität einer höheren Art besteht noch immer. Es ist tatsächlich so nahe an Gott herangekommen, wie der sterbliche Mensch auf diesem Planeten herankommen kann. Dies ist das höchste Sein oder die höchste Seinsheit. Doch da ist nichts zu sehen oder zu hören, zu schmecken oder zu berühren oder zu riechen in dieser Erfahrung, die völlig übersinnlich ist." (201)

Die Erfahrung des Überselbst ist die Erfahrung des ganz anderen, nicht aber die Auflösung in das ganz andere.

Die vorstehenden Ausführungen haben die Meinungsvielfalt zur Frage Atman — Selbst — Individualität dokumentiert. Verblüffend ist dabei die Berufung aller Verfasser auf eigene spirituelle Erfahrung des Dargelegten. Dies veranschaulicht noch einmal, wie notwendig es ist, gerade diese Angaben sorgfältig zu prüfen.

Man kann sich nicht im Absoluten verlieren und gleichzeitig das Brahman verwirklichen. Hier wird leichtfertig mit der Wortwahl umgegangen, oder es werden unbegründete Aussagen mit irrigen Inhalten gemacht.

Die Göttlichkeit (d. h. Vergottung) des Selbst wird bereits dadurch als unhaltbar erwiesen, daß sie eine Sich-selbst-unbewußt-Werdung Gottes bedeutete, denn die menschliche Seele ist ja erst auf der Suche nach der Verwirklichung des Selbst.

200) ebd., S. 255
201) ebd., S. 555

126

Die Theorie, das Selbst entlasse gewissermaßen das Nicht-Selbst aus sich, ohne aber seine eigene Göttlichkeit zu verlieren, bedeutet nur eine Verlagerung der Problematik um eine Ebene, denn eine Begründung, warum das „göttliche Selbst" das „un-göttliche Nicht-Selbst", die endliche Persönlichkeit, aus sich entlassen sollte, vermag auch nicht gegeben zu werden.

Der Prozeß der Selbst-Findung bedeutet vielmehr die Rückwendung zu einer Seinsstufe, die einstmals der Seele zu eigen war, die sie aber nunmehr verloren hat und nur noch als innere Sehnsucht kennt.

Der Atman bezeichnet das innere Selbst, den Innengeist, den göttlichen Sohn, der e i n s mit dem Vater, aber nicht mit dem Vater i d e n t i s c h ist.

Relative Vollkommenheit kann sich nie mit absoluter Vollkommenheit mischen.

IX. Bewußtseinsstufen

„Das Höchst-Bewußtsein der Über-Gottheit, die Absolutheit des Tao ist mit Worten nicht zu ergreifen, nicht zu umfassen.
Hier, vor dem Letzten, enden alle Dinge und aller Dinge Bilder.
Und niemand weiß zu sagen, ob dieses Reich das letzte.
Niemand weiß, ob jenseits des Nirvana ein Anderes Ufer dämmert . . . . . .
Niemand weiß es. "

(Hilarion)   (202)

Ziel des Yoga ist eine Erweiterung des Bewußtseinshorizontes, das Erlangen eines umfassenderen geistigen Verständnisses. Dieses ist deutlich von einer bloßen Bewußtseinsveränderung zu unterscheiden, wie sie bsw. auch durch Drogenanwendung hervorgerufen werden kann. Drogengebrauch führt niemals zu einer langfristigen positiven geistigen Entwicklung. Es kann zu spontanen Veränderungen des geistigen Vermögens kommen, die aber vielfach mit gefährlichen Nebenerscheinungen korrespondieren.

Dabei handelt es sich jedoch nicht um eine E r w e i t e r u n g des individuellen geistigen Potentials in Richtung auf eine Erkenntnis des Göttlichen, sondern nur um eine V e r ä n d e r u n g , eine Umstrukturierung der vorhandenen Denkschemata.

Bei den nachstehend aufgeführten Yoga-Meistern basieren die Schilderungen höherer Bewußtseinszustände ausschließlich auf der Anwendung alter Yoga-Methoden.

Die Vielfalt und oft auch Widersprüchlichkeit, die schon im Vergangenen festzustellen war, setzt sich auch in diesem Bereich fort. Es läßt sich sogar mit an Sicherheit grenzender Wahrscheinlichkeit behaupten, in der Schilderung der jeweiligen Erfahrungen liegt der Schlüssel zum gesamten Weltbild des betreffenden Yoga-Meisters.

---

202) Hilarion, „Bücher des Flammenden Herzens", Bd. II., München 1976, S. 227

Ramakrishna — Das Absolute und die sieben Weisen

Von Ramakrishna wird eine für ihn zentrale Erfahrung überliefert, in der er ein Erlebnis in der geistigen Welt schildert, das ihm seine Verbindung zu Vivekananda enthüllte.

Diese Erfahrungsschilderung wurde sowohl von Romain Rolland in seinem Buch über Ramakrishna, als auch von P. J. Saher in seiner Schrift über Vivekananda und von Satyamayi in ihrer Ramakrishna-Biographie widergegeben. Dies allein wäre nicht verwunderlich, wiche nicht an der entscheidensten Stelle der Text der Saher-Ausgabe völlig von dem der anderen beiden ab. Zuerst sei hier die Überlieferung durch Rolland zitiert.

„Eines Tages fühlte ich, wie mein Geist zu den Höhen des Samadhi entschwebte, auf einer Straße von Licht. Bald gelangte er über die Region der Sterne hinaus und trat in den geläuterten Bereich der Ideen. Immer höher steigend, fand ich beiderseits des Weges die Gestalten der Götter und Göttinnen. Der Geist erreichte die äußerste Begrenzung dieser Region, die Schranke von lauter Licht, welche die Sphäre der relativen Existenz von jener des Absoluten schied. Mein Geist durchschritt diese Schranke. Er trat ins Reich des Transzententalen ein, wo kein körperliches Wesen zu sehen war. Selbst die Götter wagten keinen Blick dahin; sie begnügten sich damit, weit unterhalb zu thronen. Aber gleich darauf fand ich dort sieben ehrwürdige Weise im Samadhi sitzen. Ich fühlte, diese Wesen müßten an Wissen und Heiligkeit, an Selbstverleugnung und Liebe nicht bloß die Menschen, sondern auch die Götter übertroffen haben. Hingerissen vor Verwunderung versenkte ich mich in ihre Größe; da sah ich, wie ein Teilchen dieser nicht-differenzierten (undifferentiated) Lichtregion sich zur Gestalt eines Kindes verdichtete. Das Kind näherte sich einem der Weisen, umschlang mit seinen Ärmchen dessen Hals, und indem es ihn mit seraphischer Stimme anredete, versuchte es, jenes Geist aus den Höhen des Samadhi herabzulocken. Diese magische Berührung erweckte den Weisen aus seinem überbewußten Zustande, und mit halbgeschlossenen Augen starrte er auf das Kind. Der strahlende Ausdruck seines Gesichtes zeigte, daß dieses Kind der Schatz seines Herzens war. Freudig sprach das seltsame Kind zu ihm: 'Ich steige herab. Du sollst auch mit mir hinabsteigen.' Der Weise blieb stumm, doch sein zärtlicher Blick verriet Zustimmung. Während er das Kind betrachtete, wurde er abermals in Sa-

madhi versenkt. Und mit Erstaunen sah ich, wie ein Bruchteil seines Körpers und seines Geistes als blendendes Licht zur Erde sank . . . Kaum hatte ich Narendra (Vivekananda) erblickt, erkannte ich in ihm jenen Weisen . . . " (203) Hinzuzufügen bleibt noch, daß Ramakrishna später zugestand, er sei das Kind gewesen. Den Kernpunkt der Aussage bildet die Beschreibung des Durchschreitens der relativen Existenz und das Eindringen ins formlose Absolute, in eine unkörperliche Spähre. Hierhin könnte der Leser ggf. noch folgen, käme dann nicht die völlig unerwartete Erklärung, plötzlich sieben Weise gesehen zu haben. In diesem Punkt gleitet die Widersprüchlichkeit ins Groteske ab.

Offensichtlich muß dies auch P. J. Saher aufgefallen sein, denn dieser überliefert die entscheidende Passage:

„. . . . Auf beiden Seiten säumten ihn die Ideengestalten unserer Götter und Göttinnen, aber schließlich erreichte der Geist das Ende auch dieser relativen Sphäre, die durch eine Schranke aus Licht von der Region des Absoluten getrennt war. Der Geist überschritt auch diese und fand sich in einem Jenseits, in dem es keine objektiven Erscheinungen mehr zu geben schien. Aber das war ein Irrtum. Im nächsten Augenblick bemerkte ich sieben verehrungswürdige Weise in tiefem Samadhi sitzen . . . ". (204)

Die fünf ergänzenden Worte „Aber das war ein Irrtum." heben nun die ursprünglichen Aussagen bei Rolland und Satyamayi auf. Sollten Rolland und Satyamai einen derart entscheidenden Satz übersehen haben oder wollte Saher die unhaltbare Aussage Ramakrishnas entkräften bzw. korrigieren? Dem Verfasser lag leider keine Originalquelle vor, da alle Autoren in ihren Werken keinen Quellenverweis liefern.

Eigenartig wirkt die Tatsache, daß Saher zwar im Literaturverzeichnis auf das Werk von Rolland über Ramakrishna verweist, in seiner Textüberlieferung aber mit keinem Wort auf den bedeutsamen Widerspruch in der Wiedergabe der Ramakrishna-Erzählung zwischen sich und Rolland eingeht. Der Wesenart Ramakrishnas entspräche die Rolland/Satyamayi-Überlieferung durchaus.

---

203) Rolland, „Ramakrishna", a.a.O., S. 188 f. (desgl. Satyamayi, S. 134)
204) P. J. Saher, „Cr. Mystik", S. 48

Ramana Maharshi — Wissen und Nichtwissen

Die folgenden zwei kurzen Aussagen Ramana Maharshis werden an dieser Stelle nur deswegen angeführt, weil sie zum einen seine befremdliche Bewußtseinsauffassung verdeutlichen und zum anderen Indiz für seine eigenen geistigen Fähigkeiten sind.

„Die verkehrte Erkenntnis, die in den Dingen etwas anderes sieht, als sie sind, ist das Werk des getrübten Geistes. Das heißt der ungetrübte, reine Geist, der nur Reines Bewußtsein ist, vergißt sein ursprüngliches Wesen und wird durch Nichtwissen unter der Einwirkung von tamas zur Gestalt der Welt, unter der Einwirkung von rajas in dieser selbst zum Körper und zum 'ich' und hält als solches die Welt für wirklich." (205)

Wie vermag „reines" Bewußtsein sein ursprüngliches Wesen zu „vergessen"? Offensichtlich geht Ramana Maharshi von einem Bewußtseinsbegriff aus, der nur ungenau bestimmt ist.

Am 13. August 1936 erhielt Ramana Maharshi Besuch einer Aristokratin aus dem Norden, wobei sich folgender Dialog entspann:

Frage: Maharajaji, können wir die Toten sehen?
Meister: Ja.
Frage: Kann ein Yogi sie uns zeigen?
Meister: Ja; vielleicht. Aber verlangen Sie es nicht von mir; ich kann es nicht.
Frage: Sehen Sie sie?
Meister: Ja — manchmal im Traum. —
Frage: Können wir durch Yoga das Ziel verwirklichen?
Meister: Ja.

(206)

Ramana Maharshi besaß also offensichtlich nicht die Fähigkeit, bewußt in die geistige Welt hineinzuschauen. Dies mag ein Indiz für die Relativität der „Verwirklichungen" der Yoga-Meister sein.

205) Satyamayi, „R. Maharshi", a.a.O., S. 77
206) R. Maharshi, „Gespräche 1", S. 273

Aurobindo — Die Offenbarung des Supramentalen

Eine sehr sorgfältige und ausführliche Gliederung höherer Bewußtseinszustände findet sich im Werk Aurobindos. Dort spürt der Leser etwas von der Wahrhaftigkeit dieser Erfahrungen, für die nur von einer Persönlichkeit Zeugnis abgelegt werden kann, die um die konkret erlebte spirituelle Realität weiß.

Aurobindo spricht von fünf höheren Bewußtseinsstufen, die jenseits der drei bekannten realisiert werden können. Die erste dieser fünf Stufen bezeichnet Aurobindo als das „Höhere Mental".

„Unser erster entscheidender Schritt aus unserer menschlichen Intelligenz, unserer normalen Mentalität heraus ist ein Aufstieg in ein Höheres Mental, ein Mental, das keine Mischung von Licht und Dunkelheit oder Zwielicht mehr ist, sondern außerordentliche Klarheit des Geistes. Seine Grundsubstanz ist ein Empfinden, das unser Wesen mit machtvoller vielfältiger Dynamik vereint, die eine Menge von Aspekten der Erkenntnis, von Methoden des Handelns, von bedeutungsvollen Formen des Werdens und allem gestalten werden kann, von dem es ein spontanes inneres Wissen besitzt. Darum ist es eine Macht, die vom Übermental ausgeht — aber das Supramental als letzten Ursprung besitzt — von dem all die höheren Mächte herrühren. Ihr besonderer Charakter, ihre Bewußtseins-Aktivität, wird aber vom Denken beherrscht. Das Höhere Mental ist ein erleuchtetes Denk-Mental, das Mental eines aus dem Geist geborenen begrifflichen Erkennens. Der Charakter dieses größeren Mentals des Wissens ist eine All-Bewußtheit, die der ursprünglichen Identität entspringt. Sie besitzt die Wahrheiten, die die Identität in sich enthält. Sie erfaßt sie rasch, unwiderstehlich und vielfältig. Sie formuliert und realisiert ihre Wahrnehmungen wirksam durch die Selbst-Macht der Idee. Diese Art der Kenntnisnahme ist die unterste Stufe, die aus der ursprünglichen spirituellen Identität hervortritt, bevor die trennende Erkenntnis, die Grundlage der Unwissenheit, einsetzt." (207)

Die nächsthöhere Stufe bezeichnet Aurobindo als die des „Erleuchteten Mentals". Sie ist besonders gekennzeichnet durch eine intensive Lichterfahrung und in dieser Form vielfach bei den Mystikern aller geistigen Traditionen belegt.

207) Aurobindo, „GL II, 2", S. 355

„Diese größere Kraft ist die des Erleuchteten Mentals, das nicht mehr ein Mental des höheren Denkens, sondern ein solches spirituellen Lichtes ist. Hier weicht die Klarheit der spirituellen Intelligenz, ihr ruhiges Tageslicht einer Strahlenkraft, einem Glanz und einer Erleuchtung des Geistes: Ein Feuerwerk von Blitzen spiritueller Wahrheit und Macht bricht von oben her in das Bewußtsein ein. Es fügt der ruhigen weiten Erleuchtung und dem gewaltigen Herabströmen von Frieden, die das Wirken des umfassenderen begrifflich-spirituellen Prinzips charakterisieren oder begleiten, die feurige Glut der Verwirklichung und eine leidenschaftliche Ekstase des Wissens hinzu. Dieses Wirken wird im allgemeinen von einem Herabstörmen eines innerlich sichtbaren Lichtes umhüllt. Denn hier ist zu beachten, daß, im Unterschied zu unseren gewöhnlichen Auffassungen, Licht nicht in erster Linie eine materielle Schöpfung ist. Das Empfinden oder die Schau von Licht, die die innere Erleuchtung begleiten, sind nicht nur ein sichtbares visuelles Abbild oder ein symbolisches Phänomen: Licht ist in erster Linie eine spirituelle erleuchtende und schöpferische Manifestation der Göttlichen Wirklichkeit. Materielles Licht ist dessen Folgeerscheinung, seine Repräsentation oder Umwandlung in Materie für die Zwecke der materiellen Energie. Bei dieser Herabkunft tritt auch eine größere Dynamik ein, ein „goldenes Drängen“, ein lichtvoller e n t h o u s i a s m o s von innerer Kraft und Macht, der den verhältnismäßig langsamen und bedächtigen Prozeß des Höheren Mentals durch das rasche, manchmal heftige, beinahe gewalttätige Ungestüm einer rapiden Umwandlung ersetzt.“ (208)

Als „Instrument“ dieser Erfahrung bezeichnet Aurobindo nicht mehr das Denken, sondern die Schau. Nach Aurobindos Überzeugung kommt dem Denken in der spirituellen Ordnung nur eine sekundäre Rolle zu. Ihm obliegt die Aufgabe, die geistige Erfahrung wenigstens annähernd in mentale Begriffe zu kleiden, um sie so aussagbar zu machen.

Die dritte Stufe beschreibt Aurobindo als jene der „Intuition“.

„Intuition ist eine Bewußtseins-Macht, die dem ursprünglichen Wissen durch Identität näher steht und mit ihm inniger verwandt ist. Sie ist immer etwas, das unmittelbar der verborgenen Identität entspringt. Wenn das Bewußtsein des Subjekts auf das Bewußtsein im Objekt trifft, es durchdringt und die Wahrheit

208) ebd., S. 360 f.

dessen, das es berührt, sieht, fühlt und mit ihr schwingt, springt die Intuition wie ein Funke oder ein Blitz aus diesem Zusammenprall über. Es kann auch zu solchem Hervorbrechen eines intuitiven Lichtes kommen, wenn das Bewußtsein, auch ohne ein solches Zusammentreffen, in sich hineinschaut und unmittelbar und innig die Wahrheit oder die Wahrheiten fühlt, die es dort gibt; oder wenn es die Kräfte berührt, die hinter den äußeren Erscheinungen verborgen sind. Ferner wird der Funke, der Lichtstrahl oder das Aufflammen einer inneren Wahrheits-Wahrnehmung in ihren Tiefen entzündet, wenn das Bewußtsein der Höchsten Wirklichkeit oder der spirituellen Wirklichkeit von Dingen und Wesen begegnet und mit ihr durch innigen Kontakt Einung erfährt. Diese nahe Wahrnehmung ist mehr als ein Schauen, mehr als ein Begreifen. Sie ist das Ergebnis einer eindringenden und offenbarenden Berührung, die in sich als Teil ihrer selbst oder als natürliche Folge das Schauen und Begreifen enthält. Eine verborgene oder schlummernde Identität, die sich noch nicht ganz wiedergefunden hat, erinnert sich durch die Intuition an alles, was sie enthält, oder sie übermittelt uns ihre eigenen Inhalte, die innere Unmittelbarkeit ihres Selbst-Fühlens und ihrer Selbst-Schau der Dinge, ihr Licht der Wahrheit und ihre überwältigende automatische Gewißheit." (209)

Der 24. November 1926 bedeutete im Leben Aurobindos einen entscheidenden Einschnitt. An diesem Tag wurde ihm die Erfahrung des „Overmind" gewährt. Diesen „Übergeist" oder „Übermental" betrachtete Aurobindo als die Übergangstufe zu jenem Supramentalen, das er als die höchstmögliche irdische Verwirklichung ansah.

Aurobindo skizziert die Stufe des Übermentals wie folgt:

„Der nächste Schritt des Aufstiegs bringt uns zum Übermental. Die Wandlung der Intuition kann nur Einführung zu dieser höheren spirituellen Eröffnung sein. Wir haben aber gesehen, daß das Übermental, auch wenn es selektiv und in seinem Wirken nicht total ist, dennoch eine Macht des kosmischen Bewußtseins, ein Prinzip globalen Wissens ist, das ein delegiertes Licht aus der supramentalen Gnosis in sich trägt. Darum ist es nur dann möglich, daß wir in das Übermental aufsteigen und dieses zu uns herabkommt, wenn wir uns in das kosmische Bewußtsein ausweiten. Es genügt nicht, wenn sich der Einzelne in-

---

209) ebd., S. 363

134

tensiv nach diesen Höhen hin öffnet. Zum vertikalen Aufstieg zu den Gipfeln des Lichts muß eine umfassende horizontale Ausdehnung des Bewußtseins in die Totalität des Geistes hinzukommen. Zumindest muß das innere Wesen durch seine tiefere und weitere Bewußtheit bereits das vordergründige Mental und seinen begrenzten Horizont ersetzt haben. Es muß gelernt haben, in einer weiten Universalität zu leben.

Alle innere individuelle Schau der Dinge oder die Intelligenz ist jetzt eine Enthüllung oder Erleuchtung dessen, was gesehen oder begriffen wird. Der Ursprung des Enthüllens liegt aber nicht in unserem abgesonderten Selbst, sondern im universalen Wissen. Ähnlich werden die Gefühle, Emotionen, Sinnesempfindungen als Wellen derselben kosmischen Unermeßlichkeit gefühlt, die sich an unserem subtilen oder materiellen Körper brechen, auf die das individuelle Zentrum der Universalität entsprechend reagiert. (210)

Jenseits dieses Kosmischen Bewußtseins sah Aurobindo noch neue geistige Tiefen aufscheinen, Bereiche, deren Unermeßlichkeit sich jeder menschlichen Beschreibung entzogen.

„Es gibt noch ein Jenseits davon.

Denn auf der anderen Seite des kosmischen Bewußtseins gibt es, für uns unerreichbar, ein noch mehr transzendentes Bewußtsein — nicht nur transzendent zum Ich, sondern auch zum Kosmos selbst —, demgegenüber das Universum wie ein winziges Bild vor einem unermeßlichen Hintergrund dazustehen scheint. Jenes trägt und erhält die universale Aktivität — oder duldet sie vielleicht nur. Es umfaßt das Leben mit Seiner ungeheuren Weite, — oder lehnt es vielleicht von Seiner Unendlichkeit her ab.“ (211)

Jene Tiefen der Transzendenz dürften Aurobindo in seiner Ausprägung des Begriffes des Supramentals bestimmt haben. Aurobindo hat vielfach von dieser 5. Stufe gesprochen, wiewohl er niemals verkündet hat, er habe diese Stufe wirklich in seinem Bewußtsein realisiert. Nicht zuletzt diese Ehrlichkeit mag ein Hinweis auf die Integrität der Persönlichkeit Aurobindos sein. Zwei Zitate aus Aurobindos Schrift „Die Offenbarung des Supramentalen“ sollen die Struktur dieser Bewußtseinsstufe kennzeichnen.

210) ebd., S. 366 f.

211) ders., „GL I“, S. 30

„Das supramentale Bewußtsein ist keine festgesetzte Größe, sondern eine Kraft, die zu immer höheren Ebenen der Möglichkeit aufsteigt, bis sie die höchsten Gipfel spiritueller Existenz erreicht, den Auftrag des Supramentalen erfüllt, und das Supramentale die Ebenen des spirituellen Bewußtseins erfüllt, das von der menschlichen oder mentalen Ebene her zu ihr vorstößt." (212)

„Das Supramentale ist eine ewige Wirklichkeit des göttlichen Seins und der göttlichen Natur. Auf seiner eigenen Ebene existiert es bereits und hat es immer existiert, und hier besitzt es sein eigenes Wesensgesetz des Seins; es braucht nicht erschaffen zu werden oder emporzutauchen oder sich aus seiner Involution in der Materie oder aus einem Nicht-Sein ins Da-Sein zu entwickeln, wie unser Denken sich das vorstellt, das seine eigenen Ansichten hat und das in dieser Weise aus dem Vitalen und der Materie aufgetaucht ist, oder sich aus seiner Involution in Leben und Materie evolviert hat. Die Natur des Supramentalen ist immer dieselbe: Wissendes Wesen, das von Wahrheit zu Wahrheit schreitet und das erschafft, oder vielmehr offenbart, was kraft seines Vorher-Wissens offenbart werden muß, nicht zufällig, sondern zwangsläufig, und zwar aus einem Zwang heraus, der duch sein Wesen bedingt ist und aus der Notwendigkeit der Dinge an sich und deshalb unumgänglich. Ebenso zwangsläufig ist seine Offenbarung des göttlichen Lebens; sein eigenes Leben auf seiner eigenen Ebene ist göttlich, und wenn das Supramentale auf die Erde herabsteigt, so wird es notwendigerweise göttliches Leben mit sich bringen und hier beheimaten." (213)

Gerade die Höhe seiner spirituellen Erfahrung ließ Aurobindo erkennen, welche Einordnung menschlichen Bewußtseinsstufen im unendlichen Feld göttlichen Seins zukommen muß. Er glaubte nie, es gäbe so etwas wie eine „absolute Verwirklichung".

Dies drückte er in einer Antwort auf eine Aussage Mahatma Gandhis aus, die Aurobindo einer seiner Schüler mit der Bitte um einen Kommentar übergeben hatte.

Gandhi äußerte sich darin:

„Ich bin der Ansicht, daß eine vollkommene Verwirklichung in diesem verkörperten Leben weder möglich noch notwendig ist. Ein lebendiger, uner-

---

212) ders., „Die Offenbarung des Supramentalen", Zürich 1969, S. 43
213) ebd., S. 81

schütterlicher Glaube ist alles, was verlangt wird, damit ein menschliches Wesen die volle spirituelle Höhe erreichen kann."

Aurobindos Antwort lautete:

„Ich weiß nicht, was Mahatma Gandhi mit vollkommener Verwirklichung meint. Wenn er eine Verwirklichung meint, nach der es nichts mehr zu verwirklichen gibt, dann stimme ich zu — ich selbst sprach von einem weiteren göttlichen Fortschreiten, einer unendlichen Entwicklung." (214)

Yogananda — Kosmisches Bewußtsein

„Wenn Du einen Heiligen verstehen könntest, wärest du selber einer!" (215) Dieser Ausspruch Yoganandas drückt für die Bereiche höherer Bewußtseinszustände eine entscheidende Wahrheit aus. Das Verständnis kosmischen Bewußtseins kann nicht durch intellektuelle Reflexion erlangt werden.

Erleuchtung ist allein durch Erleuchtung erfaßbar.

Eine sehr beeindruckende Schilderung seiner Erfahrung kosmischen Bewußtseins gibt Yogananda in seiner Autobiographie.

„Eine überwältigende Freude ergoß sich über die stillen, endlosen Ufer meiner Seele. Ich erkannte, daß der göttliche GEIST unerschöpfliche Glückseligkeit ist und daß Sein Körper aus zahllosen Lichtgeweben besteht.

Die sich in meinem Inneren ausbreitende Seligkeit begann Städte, Kontinente, die Erde, Sonnen- und Sternensysteme, ätherische Urnebel und schwebende Universen zu umfassen. Der ganze Kosmos flimmerte wie eine ferne nächtliche Stadt in der Unendlichkeit meines eigenen Selbst. Das blendende Licht jenseits der scharf gezeichneten Horizontlinie verblaßte leicht an den äußeren Rändern und wurde dort zu einem gleichbleibenden, milden Glanz von unsagbarer Feinheit. Die Bilder der Planeten dagegen wurden von einem gröberen Licht gebildet.

214) ders., „Briefe über den Yoga I", S. 23 f.
215) Yogananda, „Autob.", S. 136

Die göttlichen Strahlen ergossen sich aus einem ewigen Quell nach allen Rich-
tungen und bildeten Milchstraßensysteme, die von einem unbeschreiblichen
Glanz verklärt wurden. Immer wieder sah ich, wie sich die schöpferischen
Strahlen zu Konstellationen verdichteten und sich dann in ein transparentes
Flammenmeer auflösten. In rhythmischem Wechsel gingen Abermillionen
Welten in diesem durchsichtigen Glanz auf — wurde das Feuer wieder zum
Firmament.
Ich fühlte, daß das Zentrum dieses Feuerhimmels in meinem eigenen Herzen
lag — daß es der Kern meiner intuitiven Wahrnehmung war. Strahlender
Glanz ergoß sich aus diesem inneren Kern in jeden Teil des Universums. Se-
gensreicher Amrita, der Nektar der Unsterblichkeit, pulsierte gleich einer
quecksilbrigen Flüssigkeit in mir. Ich hörte das Schöpferwort OM — den Laut
des vibrierenden Kosmischen 'Motors'." (216)

Hervorzuheben wäre an dieser Stelle die Parallele zur Lichtschilderung
höherer Bewußtseinszustände bei Aurobindo.

Es darf nicht immer die Bewußtseinsstufenbenennung des einen mit der
gleichlautenden eines anderen Yoga-Meisters identifiziert werden. Dieselben Namen bezeichnen oft unterschiedliche Stufen und bieten keinen zu-
verlässigen Vergleichsmaßstab.

Sivananda — Absolutes Bewußtsein

Der Begriff des „absoluten Bewußtseins" läßt ahnen, daß Swami Sivananda
zur Gruppe jener zu rechnen ist, die die individuelle Bewußtheit auf höheren Ebenen als ewige Existenz verneinen. Individuelles Bewußtsein gibt es
für Sivananda nur bis zum kosmischen Bewußtsein.

„Der Zustand des kosmischen Bewußtseins läßt sich natürlich nicht beschrei-
ben. Er bedeutet Ehrfurcht, heilige Scheu, höchste Freude und reine, lautere
Glückseligkeit.
Das kosmische Bewußtsein liegt noch unterhalb des absoluten Bewußtseins, in

---

216) ebd., S. 159

138

welchem der Sehende das zu Schauende und der Anblick oder anders ausge-
drückt — in welchem der Wissende und das Wissen selber sich verschmelzen in
der einen untrennbaren Wirklichkeit, also in sie übergehen, eins mit ihr wer-
den.
Beim kosmischen Bewußtsein existieren noch der Seher oder Beobachter und
das Geschaute; die individuelle Seele empfindet oder sieht sich als einen Teil des
Weltalls. Im Absoluten Bewußtsein besteht kein Teil mehr.
Der kosmische Bewußte erkennt vollständig die Einheit des Lebens.
Es bleibt ihm noch ein kleiner Rest von individuellem Bewußtsein, welches es
ihm ermöglicht, menschlich zu sehen und zu verstehen. Dieses entschwindet
beim Verschmelzen mit der höchsten Wirklichkeit in dem Augenblick, wo die
individuelle Seele den Körper verläßt." (217)
Der physische Tod bedeutet daher für Swami Sivananda das Eingehen in
das absolute Bewußtsein, für den, der es verwirklicht hat, wobei dieses Eingehen gleichbedeutend mit dem Erlöschen individuellen Bewußtseins ist.

Gopi Krishna — Die Grenzen des Menschen

Ihre Yoga-Erfahrungen haben manche der östlichen Meister dazu verführt,
menschliches Erkennen in unbegrenzte Weiten auszudehnen. Dem Men-
schen wurde gottähnliches Einsichtsvermögen zugesprochen, ja er sollte
sich sogar als Gott in Gott auflösen.
Wenn jemand im besonderen Maße als Mahner zur Einsicht und rechten
Selbsteinschätzung bezeichnet werden kann, so gebührt dieses Prädikat
Gopi Krishna.
Gopi Krishna sah in jeder subjektiven Erfahrung einer höheren
Wirklichkeit, einer vollkommeneren Daseinsstufe, den Aufstieg von einer
Stufe der Leiter zu einer anderen, einer Leiter, deren Ende nicht bezeichnet
werden kann, da sie in die Unendlichkeit führt.
Er schildert in seinem Buch über „Kundalini" seine eigene Erfahrung

217) S. Sivananda, „Furcht", a.a.O., S. 37 f.

höherer Bewußtheit, wobei auch von ihm dem Licht große Bedeutung zugesprochen wird.

„Ganz unvorbereitet auf ein solches Geschehen, war ich völlig überrascht. Ich blieb in derselben Stellung sitzen und richtete meine Gedanken auf den Punkt der Konzentration. Immer strahlender wurde das Leuchten, immer lauter das Tossen. Ich hatte das Gefühl eines Erdbebens, dann spürte ich, wie ich aus meinem Körper schlüpfte, in eine Aura von Licht gehüllt. Es ist unmöglich, dieses Erlebnis genau zu beschreiben. Ich fühlte, wie der Punkt meines Bewußtseins, der ich selber war, immer größer und weiter wurde und von Wellen des Lichtes umgeben war. Immer weiter breitete es sich nach außen hin aus, während der Körper, normalerweise der erste Gegenstand seiner Wahrnehmung, immer mehr in die Entfernung zu rücken schien, bis ich seiner nicht mehr bewußt war. Ich war jetzt reines Bewußtsein, ohne Grenze, ohne Körperlichkeit, ohne irgendeine Empfindung oder ein Gefühl, das von Sinneswahrnehmungen herrührte, in ein Meer von Licht getaucht. Gleichzeitig war ich bewußt und jedes Punktes gegenwärtig, der sich ohne jede Begrenzung oder materielles Hindernis gleichsam in alle Richtungen ausbreitete. Ich war nicht mehr ich selbst, oder genauer: nicht mehr, wie ich mich selber kannte, ein kleiner Punkt der Wahrnehmung, in einen Körper eingeschlossen. Es war vielmehr ein unermeßlich großer Bewußtseinskreis vorhanden, in dem der Körper nur einen Punkt bildete, in Licht gebadet und in einem Zustand der Verzückung und Glückseligkeit, der unmöglich zu beschreiben ist." (218)

Im gleichen Band zieht Gopi Krishna dann die Grenzen für das menschliche Erkennen, rückt menschliche Bewußtseinserweiterung in das Gesamtbild der gigantischen Größe des spirituellen und physikalischen Universums.

„Wenn wir die ungeheure Weite des Universums im Auge behalten, wird die Vorstellung des Schöpfers so überwältigend, daß sie jenseits der Fassungskraft des menschlichen Gehirns bleibt. Selbst das entwickelte Bewußtsein eines Ekstatikers, obwohl in sich selbst eine unzerstörbare universale Substanz, erhaben über den sinnengebundenen menschlichen Intellekt, ist völlig unfähig, die wahre Natur des unermeßlichen Urgrundes zu erfassen.

218) Gopi Krishna, „Kundalini", Weilheim 1968, S. 11

Noch klarer ausgedrückt kann der transzendente Zustand nichts weiter sein als ein flüchtiger Einblick in einen winzigen Bruchteil der überbewußten Welt, die erleuchtet wird von den Strahlen einer gewaltigen, unerschaubaren Sonne, in derselben Weise, wie wir mit unserer normalen Sicht nur einen kleinen Teil des gigantischen physikalischen Weltalls um uns herum sehen." (219)

Gopi Krishna vergleicht die Idee menschlicher Allbewußtheit mit jener, die einstmals in der Erde den Mittelpunkt der Schöpfung und im Menschen deren Krönung sah. Mit der Aufhebung dieser irrigen Erkenntnis muß auch die Aufhebung der Vorstellung menschlicher Gottgleichheit einhergehen.

„Unvernünftig wäre die Annahme, daß auch für das äußere Weltall gilt, was für die innere Welt zutrifft, und daß die Vorstellung von turiya als höchstem Seinszustand und oberstem Gipfel des Bewußtseins ebenso Täuschung sei wie die Ansicht, daß die Erde das ursprüngliche Zentrum allen Seins sei. Diese falsche Vorstellung würde auf der ebenso irrtümlichen Idee gründen, daß der Mensch das Kostbarste aller Schöpfung sei, ein eindeutiges Symptom der Arroganz und Selbstgefälligkeit, die dem Hochmut der frühen Könige gleicht, die göttlichen Ursprung für sich beanspruchten. Die Annahme, daß der Mensch aufgrund des erlangten Überbewußtseins den Anspruch erheben könne, identisch mit dem Schöpfer oder brahman zu sein, ist gleichbedeutend mit der Erniedrigung der allmächtigen ersten Ursache auf die Ebene eines unbedeutenden Menschen oder mit der Erhebung dieses zerbrechlichen Geschöpfes zur Größe des allmächtigen Lenkers des Kosmos. Beides verrät Selbstherrlichkeit und Stolz." (220)

Die Erfahrung des kosmischen Bewußtseins bedeutet für Gopi Krishna daher keine Erfahrung der Identität mit dem Absoluten, sondern *einen* Schritt auf der Leiter höherer Bewußtseinsstufen. Jeder Schritt sollte die Grundlage zum Erklimmen der nächsthöheren Stufe bilden.

„Die Aussage, daß das mystische Erlebnis eine Vereinigung mit Gott und damit der letzte mystische Meilenstein auf dem Pfad der Entwicklung ist, be-

---

219) ebd., S. 104 f.

220) ders., „Dimensionen", a.a.O., S. 229 (vgl. auch T. Trungpa „Spiritueller Materialismus", S. 164

grenzt nicht nur die schrankenlose Herrlichkeit des Schöpfers, sondern behin-
dert auch den Weg der Menschheit in die Unendlichkeit.“ (221)
Gopi Krishna stellt acht Punkte auf, die er als Kennzeichen für eine wahr-
haftige Bewußtseinserweiterung verstanden wissen will.

Es sind dies:

1) Außergewöhnliche Lichtempfindungen, sowohl im eigenen Inneren wie
auch außerhalb. Die Person fühlt sich erfüllt von einem wundersamen
Glanz, der vielleicht sogar die Gegenstände der äußeren Welt erleuchtet.
Die Wahrnehmung bekommt bisweilen die Wirkung einer inneren oder
äußeren Feuersbrunst.

2) Ein überwältigendes Gefühl von Verwunderung und Ehrfucht.

3) Eine unerschütterliche Gewißheit über die Wirklichkeit der Erfahrung.

4) Ein Empfinden von Unendlichkeit und unbegrenztem Wissen.

5) Eine Überzeugung von der Unsterblichkeit.

6) Geistige Erleuchtung.

7) Das lebhafte Gefühl einer Begegnung mit der nicht zu beschreibenden,
alles verstehenden Klugheit eines allwissenden, göttlichen Wesens.

8) Eine Flut reiner Empfindungen, ein überwältigendes Gefühl von Hingabe, Ehrfucht, Ergebenheit, Liebe und Verehrung, herabstürzende Tränen
oder sich sträubende Haare.

(222)

Diese acht Merkmale können als Richtlinie sowohl für die Beurteilung eigener Erfarung als auch für die Richtigkeit der Angaben anderer dienen.

221) ders., „Höh. Bewußtsein“, S. 48
222) ebd., S. 29

Lama Anagarika Govinda — Die Unendlichkeit der Dimensionen

„Der Buddha und viele seiner großen Nachfolger haben uns einen Einblick in jene tiefere Bewußtheit gegeben. Diese Tatsache allein ist von größerem Wert als alle philosophischen Theorien, denn sie weist der Menschheit den Weg der Zukunft. So kann es nur ein Problem für uns geben: diese tiefere Bewußtheit in uns selbst zu erwecken und zu jenem Zustand vorzudringen, den der Buddha als 'Erwachen' oder 'Erleuchtung' bezeichnet. Dies aber ist der Boddhisattva-Marga, der Weg zur Verwirklichung der Buddhaschaft in uns selbst. " (223) Philosophische und wissenschaftliche Theorien haben sicher ihren Wert, sie erfüllen aber ihre Aufgabe nur dann vollkommen, wenn sie über sich selbst hinausweisen in die Ebene der Verwirklichung, in die Sphäre spiritueller Erfahrung.

In der Beurteilung der Bewußtseinserweiterungen folgt Lama Govinda der bei Gopi Krishna aufgezeigten Bahn.

„So wie im mathematischen Denken jede Dimension mit Notwendigkeit eine höhere Dimension fordert, bis wir zu der Schlußfolgerung einer unendlichen Serie von Dimensionen gezwungen werden, so weist jede Erweiterung unseres geistigen Horizontes auf neue, ungeahnte Bewußtseinsdimensionen hin. Die Tatsache, daß jedes Erlebnis notwendigerweise über sich selbst hinausweist und somit nur in bezug auf andere Erlebnisse, nicht aber als in sich selbst existierend definiert und abgegrenzt werden kann, ist im Begriff der Shunyata, der Leere von allen Bestimmungen, der Nicht-Absolutheit, der unendlichen Bezogenheit alles Erlebens umschrieben. Und zugleich liegt in dieser Super-Relativität das einende Element des lebendigen Universums, indem die unendliche Bezogenheit zur All-Bezogenheit wird, zu einer metaphysischen Größe, die weder als Sein noch als Nichtsein beschrieben werden kann, weder als Bewegung noch als Stillstand. " (224)

Aufgrund dieser Überzeugung verneint Lama Govinda auch die Existenz eines „Absoluten" im Sinne eines Unbeweglichen, Unveränderlichen, da er dieses als „ewigen Tod" versteht.

223) L. A. Govinda, „Grundlagen tibetischer Mystik", München 1975, S. 337
224) ebd., S. 238

Swami Muktananda — Das Universum in Asche

Jene überzogene Alleinheitsmystik, die im Vorangegangenen so energisch verworfen wurde, findet in Swami Muktananda einen typischen Vertreter. Fast bezeichnend daher auch die Unklarheit in der Schilderung seiner „Verwirklichungen".

„ 'Du sagst, es sei nichts geschehen', sagte ich (i.e. Muktananda, d. Verf.), aber der kosmische Tod trat in dieser Nacht ein. Das gesamte Universum wurde Asche. Die Erde war überflutet. Nur ich entging knapp dem Tode. Mein Zustand ist nicht gut; ich bin irre geworden. Es mag sich äußerlich nicht zeigen, aber innerlich bin ich durchgedreht. " (225)

„In erleuchteter Umgebung sah ich Männer und Kinder, unbekleidet, auch Kühe und Herden edler Pferde. Tandraloka verleiht Allwissenheit. Was auch immer man in dieser Stufe erschauen mag, erweist sich als wahr. Z. B. sah ich in solcher Stunde jemanden zu mir kommen; tatsächlich kam er später. Meine eigenen Erfahrungen auf dieser Ebene haben mich davon überzeugt, daß die Seher und Weisen der alten Zeiten hellsichtig und allwissend waren. " (226)

„Nun begann ich in der Meditation die Mondwelt aufzusuchen. Tatsache ist, daß der Mond seine eigene Welt hat. Ihre Einwohner sind alle im gleichen Alter. Auf blumenbestreuten Wegen sah ich dort männliche und weibliche Wesen in großer Zahl. Alle waren jugendlich und frei von Krankheiten. Ich sah keine alternden Bewohner. Am Rande des Geländes verharrend, starrte ich hinein. Die Sonnenhitze mit ihrem grellen Licht reichte nicht dorthin. Ein sanfter, süßer Schein lag über dem Ganzen. Aus dem Äußeren der Ortschaften schloß ich darauf, daß weder Regen noch Sonnenhitze diese Regionen erreicht. Alle Gebäude schienen wie aus Gold und Silber zu bestehen. " (227)

Damit nicht genug, kommt es, man ist fast geneigt „natürlich" zu sagen, auch zur Auflösung des Selbst-Bewußtseins.

„Oh! Die strahlende Blaue Perle näherte sich mir; und nun weitete sie sich mit all ihren unendlichen leuchtenden inneren Strahlen. Staunend erlebte ich ihre

---

225) S. Muktananda, „Spiel d. B.", a.a.O., S. 111

226) ebd., S. 122

227) ebd., S. 187 f.

Ausweitung. Die Form wurde oval und nahm schließlich menschliche Gestalt an. Überirdische Leuchtkraft ging von ihr aus. Dann verließ mich das Bewußtsein. . . . Muktananda wußte nicht mehr, wer er war. Wie das Selbst-Bewußtsein schwand, so schwand auch das Bewußtsein der Existenz anderer. . . . Eine Zeitlang war ich völlig unbewußt, nichts war mir gewärtig, aber ich war immer noch in Meditation. Meine Lotusstellung, nach Norden gerichtet, war fest geschlossen. Erneut erblickte ich eine lichtstrahlende menschliche Gestalt, dort wo das Oval leuchtete. (228)*

Verblüffend, wie Muktananda, nachdem *er* nicht mehr war, *sein* Selbst-Bewußtsein geschwunden war, *er* sich völlig unbewußt war, plötzlich eine lichtstrahlende Gestalt erblickte. — Dem Leser bleibt nur ungläubiges Erstaunen.

Swami Omkarananda — Gotteserkenntnis

Obwohl Swami Omkarananda in keiner Weise mit Swami Muktananda verglichen werden darf, übersteigert doch auch er menschliche Erkenntnis bis hin zur Auflösung in der Gottheit.

„Gott kann nicht völlig erkannt werden, wenn das menschliche Wesen in uns nicht einer Reihe von Disziplinen unterworfen wird. Die volle Erkenntnis Gottes kommt, wenn jede Zelle unserer Konstitution aufgebrochen wird und die göttlichen Energien in ihr befreit werden, so daß schließlich alles in uns sich in glühendes göttliches Bewußtsein erhebt." (229)

Omkarananda sieht also eine „volle Gotteserkenntnis" als möglich an. Er versucht dies dadurch zu begründen, daß er das göttliche Bewußtsein als die Gottheit im Menschen anspricht.

„Das transzendente göttliche Bewußtsein aber ist Träger unendlicher, unbegrenzter Kräfte. Es enthält in sich jene Kraft, die in Gott vorhanden ist. Es ist

---

228) ebd., S. 187 f.

229) S. Omkarananda „ Wissenschaft und 6 Schritte zur Gotterfahrung", DLZ o.J., S. 30 f.

ewig und überall mit Gott verbunden. Es ist in Wirklichkeit die Gottheit selber. Es ist der Atem Gottes, das Göttliche in uns. " (230)

Über das kosmische Bewußtsein hinaus führt das transzendentale Bewußtsein zur Einheit mit der Gottheit und letztlich zum Aufgehen in ihr.

„Das kosmische Bewußtsein stellt eine der Stufen göttlicher Erfahrung dar. Jenseits von ihm liegt das transzendentale Bewußtsein. Auf der Stufe des transzendentalen Bewußtseins werden wir in das Herz und Sein der höchsten Gottheit zurückgenommen. Wir erlangen die Einheit mit der Gottheit. Auf der Ebene des kosmischen Bewußtseins sind wir uns des göttlichen Seins in aller Schöpfung, im ganzen Kosmos bewußt. Wir gehen auf in der Erfahrung der Gottheit in Natur und Universum, in allen Dingen. " (231)

Die Grenzen menschlichen Erkennens werden bei Swami Omkarananda damit de facto aufgehoben.

Maharishi Mahesh Yogi — Relatives und absolutes Sein

In seinen beiden Hauptwerken „Der Wissenschaft vom Sein" und dem „Kommentar zur Bhagavad Gita 1—6" skizziert Maharishi M. Y. den Weg bis zum höchsten Zustand menschlicher Entwicklung, dem Einheitsbewußtsein mit Gott.

„Es ist der Segen des Handelns, daß ein Mensch vom Wach-Zustand des Bewußtseins zum Transzendentalen, reinen Bewußtsein geführt wird, von dort zum kosmischen Bewußtsein und schließlich zum Gottesbewußtsein, dem höchsten Zustand menschlicher Aufwärtsentwicklung. " (232)

Im Kosmischen Bewußtsein erreicht das Individuum, nach dem Verständnis von Maharishi M. Y., eine Verbindung von relativer und absoluter Existenz. Im Gottesbewußtsein entfällt die erstere auch noch.

„Kosmisches Bewußtsein ist jenes Bewußtsein, welches die Erfahrung des Fel-

---

230) ebd., S. 34

231) ders., „Schritte z. K. B.", a.a.O., S. 11 f.

232) Maharishi M. Y., „Gita", S. 183

des der Relativität zugleich mit dem Zustand des absoluten Seins umfaßt. Der-
gestalt ist dieser Zustand, daß der Geist in ewiger Freiheit lebt, ungebunden
durch jegliche Erfahrung in den Aktivitäten der relativen Welt. Dieses Freisein
von der Gebundenheit durch die Erfahrung gibt dem Geist den Status kosmi-
schen Bewußtseins, einen Stand ewiger Freiheit in allen relativen Lebenszu-
ständen — im Wachen, Träumen und Schlafen." (233)

„Gottesbewußtsein ist ein anderer Zustand, in dem solches Handeln von selbst
ausgeführt wird. Im Kosmischen Bewußtsein handelt ein Mensch, der im kos-
mischen Leben gegründet ist, als Individuum. Im Zustand des Gottesbewußt-
seins erfolgt die im Licht Gottes stehende Tätigkeit des einzelnen auf einer Ebe-
ne, die der Ebene kosmischer Tätigkeit entspricht. Der Mensch lebt also die
ewige Einheit des Lebens bei aller Tätigkeit." (234)

In diesen Ausführungen drückt sich immer noch eine gewisse Beziehung
zwischen göttlichem Geist und individuellem Geist aus. Vergleicht man
jene Darlegungen allerdings mit Aussagen von „Gouverneuren", die von
den von Maharishi M. Y. 1977 ins Leben gerufenen Siddhi-Kursen berichten, so klingen diese ganz anders.

„Es gab mir das Gefühl einer Ganzheit, von der ich wußte, daß sie nicht wieder
entfernt werden konnte. Rein physisch fühlte ich mich wie in der Wiege zweier
riesiger Arme, die mich umsorgten. Ich fühlte mich in Licht gebadet. Vorher hat-
te ich das Verlangen besessen, meinen Gott zu erkennen, und nun hatte ich dies
gewährt bekommen. Diesem folgte ein Verschmelzen und während dies geschah
war mir, als wenn mir gesagt würde: 'Akzeptiere Deinen wahren Zustand. Es
gibt nichts vor dem Du Dich verbeugen könntest, denn Du bist Das.' Der Rest
der Meditation wurde in vollkommener Glückseligkeit verbracht. Nichts
konnte es stören, denn es war alles in mir enthalten." (235)

Es gibt keinen Gott mehr vor dem man sich zu beugen hätte, denn man ist
selbst Gott. Hier wird die „Vergottung" des Menschen erneut in extremer
Form deutlich.

233) ders., „Wis. v. S.", S. 233

234) ders., „Gita", S. 261

235) ders., „Creating an Ideal Society", SRM Publ. 1976, S. 80

Swami Narayananda — Gottesverwirklichung

Swami Narayananda setzt die Reihe der Verkünder des Identitätsbewußt-
seins fort.

*„Nur wenn der Geist zu seinem Ursprung zurückgeführt wird, verschmilzt er
mit dem individuellen Bewußtsein; und in ähnlicher Weise verschmilzt das individuelle Bewußtsein, wenn es weiter zurückverfolgt wird, mit dem allumfassenden Höchsten Ozean des Bewußtseins an sich. Mit dem Erreichen von Nirvikalpa Samadhi kommt es also nicht zum Verlust oder Abbruch des Bewußtseins — nur das individuelle Bewußtsein löst sich auf —, so daß das Bewußtsein an sich ununterbrochen fortdauert." (236)*

Nach der Auflösung des individuellen Bewußtseins stellt sich die Frage,
wenn von der Fortdauer des Bewußtseins gesprochen wird, von was und
von wem Bewußtsein existiert?

Konsequenterweise führt Narayananda die Kette seiner Gedanken fort bis
zur menschlichen Allmacht.

*„Gott ist die Ursache aller Ursachen. Er ist der Herr aller Herren, das Wissen
allen Wissens. Er ist der erste Urgrund, und alles, was existiert und wahrgenommen wird, ist seine Wirksamkeit. Allein im Samadhi kann er verwirklicht
werden, und damit erschließt sich dem Menschen ein Wissen um alles im gesamten Universum. Daher kommt es, daß ein Mensch mit Gottverwirklichung
allmächtig, allgegenwärtig und allwissend wird." (237)*

Ein Anspruch, den nicht einmal Christus und Buddha von sich erhoben haben und deren Beweis bis heute von niemandem erbracht wurde.

---

236) S. Narayananda, „Das Geheimnis von Prana . . .", Frbg. 1976, S. 32
237) ders., „Samadhi", a.a.O., S. 23

Paul Brunton — Licht und Leere

Auch in der Auffassung Bruntons spielt das Licht in der mystischen Erfahrung eine bedeutende Rolle. Brunton zitiert einen Meister, den er im Himalaya traf, der ihm gegenüber folgende Aussage machte:
„Das letzte Ziel einer Trance (Verzückung) ist eine Gottesvision als Licht zu erleben. Dieses Leuchten ist von derartiger Stärke, daß man durch die starke Einwirkung auf die optischen Nerven erblinden würde, würde man es plötzlich erleben, ohne richtig darauf vorbereitet zu sein. — Mystiker, die das erleben, fühlen, daß sie in Licht förmlich gebadet sind; und sie alle erklären einmütig, daß dies die höchste Erkenntnis sei." (238)
Brunton kommentiert nun diese Erfahrungsschilderung, wobei er eine sehr eigenwillige Wertung vornimmt.
„Sie werden — da sie ja nicht durch einen kompetenten Lehrer esoterisch trainiert worden sind — in vielen Fällen berichten, Gott inmitten eines Lichtmeeres gesehen oder eine innere Stimme gehört zu haben oder aber auch, es seien ihnen inmitten des Lichtes bestimmte Dinge enthüllt worden. Mit anderen Worten: sie sehen das Licht nur als eine Vorbedingung an, als einen Zustand, innerhalb dessen sie glauben, nach etwas suchen und eine Form finden zu müssen, nämlich die Form Gottes. Sie wissen also nicht, daß das Licht selbst Gott war, und daß es demnach ganz unnötig war, ein Bild zu erwarten oder danach zu suchen oder eine Stimme zu vernehmen." (239)
Wenn davon ausgegangen werden kann, daß die Erfahrung Gottes eine unmittelbare Gewißheit mit sich bringt, die jeden Zweifel und jede weitere Suche nach Ihm ausschließt, so muß Bruntons Kritik an der „Suche nach der Form Gottes" zurückgewiesen werden. Gerade die Tatsache der Suche beweist die Existenz des Gesuchten. Wäre die Erkenntnis Gottes als unbeschreibliches Licht die letzte Erfüllung, so brauchte nach der „Form" nicht mehr gesucht zu werden, denn es gäbe gar kein Verlangen mehr, danach zu suchen. Die Lichterfahrung bedeutet daher keinesfalls die 'höchste' Gotteserfahrung, will man überhaupt diesen Begriff gebrauchen.

238) P. Brunton, „Entdecke d. S.", a.a.O., S. 29 f.
239) ebd., S. 30 f.

149

Brunton setzt sich auch mit der Lehre der Nicht-Existenz in einer absoluten Leere auseinander. Dabei führt er zutreffend aus, inwiefern es für den Denkenden unmöglich ist, diese „absolute Leere" zu denken, ohne zugleich sich selbst als in ihr existent zu denken und sie damit aufzuheben.

„Der Geist kann nicht mit Erfolg eine absolute Leere für sich darstellen, denn selbst, wenn er glaubt, daß er alles zu totaler Blankheit reduziert hat, ist immer noch er da, um diese Blankheit zu denken. In demselben Augenblick, da er die Leere denkt, füllt der Geist tatsächlich die Leere! Schon durch den bloßen Akt, da er erklärt, daß nichts vorhanden ist, stellt der Geist seine eigene Gegenwart fest. Durch die Behauptung, daß alles Finsternis ist, behauptet er die Existenz seines eigenen Lichtes. Wir können nicht an ein nichtexistierendes Ding denken, denn sogar, wenn wir erklären, daß es ein solches ist, so haben wir wenigstens die Vorstellung davon. Die Vorstellung einer absoluten Leere ist gleicherweise undenkbar, denn wenn auch alles andere ausgeschaltet würde, so wäre noch immer der denkende Geist vorhanden. Der metaphysische Sinn der Gedanken liegt im Denken! Die Tatsache, daß der Geist ein 'Nichts' zu sein scheint, ist nur Illusion, denn er ist die letzte unverrückbare Wirklichkeit, die übrig bleibt, wenn alles andere weggedacht wird. Die Vorstellung gänzlicher Nichtexistenz ist deshalb eingebildet und illusorisch. Die Idee absoluter Vernichtung ist gleicherweise illusorisch." (240)

Damit soll die Reihe der Schilderungen über die höheren Bewußtseinsstufen mit einer Verneinung der Nicht-Existenz der Individualität abgeschlossen werden.

Der Geist des Menschen, jenes unsterbliche, individuelle Wesen, für das der Körper nur eine vergängliche Hülle darstellt, vermag zu kosmischen Höhen aufzusteigen, zu Bereichen, die das sogenannte normale Alltagsbewußtsein kaum zu erahnen vermag.

Die Erweiterung seines Bewußtseins läßt dem Menschen die Gewißheit zuteil werden, ein Kind des Kosmos zu sein, dessen Erbe in herrlicher Vollkommenheit vor ihm ausgebreitet liegt. Der Weg der Gotteskindschaft ist das Geburtsrecht jedes Erdenmenschen, doch muß er ihn selber beschrei-

240) ders., „W. d. Ü.", a.a.O., S. 450 f.

150

ten. Den Weg zurück zu Gott kann ihm keine falsch verstandene Erlösung abnehmen.

Er darf aber die Gewißheit haben, von Vollkommenheit zu Vollkommenheit zu wandern, von Herrlichkeit zu Herrlichkeit, immer neuere Dimensionen der Unendlichkeit Gottes durchmessend.

Dabei wird er nie mit dem Ewigen, dem Einen verschmelzen. Nie wird das individuelle Bewußtsein des Gotteskindes sich auflösen im „Meer des Absoluten".

Es wird weiterschreiten von Verwirklichung zu Verwirklichung — wobei der erste Schritt auf diesem Weg jener zur Yoga-Praxis, zur Meditation sein kann.

X. Yoga und Meditation

Die Wissenschaft des Yoga in einem Buchkapitel auch nur umrißartig darstellen zu wollen, wäre ein von vornherein zum Scheitern verurteiltes Unterfangen. Angesichts der Fülle der unterschiedlichen Yoga-Richtungen müßte eine halbwegs erschöpfende Dokumentation sicher mehrere Bände umfassen.

Innerhalb dieser Arbeit kann nur aufgezeigt werden, wie die jeweiligen Yoga-Meister „ihren" Yoga-Weg verstehen, welche Schwerpunkte sie legen und in welcher Tradition sie stehen.

Eine kurze, aber präzise Zusammenstellung der Yoga-Wege gibt der englische Tibetforscher W. Y. Evans-Wentz in seinem Buch „Tibetan Yoga and Secret Doctrines":

Yoga-Gattung	Verleiht Herrschaft über	führt zu Yoga-Kontrolle von
I. Hatha Yoga	Atem	physischer Körper und Lebenskraft
II. Laya Yoga	Willen	Geisteskraft
1) Bhakti Yoga	Liebe	Macht der Göttlichen Liebe
2) Shakti Yoga	Energie	Energiekräfte der Natur
3) Mantra Yoga	Ton	Ton-Schwingungskräfte
4) Yantra Yoga	Form	Kräfte der geometrischen Form
III. Dhyana Yoga	Denken	Macht der Gedanken-Prozesse
IV. Raja Yoga	Methodik	Unterscheidungskräfte
1) Jnana Yoga	Erkenntnis	Verstandeskräfte
2) Karma Yoga	Aktivität	Handlungskräfte
3) Kundalini Yoga	Kundalini	psychischer Nervenkräfte
4) Samadhi Yoga	Selbst	Mächte der Ekstase

(241)

Außer diesen hier aufgezählten wird im folgenden Kapitel noch über Kriya-Yoga, Integralen Yoga, Siddha-Yoga und Zen-Yoga zu sprechen sein. Letz-

241) W.Y. Evans-Wentz, „Tibetan Yoga and Secret Doctrines", Oxford 1965, S. 33

tere sind aber in ihren wesentlichen Komponenten bereits in der Aufstellung von Evans-Wentz enthalten.

Innerhalb des berühmten 8-stufigen Yoga-Pfades kommt vor allem dem meditativen Aspekt zentrale Bedeutung zu, weshalb er auch in diesem Kapitel ausführlich behandelt wird.

Nicht alle der nachstehenden Lehrer haben eigene Yoga-Wege konzipiert, aber sie haben zumindest spezielle Hinweise gegeben, die hier berücksichtigt werden können.

Ramakrishna — Gottesverwirklichung und Siddhis

Die sogenannten übernatürlichen Yoga-Kräfte (Siddhis) bildeten immer wieder Gegenstand erregter Diskussionen und nicht zuletzt sie haben dazu beigetragen, den Yoga im Westen bekannt zu machen.

Ramakrishna hat mehrfach gegen die Versuche, bewußt Yoga-Kräfte zu erlangen, Stellung bezogen.

„Innewerdung Gottes ist nicht dasselbe wie Erlangung von psychischen Kräften (siddhi). Krishna sagte einmal zu Arjuna: 'Triffst du jemanden, der irgendeine der Yoga-Kräfte gebraucht, so wisse, daß er Gottes noch nicht innewurde. Denn die Anwendung dieser Kräfte setzt Ichsucht voraus, die der Innewerdung im Wege steht.

Wunderkräfte (siddhi) sind wie Unrat zu meiden. Sie kommen von selbst vermöge der religiösen Übungen (sadhana) und durch die Kontrolle der Sinne (samyama) und des Geistes. Wer aber seinen Sinn auf die Wunderkräfte richtet, bleibt daran haften und vermag nicht höher zu steigen'." (242)

Ramakrishna unterteilte den geistigen Weg in sieben Stufen:

1) Die Gemeinschaft der Heiligen.
2) Der Glaube und die Hingabe an geistige Dinge.
3) Die einfältige Hingabe an das Ziel.
4) Inbrünstige Gottesliebe.

242) Pelet, a.a.O., S. 39 f. und 41

5) Der Zustand sprachlosen Ergriffenseins bei dem Gedanken an Gott (bhava).

6) Mahabhava: der gesteigerte Bhava heißt Mahabhava. Der Gläubige lacht und weint abwechselnd wie ein Wahnsinniger. Er hat das Fleisch völlig bezwungen und ist sich seines Körpers nicht mehr bewußt. Diese Stufe wird von Jivas gewöhnlich nicht erreicht, sondern nur von Mahapurushas oder göttlichen Inkarnationen.

7) Preman, die leidenschaftliche Gottesliebe. Sie geht Hand in Hand mit dem Mahabhava. Die zwei Kennzeichen dieser Stufe sind: erstens, das Vergessen dieser Welt, zweitens ein Vergessen seiner selbst, das den eigenenen Körper einschließt. Dies führt den Frommen in die Gegenwart Gottes, und so erreicht er das Endziel des Lebens. " (243)

Befremdlich wirkt die Stufe 6. Berücksichtigt man allerdings das Leben Ramakrishnas, so erstaunt diese Einstellung nicht mehr, denn er, der „Narr Gottes", war das lebende Beispiel für Mahabhava. Die Berichte über wunderliche, aus westlicher Sicht vielfach völlig unverständliche Begebenheiten im Zusammenhang mit seiner Person sind äußerst zahlreich.

Ramakrishna beschränkte sich nicht allein auf den Yoga-Weg, um zu einer Gotteserfahrung zu gelangen, sondern von ihm wird überliefert, er habe das gleiche Ziel auch auf den mystischen Wegen anderer Religionen erreicht.

Vivekananda — Der Yoga der Offenheit

Vivekananda sprach sich für eine Entmystifizierung der Yoga-Lehre aus und steht damit in der Tradition westlicher „esoterischer" Geisteswissenschaftler, die seit Ende des 19. Jhdt. die Notwendigkeit der Offenheit betonen.

„Alles Geheimnisvolle und Rätselhafte in diesen Systemen des Yoga sollte sofort abgelehnt werden. Kraft ist der beste Führer im Leben. Verwerfen Sie in der Religion, und auch sonst, alles, was Sie schwächen könnte und halten Sie es sich

---

243) ebd., S. 110 f.

fern. Geheimnistuerei schwächt den menschlichen Geist. Durch sie wurde der Yoga — eine der großartigsten Wissenschaften — nahezu vernichtet. Seit seiner Entdeckung vor mehr als viertausend Jahren, wurde der Yoga in Indien in vollkommener Weise dargestellt, formuliert und gelehrt. Es ist auffallend, daß, je moderner der Kommentator ist, umso größer seine Irrtümer sind, während je älter der Schriftsteller ist, umso größer seine Weisheit ist." (244)

Vivekananda veröffentlichte Abhandlungen über Jnana-, Karma- und Raja-Yoga. Dabei kommt gelegentlich ein sehr asketischer Zug zum Vorschein, der eher einem Sannyasi als einem Hausvater und Karma-Yogi entspricht.

„Der yogin muß beständig üben. Er sollte versuchen, für sich allein zu leben, weil der Umgang mit den verschiedenartigsten Menschen den Geist verwirrt. Er sollte wenig sprechen, weil das Sprechen den Geist verwirrt, nicht viel arbeiten, weil zuviel Arbeit den Geist verwirrt; nach einem ganzen Tag angestrengter Arbeit hat man keine Gewalt mehr über die Denksubstanz." (245)

Vivekananda gab seinen Schülern zahlreiche grundlegende Ratschläge für ihren Yoga-Weg. So riet er ihnen zu einer maßvollen Ernährung; zur Vermeidung unnützen Geschwätzes und zur Lektüre von Büchern, die von wirklich Wissenden verfaßt wurden. Seine Hinweise zur Yoga-Praxis zielten auf einen Rückzug vom Lärm; der Wahl eines schönen, sauberen Ortes; einem Aussetzen der Yoga-Übungen bei körperlicher oder seelischer Krankheit und der ehrfürchtigen Verneigung vor den Yogis früherer Zeiten, dem Guru und Gott vor Beginn der Übungen.

Vivekananda äußerte sich auch zur Bedeutung des Mantras:

„Wie im wenigst differenzierten und zugleich allumfassenden Symbol OM Idee und Lautsymbol untrennbar sind, so sind sie auch bei den zahlreichen differenzierten Aspekten Gottes und der Welt untrennbar. Deshalb wird jeder dieser Aspekte durch sein eigenes Lautsymbol ausgedrückt. Diese Lautsymbole sind von erleuchteten Seelen in tiefster Versenkung wahrgenommen worden. Sie sind das Sinnbild und der nach Möglichkeit genaueste Ausdruck für den besonderen Aspekt Gottes und der Welt, für den sie stehen. Wie OM das undifferenzierte Brahman bezeichnet, so bezeichnen die anderen Mantras die differenzierten

---

244) Vivekananda, „Raja-Yoga", a.a.O., S. 14

245) ebd., S. 78

Aspekte des gleichen Wesens. Sie alle sind hilfreich für Meditation und Erlangung wahrer Erkenntnis. " (246)

In der Anwendung der Mantras unterschied Vivekananda drei Stufen; die wörtliche (= laute Wiederholung des Mantra), die halbwörtliche (nur Lippenbewegung) und die geistige (nur denkende Wiederholung), welche die höchste der drei Arten darstellt.

Vivekananda kommentierte ausführlich die Yoga-Sutras von Patanjali, doch würde es den Rahmen dieser Arbeit sprengen, ausführlich auf seinen Kommentar einzugehen. Der interessierte Leser sei hier auf die Lektüre von „Raja-Yoga" hingewiesen.

Tantrismus

Die Mantra- und Yantra-Lehre hat ihre ausführlichste Ausprägung im Tantrismus gefunden. Der Tantrismus hat im Westen zahlreiche Fehldeutungen erfahren, da man ihn als obskuren sexuellen Geheimkult betrachtete. Seit den 20er Jahren dieses Jahrhunderts ist jenes pauschale Fehlurteil einer differenzierteren Betrachtungsweise gewichen, zu der vor allem die Bücher von Arthur Avalon beigetragen haben.

Zum vertiefenden Studium dieses Gebietes sei auf die angeführten Bücher von Avalon, Bharati, Gupta und Hinze hingewiesen.

Zwei kurze Passagen aus dem Werk Avalons sollen aber an dieser Stelle zitiert werden, da sie von allgemeiner Bedeutung auch für dieses Kapitel sind. Es handelt sich um die Entstehung des Begriffes „Mantra" und seine geistige Bedeutung.

„Das Wort 'Mantra' stammt von der Wurzel 'man', der ersten Silbe von manana, denken. Es ist auch die Wurzel des Wortes 'Mensch', der allein unter allen Geschöpfen ein Denker ist. 'Tra' stammt von der Wurzel 'tra', denn das Mantra, das mit dieser Endung gesprochen wird, soll denjenigen retten, der es äußert und verwirklicht. Tra ist die erste Silbe von Trana oder Befreiung aus

246) ders., „Karma-Yoga", S. 189

Samsara. Die Verbindung von man und tra heißt Mantra. Dieses ruft die vier Ziele der Lebewesen, ebenso die Freude in der Welt und ewige Glückseligkeit in der Befreiung hervor. So ist das Mantra Gedanken-Bewegung, die vom Wort aufgenommen und ausgedrückt wird." (247)

„Ein Mantra hat nichts zwangsläufig Heiliges oder Andachtsvolles auf sich. Das Mantra ist eine unparteiische, für jeden Zweck brauchbare Wirkkraft." (248)

Die Anwendung eines Mantra in der Meditation eines Christen oder Juden, bedeutet für diesen nicht die Ausübung eines hinduistischen oder buddhistischen Rituals, auch nicht, wenn man die Mantras gewissen Gestalten der hinduistischen Mythologie zuordnet. – Hier liegen häufig große Mißverständnisse vor, möglicherweise auch bewußte Entstellungen.

Ramana Maharshi – Die Suche nach dem Selbst

Der Yoga Ramana Maharshis bestand im wesentlichen in der Frage: „Wer bin Ich?". Um diese drei Worte kreisen seine gesamten Lehren. Ziel des Yoga bedeutet Selbst-Erkenntnis und Selbst-Erkenntnis bedeutet Gottes-Erkenntnis.

„Das eigene Selbst erkennen, heißt Gott erkennen. Das wahre Wesen des Meditierenden nicht zu kennen und über Gott zu meditieren als vom eigenen Selbst gesondert, bedeutet, den eigenen Schatten mit dem Fuß messen zu wollen: Während man sich, messend, weiterbewegt, tut es auch der Schatten und entfernt sich weiter und weiter – sagen die Schriften. Daher ist die beste Meditation die über das Selbst, da das Selbst auch das Selbst aller Götter ist." (249)

Auf Befragen seiner Schüler gab Ramana Maharshi folgende Hinweise zur Meditationspraxis:

„Wer im Selbst verharren will, darf niemals abschweifen aus der in eine Spitze

247) A. Avalon, „Shakti", a.a.O., S. 303

248) ders., „Schlangenkraft", a.a.O., S. 55

249) Satyamayi, „R. Maharshi", a.a.O., S. 97

gesammelten Aufmerksamkeit auf das Selbst oder reine Sein, das er selbst ist. Schweift er ab, . . . so tauchen mannigfache innere Gesichte auf . . . Aber er soll sich von solchen Gesichten nicht in die Irre führen lassen, . . . auch nicht von Gesichten der personhaft erscheinenden Gottheit . . .

Beim Üben (sadhana) sollte man vornehmlich auf Viererlei achten: 1. wenn der Adept nur jeden Augenblick, den er mit eitlem Denken über Dinge, die das Nicht-Selbst bilden, vergeudet, in ernstlichem Erforschen und Ergründen des Selbst zubringen wollte, würde er sehr bald die Wirklichkeit des Selbst erleben. — 2. Bis das Gemüt einen festen Halt im Stande reinen Seins erlangt hat, ist es wesentlich, tiefe Meditation zu üben, die vom Überschwang frommer Hingabe durchtränkt ist, ausgehend vom innig vergegenwärtigten Bilde der Gottheit, in deren Kult der Fromme eingeweiht ist. . . . — 3. Der Adept soll seine Zeit nicht mit endloser Wiederholung von Formeln der heiligen Überlieferung verschwenden, wie 'shivo'ham', ich bin Shiva (der höchste Gott), oder 'aham brahmasmi', ich bin Brahman (das Unbedingte) . . . Statt dessen soll der Adept mit der Kraft, die er aus dem Wiederholen heiliger Worte und Sprüche und aus der andächtigen Verehrung der Gottheit schöpft, die Erforschung des Selbst betreiben . . . — 4. Der Vorzug dieser Art Übung vor anderen Wegen besteht wesentlich darin, daß der Adept auf keine Weise Vorstellungen, die sein Gemüt umlagert halten, den Spielraum gewährt, sich einzudrängen. " (250)

In diesen Ausführungen springt ein Widerspruch sofort unmittelbar ins Auge. Zum einen werden die Gesichte der personhaft erscheinenden Gottheit als Trugbilder gekennzeichnet, zum anderen aber sollen sie in „inniger Vergegenwärtigung" Ausgangspunkt der Meditation ein. Auf Trug basierende Meditation kann nicht erfolgreich sein.

Die Meditationshinweise R. Maharshis erscheinen dem westlichen Leser oft nicht sehr hilfreich. Diese Annahme wird noch unterstützt durch eine Aussage des ehemaligen Maharshi-Schülers P. Brunton, die an späterer Stelle angeführt wird.

---

250) Zimmer, a.a.O., S. 204

Aurobindo — Integraler Yoga

In der Wahl des Namens kennzeichnet Aurobindo bereits den Charakter seines Yoga-Weges. Er sollte eine Synthese aller traditionellen Yoga-Formen sein und in dieser Synthese zugleich eine neue Öffnung, ein Vorausschreiten zu einer höheren Stufe.

Aurobindos Yoga-System könnte in moderner Terminologie auch als „liberaler Yoga" bezeichnet werden, denn es ist ein Yoga-System der individuellen Freiheit, der individuellen Verantwortung und des Nicht-Dogmatizismus. Aurobindo versuchte das Neue seines Yogas in seiner Autobiographie in drei Punkten zu umreißen.

1) Yoga sollte keine Weltflucht sondern eine Weltumwandlung sein. Der Bewußtseinsaufstieg sollte vervollständigt werden durch die Herabkunftsidee.

2) Individuelle Verwirklichung und Verwirklichung der Erden- bzw. kosmischen Gemeinschaft sollen Hand in Hand gehen.

3) Auf den alten, traditionellen Yoga-Wegen aufbauend soll ein neuer Pfad beschritten werden.

„Unser Yoga ist kein Daherschreiten auf alten Wegen, sondern ein spirituelles Abenteuer." (251)

Aurobindos Liberalität kommt auch in seiner Beurteilung der klassischen hinduistischen Schriften zum Ausdruck, die er keineswegs als Ausdruck der absoluten Wahrheit versteht (wenn auch gelegentlich als höchste relative), sondern als Quelle der Wahrheit und Weisheit, die objektiv zu prüfen sind, aber nicht als dogmatische Lehrbücher „göttlicher Offenbarung" gelten sollten.

„Der Sadhaka des Integralen Yoga soll sich daran erinnern, daß kein geschriebenes shastra mehr sein kann als nur ein teilweiser Ausdruck des ewigen Wissens, wenn auch seine Autorität noch so groß und sein Geist noch so umfassend ist. Er wird es also verwenden; er wird sich aber an keine, auch nicht an die höchste Schrift binden. Wo die Schrift tief, weit und umfassend ist, kann sie auf

---

251) Aurobindo, „On Himself", a.a.O., S. 109
„Our Yoga is not a retreading of old walks, but a spiritual adventure."

ihn Einfluß zum höchsten Guten ausüben und von unberechenbarer Wichtig-
keit sein. Sie mag sich in einer Erfahrung mit seinem eigenen Erwachen zu über-
ragenden Wahrheiten und mit seiner Realisation der höchsten Erlebnisse ver-
einigen. Sein Yoga kann lange Zeit hindurch von einer einzelnen oder mehreren
Schriften nacheinander bestimmt werden. Wenn der Yoga der Linie der großen
Hindu-Tradition folgt, kann das etwa durch die Gita, die Upanishaden oder
den Veda geschehen. Ein großer Teil der Entwicklung des Yogin kann in seinem
Material auch eine reich variierte Erfahrung der Wahrheiten vieler Schriften
umfassen; so kann er seine Zukunft durch all das bereichern, was das Beste in
der Vergangenheit ist. Schließlich muß er aber doch seinen eigenen Standpunkt
einnehmen; oder besser: er soll, wenn er es vermag, immer und von Anfang an
unabhängig von der geschriebenen Wahrheit in seiner eigenen Seele leben, über
allem stehend, was er je hörte und noch zu hören bekommt. Denn er ist nicht der
Sadhaka eines Buches oder vieler Bücher; er ist der Sadhaka des Unendlichen."
(252)

Der „Sadhaka des Unendlichen", mit dieser Bezeichnung könnte Aurobindo die Bezeichnung für den geistig Strebenden des 3. Jahrtausends n. Chr.
gefunden haben!

In der Yoga-Tradition wird dem Guru häufig gewaltige Bedeutung zugemessen. Der Guru wird zur Verkörperung Gottes, zum allein die Seligkeit
verleihenden allmächtigen Lehrer. Nachfolgende Abschnitte dieses Kapitels werden dafür noch Zeugnis ablegen.

Aurobindo versteht den Lehrer des Integralen Yoga als „Kind unter Kindern".

„Auch das soll Kennzeichen für den Lehrer des Integralen Yoga sein, daß er
nicht für sich in einem menschlich eitlen und sein Ich hervorhebenden Sinn den
Anspruch erhebt, ein guru zu sein. Wenn er ein Werk zu leisten hat, ist es ihm
von oben her anvertraut. Er selbst ist dessen Kanal, sein Träger oder Repräsen-
tant. Er ist ein Mensch, der seinen Brüdern hilft; ein Kind, das Kinder anleitet;
ein Licht, das andere Lichter anzündet; eine erwachte Seele, die andere Seelen
erweckt; im besten Falle ist er eine Macht oder Gegenwart Gottes, der andere
Mächte Göttlichen Wesens zu diesem beruft." *(253)*

252) ders., „Sy. d. Y.", a.a.O., S. 65

253) ebd., S. 77

Idealisierte bsw. Vivekananda noch stark den Yogi der Askese, so erteilt Aurobindo dieser Vorstellung eine klare Absage:

„Wenn man das Wesen des Integralen Yoga und seine Bedingtheit so versteht, daß er durch die geistigen Mittel vorwärtsgehen und sich der integralen Transformation der Natur widmen muß, wird seine Antwort auf die Frage nach den gewöhnlichen Aktivitäten des Lebens und nach ihrem Platz im Yoga von selbst deutlich.

Es gibt hier überhaupt keinen asketischen, kontemplativen oder mystischen Verzicht auf das Wirken und auf das Leben und kann es hier auch gar nicht geben. Es wird also kein Evangelium verkündet, man solle ganz in der Meditation und Inaktivität aufgehen, die Kraft des Lebens und seine Betätigungen ausschalten, es verdammen oder seine Manifestationen in der Erdennatur ablehnen. Für den Suchenden mag es zu gewissen Zeiten notwendig sein, daß er sich in sich selbst zurückzieht, in sein inneres Wesen versunken bleibt und den Lärm und Wirrwarr des Lebens der Unwissenheit von sich fernhält, bis er eine gewisse Umwandlung erlangt und etwas errungen hat, ohne das eine weitere starke Einwirkung auf das Leben schwierig oder unmöglich ist. Dabei kann es sich aber nur um eine zeitlich begrenzte Notwendigkeit oder um eine vorbereitende geistige Maßnahme handeln. Das kann nie die Regel seines Yoga oder dessen Prinzip sein." (254)

Aurobindos Auffassung von der Herabkunft des Göttlichen läßt ihn auch zu einer Ablehnung traditioneller meditativer Methoden kommen. Er sieht seinen Yoga-Weg in einer Hinwendung und Öffnung gegenüber der Göttlichen Kraft, deren Herabkunft der Meditierende in Hingabe erhofft.

„Die Sadhana dieses Yoga geht nicht durch eine festgelegte mentale Lehre vonstatten oder durch vorgeschriebene Formen der Meditation, durch mantra oder andere Dinge, sondern durch Streben, durch nach innen oder oben gerichtete Konzentration, durch das Sich-Öffnen für einen Einfluß, für die Göttliche Macht über uns und ihr Wirken, für die Göttliche Gegenwart im Herzen und durch die Zurückweisung all dessen, was diesen Dingen fremd ist. Und allein durch Glauben, Streben und Hingabe kann dieses Sich-Öffnen erfolgen." (255)

254) ebd., S. 198 f.

255) ders., „Briefe über den Yoga II", a.a.O., S. 134

161

Abschließend verdient ein Vergleich Aurobindos zwischen dem Yoga und Gita — wie er ihn versteht — und dem Yoga-System Pantanjalis Beachtung.

„Aber dieser Yoga ist auch nicht das Yoga-System des Patanjali. Denn dieses ist eine rein subjektive Methode von Raja-Yoga, eine innere Disziplin, begrenzt, scharf umrissen, streng und wissenschaftlich abgestuft, durch die das Mental fortschreitend stillgelegt und in dem Samadhi emporgehoben wird, damit wir den zeitlichen und ewigen Lohn dafür bekommen, daß wir unser Ich überwinden: den zeitlichen in einer weiten Ausdehnung des Wissens und der Kräfte der Seele; den ewigen in der Einung mit dem Göttlichen. Der Yoga der Gita ist demgegenüber ein umfassendes, biegsames, vielseitiges System mit verschiedenartigen Elementen, die alle durch eine Art natürlicher lebendiger Anpassung miteinander in Einklang gebracht werden. Von diesen Elementen ist der Raja-Yoga nur eines und nicht das wichtigste und vitalste. Dieser Yoga verwendet keine strikte und wissenschaftliche Stufenfolge; vielmehr ist er ein Prozeß von natürlicher Seelen-Entfaltung. Indem er einige Prinzipien von subjektiver ausgeglichener Ruhe und von aktivem Handeln verwendet, will er eine Erneuerung der Seele und eine gewisse Umwandlung, ein Emporsteigen oder eine neue Geburt aus der niederen Natur in die göttliche zustande bringen. Entsprechend ist die Vorstellung der Gita von Samadhi völlig verschieden von der gewöhnlichen Auffassung der Yoga-Ekstase. Und während Patanjali dem Wirken nur eine anfängliche Bedeutung für die sittliche Läuterung und religiöse Konzentration beimißt, geht die Gita soweit, daß sie das Wirken zum besonderen Kennzeichen des Yoga macht. Handeln ist für Patanjali nur eine vorläufige, für die Gita eine dauernde Grundlage. Im Raja-Yoga muß es praktisch beiseite gelassen werden, wenn sein Ergebnis erlangt ist, zumindest hört es bald auf, ein Mittel für den Yoga zu sein. Für die Gita ist es ein Mittel zum höchsten Aufstieg und dauert auch nach der völligen Befreiung der Seele noch fort." (256)

In seiner Betonung des aktiven Handelns entspricht Aurobindo ganz dem Auftrag vom Dienst am Nächsten, sofern er heute von christlicher Seite noch verstanden und praktiziert wird, und stellt damit, angesichts der zen-

256) ders., „Gita", S. 71

tralen Bedeutung in seiner Lehre, für indische Verhältnisse ein gewisses Novum dar.

Yogananda — Kriya-Yoga

Yogananda sieht im Kriya-Yoga eine Yoga-Methode, die in ihrer Neugestaltung eine Wiederbelebung uralter Weisheit darstellt. Im Kriya-Yoga wird u. a. eine intensive Atemarbeit betrieben.

„Kriya-Yoga ist eine einfache, psychophysiologische Methode, mit Hilfe deren dem menschlichen Blut Kohlendioxyd entzogen und Sauerstoff zugeführt wird. Diese zusätzlichen Sauerstoffatome werden in einen 'Lebensstrom' verwandelt, der das Gehirn und die Rückenmarkszentren neu belebt. Dadurch, daß der Yogi die Anhäufung venösen Blutes verhindert, kann er den Verfall der Zellen reduzieren oder sogar aufheben. Ein fortgeschrittener Yogi verwandelt seine Körperzellen in reine Energie. Elias, Jesus, Kabir und andere Propheten der Vergangenheit waren Meister im Kriya oder einer ähnlichen Technik, die es ihnen ermöglichte, ihren Körper beliebig zu materialisieren oder zu entmaterialisieren.

Kriya ist eine uralte Wissenschaft, die Lahiri Mahasaya (Guru von Sri Yukteswar) von seinem großen Guru Babadji empfing. Dieser hatte die im frühen Mittelalter verlorengegangene Technik wiederentdeckt, neu formuliert und ihr die einfache Bezeichnung 'Kriya-Yoga' gegeben.

'Der Kriya-Yoga, den ich der Welt in diesem 19. Jahrhundert durch dich übergebe', sagte Babadji zu Lahiri Mahasaya, 'ist eine Wiederbelebung derselben Wissenschaft, die Krishna vor mehreren Jahrtausenden Arjuna vermittelte und die später auch Patanjali und Christus sowie Johannes, Paulus und anderen Jüngern bekannt wurde'." (257)

„Diese größte aller heiligen Schriften Indiens weist zweimal (B. Gita IV, 29 + V, 27—28) unmißverständlich auf eine Yogatechnik hin (die einzige, die in der Bhagavad Gita erwähnt wird und der Babadji den einfachen Namen Kriya-

257) Yogananda, „Autob.", S. 252 f.

Yoga gab), d. h. sie enthält nicht nur sittliche, sondern auch praktische Lehren. " (258)

Bezeichnend für die indische Mentalität ist der Umstand, im Kriya-Yoga nun *die* uralte Yoga-Weisheit zu sehen. Von anderen Yoga-Meistern werden wir die gleiche Überzeugung in Bezug auf ihre Yoga-Technik zu hören bekommen. Es bleibt schwer begreiflich, warum etwas Gutes gleichzeitig das allein Wahre aller Zeiten sein muß.

„Der Kriya-Yogi lernt, seine Lebenskraft geistig in einem Bogen um die sechs Rückenmarkszentren auf- und abwärts kreisen zu lassen (das Mark-, Nacken-Herz-, Lenden-, Kreuzbein- und Steißbeinzentrum) — die den zwölf astralen Tierkreiszeichen, d. h. dem symbolischen Kosmischen Menschen, entsprechen. Diese eine halbe Minute lang um das empfindsame Rückenmark des Menschen fließende Energie bewirkt einen subtilen Fortschritt in seiner Evolution; denn eine halbe Minute Kriya entspricht einem Jahr natürlicher geistiger Entwicklung." (259)

Yoga stellt unbezweifelbar ein Mittel für geistigen Fortschritt dar. Ob sich dieser gleich in Relation von ½ Minute zu 1 Jahr ausdrücken läßt, sei hier dahingestellt.

Kriya-Yoga wurde von Lahiri Mahasaya, dem Guru Sri Yukteswars, in vier Einweihungsstufen unterteilt, wobei die Entscheidung über eine Einweihung in den Händen des Meisters lag, der die Entwicklung seines Schülers beobachtete.

Yogananda hat den Kriya-Yoga in den Westen gebracht und in ein für westliche Menschen praktikables System gekleidet.

Nach seinem Tod wurden seine Lehren von der Self-Realization-Fellowship (SRF) weiterverbreitet, die für Interessenten auch über Lehrbriefe erhältlich sind.

258) ebd., S. 494
259) ebd., S. 255

P. J. Saher — Zen-Yoga

Im Rahmen seiner Arbeit zu Vivekananda geht Saher auch auf die Etymologie des Wortes Zen ein.

„Das Wort Zen ist Wiedergabe des chinesischen 'Ch'an' oder Chaanana, was wiederum nur eine chinesische Wiedergabe ist von dem Sankrit-Fachausdruck für Meditation im Raja-Yoga, nämlich von dhyana, dem 7. Glied des acht-gliedrigen Raja-Yoga.“ (260)

Eine historische Erforschung der meditativen Techniken Asiens würde sicherlich interessante Entwicklungslinien von den alten indischen Rishis und ihrer Weisheit zum heutigen Zen aufzeigen können.

Den Begriff Zen-Yoga bildete Saher allerdings aufgrund des Auffindens einer Yoga-Tradition, deren Ursprung er in Lemuria ansiedelt. Auch berichtet er u. a. in seinem Buch über „Zen-Yoga“ über das Zusammentreffen mit einem Zen-Yoga-Adepten, der für den Leser ein wenig den Eindruck der grauen Yoga-Emminenz erweckt.

Die Darlegungen über Zen-Yoga sind im Vokabular einer spezifizierten Psycho-Kybernetik gehalten, die durch Ausdrücke aus dem Wirtschaftsmanagement noch zusätzlich verfremdet werden.

Die Ausführungen über die Methoden des Zen-Yoga enthalten im Ganzen gesehen keine größeren Neuigkeiten, sie decken sich mit dem bisher bekannten Gedankengut des traditionellen Yoga. So z. B. der Vorgang der bewußten Kontrolle der auftretenden Gedankenketten.

„Zur gleichen Zeit, genauso wie wir Nahrung aufnehmen, um den Körper gesund zu halten, sollten wir die 'Nahrung der einfließenden Impulse' nehmen und nicht emotionale oder sexuelle Verlangen durch bestimmte 'Verleugnungs-Praktiken' hindern. Es gibt einen Weg diese Impulse auszuwählen. Wir können ihr Einfließen, ihre Wirkungen und Reaktionen und die Befriedigung oder Über-Zügellosigkeit dieser Verlangen notieren, in Anbetracht der emotionalen, mentalen und sexuellen Neigungen. Dies bringt ein Studium und eine Methodik mit sich, und der wissenschaftliche Zugang zu diesem Studium wurde

---

260) P. J. Saher, „Cr. Mystik“, a.a.O., S. 143 (Anm.)

165

*von den alten Weisen Zen oder Yoga genannt; woraus kombiniert Zenoga
wird."(261)*
Sahers Buch über Zen-Yoga enthält auch mehrere Abbildungen über spirituelle Sachverhalte, die in ihrer Form stark von anderen bildlichen Darstel-
lungen gleicher Thematik abweichen.

Gopi Krishna — Yoga und Mantras

Gopi Krishna weist in seinen Büchern vielfach darauf hin, Yoga müsse die
natürlichen Enwicklungsvorgänge im menschlichen Organismus be-
schleunigen, d. h., es müsse zu einer Umbildung des Gehirns, zu einem
höheren Bewußtseinszustand kommen.

*„Meiner Meinung nach umfaßt Yoga unterschiedliche Methoden zu Verwand-
lung des Bewußtseins. Das wahre Ziel des Yoga ist nicht, eine Hemmung in
dem normalen Ablauf der Gedanken durch ununterbrochene Versuche der
Konzentration zu veranlassen, sondern neue Bereiche der Erkenntnis im Gehirn zu öffnen, die imstande sind, einen übermenschlichen Bewußtseinszustand zu verwirklichen. Einige moderne Autoren sind der Ansicht, daß die
zum erforderlichen Grad ausgebildete Konzentrationsübung es dem sadhaka
ermögliche, sowohl die von außen kommenden wie die unbewußten, in den
Geist von innen her eindringenden Sinneseindrücke fernzuhalten und in diesem Zustand der Freiheit das Transzendente zu erfahren, geben ein höchst ver-
zerrtes Bild von den Vorgängen, die Yoga auslöst, oder von dem höchsten Zustand, zu dem es führt. Es gibt zur Zeit noch keine Übereinstimmung zwischen
den Grundregeln des Yoga und den Begriffen der modernen Psychologie. Des-*

---

261) ders., „Zen-Yoga", Delhi 1976, S. 30

„At the same time, just as we take food so that the body is healthy we should take the incoming
food of impulses and not inhibit the emotional or sex appetites by certain 'denial' practices.
There is a way to select such impulses. We can note their incoming, their effects and reactions
and the satisfaction or over-indulgence of these appetites in respect to the emotional, mental
and sex appetites. This involves a study and a method and the scientific approach to this study
is termed by ancient sages as Zen or Yoga; which, combined = ZENOGA."

halb kann kein Versuch, das eine in den Begriffen des anderen zu erklären, zu einem Verständnis der Ursachen führen, auf die Yoga zurückgeht. Das Ziel des Yoga ist die Beschleunigung eines natürlichen Vorganges, der im menschlichen Organismus schon am Werk ist: die Umbildung des Gehirns zu einem höheren Bewußtseinszustand. " (262)

Die geistig-seelische Komponente wird von Gopi Krishna hierbei nicht angesprochen. Höheres Bewußtsein wird mit höherer Gehirnfunktion gleichgesetzt, eine Parallelisierung, deren Berechtigung zumindest umstritten sein dürfte.

An zahlreichen Stellen seiner Schriften setzt sich Gopi Krishna mit der Bedeutung von Mantras auseinander. Dabei kommt er stets zu einer radikalen Verneinung ihrer Wirksamkeit, sieht in ihnen einen Placebo-Effekt.

„Das bloße Hersagen eines mantra jedoch kann nicht beschleunigend auf den evolutiven Vorgang einwirken, wenn dieser nicht von Schulungen und Tugenden begleitet ist, die notwendige Elemente des geistigen Fortschritts sind. Wenn man ein mantra oder mandala bejaht und sich danach richtet, kann es für den Erfolg günstige Bedingungen schaffen. Wir wissen aus Erfahrung, daß ein Placebo, eine chemisch unwirksame Pille, die einem Patienten vom Arzt als spezielles Mittel gegen seine Krankheit gegeben wird, heilen kann.
Die wirksame Ursache aber ist nicht das mantra oder die Medizin, sondern der Glaube an die Wirkung. Es ist Selbstbeeinflußung. Dieselbe Wirkung kann man mit Quacksalberei, Zauberei und Amuletten erreichen. Die Wirksamkeit eines mantra, eines Kurpfuschermittels, eines Talismans beruht hauptsächlich auf Beeinflussung oder Autosuggestion. " (263)

Die Bezeichnung „Kurpfuschermittel" würde von Tantrikern und anderen Vertretern des Mantra-Yoga sicherlich entschieden zurückgewiesen.

Zu den Bija-Mantras, den sogenannten 'Samenmantras', mit denen sich vor allem Avalon in seinen Werken beschäftigte, führt Gopi Krishna aus:

„Die bija-Mantras sind ebensowenig zu erklären. Sogar die Natur der Klänge, die aus den mantras hervorgehen — ham, vam, yam, lam, tham etc. —, sind ein deutliches Zeichen dafür, daß sie erdichtet wurden und ebenso unwirk-

---

262) Gopi Krishna, „Dimensionen", a.a.O., S. 17 f.

263) ders., „Höh. Bewußtsein", a.a.O., S. 76

lich sind wie die herrschenden Shaktis und die Buchstaben des Alphabets.
Man kann leicht herausfinden, daß die Mantras der Art wie aim, hrim, krom,
srim, svaha oder hrim, srim, krim, parameshvari svaha (Mahanirvana-Tan-
tra VI. 72—74 und 82) oder andere auf dem tantrischen Weg benutzte, zwei-
fellos hypnotischer Art sind. " (264)

Hier stellt Gopi Krishna eine unbewiesene Behauptung auf, denn Ver-
gleichsuntersuchungen von Hypnose und Mantra-Yoga zeigen deutliche
Unterschiede.

Die undifferenzierte Kritik Gopi Krishnas bleibt aber an dieser Stelle nicht
stehen, sondern zieht weitere verlgeichende Kreise.

„Selten bedenken die Schüler, daß ein Guru, der in ihr Ohr ein mantra haucht
und sie in einer bestimmten Weise das Meditieren lehrt, mit dem Befehl, dieses
täglich zu wiederholen, um solche oder andere Ergebnisse zu erlangen, ohne ihr
Wissen eine Suggestion tief in ihr Unterbewußtes einpflanzte und mit ihnen in
gleicher Weise verfährt wie Geistheiler oder Psychiater mit der Masse ihrer Pa-
tienten, die sich in ihre Kliniken drängen oder sich zur Behandlung um sie scha-
ren. Die Schüler, die nach Yoga oder dem Okkulten verlangen und sich dabei
nicht auf eigene Bemühungen unter der Anleitung eines Führers verlassen,
zeigen eine geistige Schwäche in der völligen Abhängigkeit von ihrem Lehrer
auf dem Weg zur Erneuerung, mangelnde Charakterstärke und einen ungesun-
den Durst nach dem Göttlichen. Wer der Meinung ist, er könne die höheren Be-
wußtseinszustände auf diese Weise oder durch Annahme irgendeiner unge-
wöhnlichen oder leichten Methode erreichen, betrügt sich selbst und wirft in-
direkt einen Schatten des Zweifels und des schlechten Rufs auf diese alte Wis-
senschaft. " (265)

Die äußerste Zweifelhaftigkeit und unreflektierte Pauschalität dieser These
wird sich im direkten Vergleich mit Lama Govinda besonders deutlich erweisen.

264) ders., „Dimensionen", S. 67 f.
265) ebd., S. 90

Lama Anagarika Govinda — Schöpferische Meditation

Aufgrund seiner eigenen langjährigen Erfahrung kommt Lama Govinda zu völlig anderer Einschätzung der Mantras als Gopi Krishna. Er steht dabei mit seiner Überzeugung im Einklang mit den Forschungen von A. Avalon.

Spricht Gopi Krishna die Anwendung von Mantras nur geistig Schwachen und unkritischen Yoga-Anhängern zu, so fordert Lama Govinda im Gegenteil den geistig reifen Menschen, der allein für eine zutreffende Anwendung des Mantra geeignet sei.

„Der Aberglaube, daß die Wirksamkeit eines Mantra von seiner Betonung abhänge, ist eine direkte Folge der von europäischen, 'wissenschaftlich' sein wollenden Dilettanten aufgestellten Vibrationstheorie, die die Wirkungen geistiger Schwingungen mit den Auswirkungen physikalischer 'Tonwellen' verwechseln. Wenn die Wirksamkeit der Mantras von der richtigen Betonung abhinge, dann müßten in Tibet alle Mantras ihren Sinn und ihre Wirkungskraft verloren haben, denn sie werden dort nicht nach den Lautregeln des Sanskrit ausgesprochen, sondern Tibetisch (z. B. nicht: OM MANI PADME HUM, sondern OM MANI Peme HUM).

Das bedeutet, daß die Kraft und die Wirkung eines Mantra abhängig sind von der geistigen Haltung, dem Wissen, der Verantwortlichkeit und der seelischen Reife des Individuums. Der 'shabda' oder Ton eines Mantra ist kein physikalischer Ton (obwohl er von einem solchen begleitet sein mag), sondern ein spiritueller. Das Ohr kann ihn nicht hören, wohl aber das Herz. Der Mund kann ihn nicht hervorbringen, wohl aber der Geist.

Mantras sind also keine 'Zauberworte', wie selbst namhafte Gelehrte des Westens immer wieder behaupten, d. h. sie wirken nicht kraft ihrer eigenen Natur, sondern nur durch das Medium des sie erlebenden Geistes. Ihnen selbst wohnt keine Macht inne; sie sind nur ein Mittel, bereits vorhandene Kräfte zu konzentrieren, — so wie ein Brennglas, das selbst keine Hitze enthält, aber bei richtiger Anwendung die an sich harmlosen Sonnenstrahlen zur flammenentfachenden Glut zusammenfassen kann.“ (266)

266) L. A. Govinda, „Tib. Mystik", a.a.O., S. 16 f.

Auch Gopi Krishnas Vorwurf der Selbsthypnose weist Lama Govinda entschieden zurück.

„Mantras sind weder magische Beschwörungsworte, deren innewohnende Macht die Gesetze der Natur aufhebt, noch sind sie Formeln für die psychatrische Therapie oder zur Selbsthypnose. Sie besitzen keine irgendwie ihnen eigene Macht, sondern sind Mittel zur Erweckung und Konzentrierung bereits vorhandener Kräfte der menschlichen Psyche. Sie sind archetypische Laut- und Wortsymbole, die ihren Ursprung in der natürlichen Struktur unseres Bewußtseins haben. Sie sind darum nicht willkürliche Schöpfungen individueller Initiative, sondern entstehen aus der kollektiven oder allgemein menschlichen Erfahrung, modifiziert allein durch kulturelle oder religiöse Tradition." (267)

Allein dieser geistesgeschichtliche Rückbezug vermag die Begründung zu liefern, warum die Mantra-Tradition sich über die Jahrtausende hinweg erhalten und in unterschiedlichsten Schulen und Bewegungen ständig eine Neubelebung erfahren hat.

Lama Govinda vergleicht das Mantra auch mit dem Koan, das in der Zen-Meditation angewandt wird, zieht ersteres aber aufgrund seiner unmittelbareren Wirksamkeit vor.

„Ein Mantra — ähnlich einem KOAN — widersteht jeder Rationalisierung, hat aber dem KOAN gegenüber den Vorteil, gleich zu einer unmittelbaren Erfahrung zu führen und es nicht wie bei jenem dem Zufall zu überlassen, ob eine solche zustandekommt. Auch hat jedes Mantra eine spezifische Richtung, die den Sadhaka in immer tiefere Bewußtseinsbereiche führt — unabhängig davon, ob er die höchste Verwirklichung erreicht oder nicht. Und was noch wesentlicher ist: Es kann niemals in die Irre führen, da es nicht die Lösung eines Problems erstrebt, sondern die Auflösung der Hindernisse und Hemmnisse, das Lösen der Knoten, in die wir uns wie in einem Netz bewußt oder unbewußt durch unsere Wünsche, unsere Vorurteile und die sich akkumulierenden Auswirkungen unseres vielfältigen Verhaftetseins verfangen haben.

Jeder Gedanke schafft einen neuen Gedanken, und jede Antwort wirft eine neue Frage auf. Nur wenn unsere Gedanken zur Ruhe kommen und unser Bewußtsein wieder den Zustand reinen Leuchtens und Empfindens gewinnt, öffnen

---

267) ders., „Schöpf. Med.", a.a.O., S. 92

sich die Tore der großen Mysterien des Geistes, und die ganze Fülle der Kraft und Realisation kommt über uns. " (268)

Von dieser letzten Aussage her kann eine Brücke zu Aurobindos Idee der Herabkunft geschlagen werden. Lama Govinda zielt mit seinen Ausführungen in die gleiche Richtung, wobei er dem Mantra die Funktion des 'Gedankenberuhigers' zumißt. Das Instrument Mantra schafft durch seine Brennspiegel-Tätigkeit die Voraussetzung für die „Öffnung der Mysterien-Tore". Lama Govinda vergleicht den Yoga-Weg hinduistischer Prägung mit der buddhistischen Meditation. Seine Hauptintention bildet dabei die Hervorhebung des kreativen Einsatzes des Meditierenden.

„Der Zweck der buddhistischen Meditation ist darum nicht, bloß in den Zustand der Unerschaffenheit zurückzusinken, in einen Zustand völliger Beruhigung mit leerem Geist; es ist nicht eine Regression ins Unbewußte oder eine Erforschung der Vergangenheit, sondern ein Vorgang der Transformation oder der Transzendierung, in dem wir uns der Gegenwart völlig bewußt werden und mit ihr der unbegrenzten Macht und Möglichkeiten des Geistes, zu Meistern unseres Schicksals zu werden durch die Pflege jener Qualitäten, die zur Verwirklichung unserer zeitlosen Natur führen: zur Erleuchtung.

Statt uns also der Betrachtung einer Vergangenheit hinzugeben, an der wir nichts ändern können und auf die wir nicht den geringsten Einfluß haben, säen wir in der Meditation die Samen endgültiger Befreiung und gestalten damit schon jetzt die Körper zukünftiger Vollendung nach dem schöpferischen Bild unserer höchsten Ideale. " (269)

Lama Govinda ruft zur Suche nach der verlorenen Ganzheit des Menschen auf. Der Verlust der Innerlichkeit, der dem Menschen des Westens immer schmerzlicher bewußt wird, kann nur durch eine neue Verbindung von äußerer und innerer Welt kompensiert werden.

Nicht Weltflucht, sondern tiefere Welterkenntnis stellt das Ziel der Meditation dar.

268) ebd., S. 103
269) ders., „Der Weg der weißen Wolken", München 1976, S. 181 f.

Swami Muktananda — Siddha-Yoga

Swami Muktananda verkörpert den Anhänger des Guru-Kultes par excellence. Der Guru wird nicht mehr als weiser Führer, als „Kind unter Kindern", wie dies Aurobindo sehr schön formulierte, verstanden, sondern der Guru wird mit göttlicher Vollmacht ausgestattet. Der Siddha-Yoga, so wie er von Muktananda gelehrt wird, basiert ganz auf der Figur des Guru.

„Nur die Eingeweihten wissen um seine (Siddha-Yoga) Geheimnisse. Dies ist der Pfad der Siddhas. Siddha-Guru und ihre Nachfolger sind in ihren Mitteilungen sehr zurückhaltend. Dieser Yoga setzt einen Siddha-Guru voraus, der durch shaktipat (Übertragung geistiger Kraft) erwecken kann, und einen Schüler, der dieses Segens würdig ist.

Siddha-Yoga ist ein Weg, auf dem der Guru des Schülers inneres shakti, kundalini genannt, durch einen yogischen Vorgang, shaktipat genannt, aufweckt. Dies bewirkt in dem Schüler verschiedene innere Erfahrungen, die am Ende durch Ausübung geistiger Disziplinen bei unbegrenzter Hingabe an den Guru zum Ziel einer verwirklichten Gott-Erkenntnis führen. Erfahrungen, die denen des shaktipat ähnlich sind, gibt es auch in anderen Yoga-Disziplinen. Das mantra oder andere von einem Guru gegebene Gebetsformen bzw. -übungen bringen ebenfalls ihre Früchte. Shaktipat oder Erweckung der kundalini kann sogar ohne einen Guru vorkommen. Zum Beispiel kann das innere shakti oder kundalini auch durch Entsagung aktiviert werden, durch mantra-Wiederholung, Hingabe oder intensivsten Gottesdienst, durch Einfluß eines Gurus in einem früheren Leben oder als Spätfolge eines unvollendeten sadhana in einer vorausgegangenen Existenz. Es kann sogar geschehen, daß jemand die Einweihung durch einen Heiligen oder eine Gottheit im Traum erhält. Wenn dann der Betreffende keine Kenntnis von diesen Dingen hat oder sein Guru in diesem Yoga nicht vollkommen ist, so wird er in solchen Fällen die Bedeutung seiner Erfahrungen nicht erkennen und deshalb kaum Fortschritte darauf aufbauen können, folglich auch keine innere Befriedigung erlangen." (270)

Der Guru ist göttlich, und nur durch seine Hilfe kann Verwirklichung erlangt werden. (Eine ähnlich starke Betonung des Guru findet sich auch bei

---

270) S. Muktananda, „Spiel", a.a.O., S. 14 f.

172

Kirpal Singh; vgl. „Elixier", S. 98 ff. und 132 ff.). Der Guru überträgt seine 'Göttlichkeit' auf den Schüler, der nur über ihn ebenfalls zur 'Göttlichkeit' gelangen kann.

„(Nur wenn der Guru zufriedengestellt ist, werden bleibende himmlische Kräfte erlangt. Sonst werden es keine wahren Kräfte, sondern nur kurzlebige Illusionen sein.) Du magst Dein Mantra unaufhörlich wiederholen, strenge Übungen auf Dich nehmen, stundenlang meditieren, im Wohltun freigiebig sein, umständliche Opfer darbringen oder in dem heiligen Ganges untertauchen, aber niemals wirst Du Verwirklichung erreichen, solange des Gurus Segen dazu fehlt. " (271)

Diese bis zum Exzeß führende kultische Verehrung des Guru kann zu den groteskesten Handlungsweisen führen. Muktanandas eigene Schilderung über sein Verhältnis zu seinem Meister legt dafür beredtes Zeugnis ab.

„Mittags durfte niemand in Bhagwan Nityanandas Küche kommen. Niemand konnte als prasad erhalten, was er übriggelassen hatte, selbst wenn man darum bat. Ich suchte mir deshalb den Winkel, wo Kariyanna Shetty und Monappa, Bhagwans Köche, nach dem Abwasch die Küchenabfälle wegzuwerfen pflegten. Abends stahl ich mich dorthin, um fröhlich einige Brocken des weggeworfenen Essens als prasad zu verzehren. Ich strich auch den Staub von Bhagwans Sitz ab und rieb mich damit ein. So verstärkte sich meine saguna Anbetung, Verehrung und Meditation über Nityananda von Tag zu Tag. Niemals ließ ich kritische Gedanken über meinen Guru aufkommen, stellte nicht sein Tun infrage, noch ließ ich mich auf Diskussionen über ihn ein, gleichgültig von welcher Seite sie kamen. Hin und wieder bekam ich Gelegenheit, seine geheiligten Glieder zu massieren oder seine Füße zu berühren. So wuchs meine Hingabe zu ihm beständig, wurde mein Glaube gestärkt und meine Verehrung vertieft. " (272)

Diese absolut kritiklose Unterwürfigkeit, die jedes eigene, selbständige Denken ausschaltet, läßt die Guru-Herrschaft faschistische Züge annehmen. Jeglicher Form menschlichen Mißbrauchs wird unter Berücksichtigung dieser Yoga-Doktrin Tür und Tor geöffnet.

271) ebd., S. 261
272) ebd., S. 88

Sri Rajneesh — Dynamische Meditation

Die Meditationsformen des jetzt in den USA lebenden ehemaligen Philosophie-Professors Sri Rajneesh lassen sich nicht in einem Begriff überschreiben. Der Ausdruck „Dynamische Meditation" wurde gewählt, weil dies die verbreitetste Bezeichnung von Rajneeshs meditativen Techniken ist. Er bietet verschiedene meditative Wege an, die ein Konglomerat alter Yoga-Tradition und westlicher Psychologie darstellen. Gruppentherapeutische Elemente und Aspekte der „Urschrei-Lehre" tauchen ebenso auf wie Kundalini-Yoga und Derwisch-Tänze.

Unter die zweite Rubrik fallen bsw. die „Dynamische Meditation", die „Kundalini-Meditation", „Nataraj" (tanzende Meditation), „Whirling" (Sufi-Tanz) und „Mandala-Meditation".

Bei all diesen Formen wird besonders auf eine Bewußtwerdung des Körpers abgezielt, daher wird viel mit Bewegung gearbeitet.

Neben diesen mehr auf Aktivität abgestimmten Formen, greift Rajneesh aber auch auf Meditationstechniken der Stille zurück. Darunter fallen u. a. „Nadabrahman Meditation" und „Gourishankar-Meditation".

Rajneesh hat viele alte Yoga-Lehren in sein sehr eigenwilliges neues Konzept gekleidet. Wieweit er damit alte Weisheit entstellt oder von überflüssigen Anhängseln befreit hat, darüber im Detail zu urteilen, kann hier nicht der Ort sein.

Neben den genannten Yoga-Formen greift Rajneesh stark auf den Tantrismus zurück. Die Lenkung der sexuellen Energien ist ein von ihm häufig behandeltes Thema. Nicht zuletzt dieser Aspekt hat dazu geführt, daß seine Person in der Beurteilung sowohl von indischer wie von europäischer Seite sehr umstritten ist.

Maharishi Mahesh Yogi — Transzendentale Meditation

Durch die Transzendentale Meditation (TM) des Maharishi M. Y. hat Mantra-Yoga im Westen die weiteste Verbreitung gefunden. Dabei hat die weitgehende Entkleidung der TM von aller indischen Tradition sicher zu dieser wesentlich beigetragen. Der „normale" TM-Praktizierende weiß weder um die Abstammung der TM aus der Shankara-Tradition, noch um ihre Verbindung zum Tantrismus oder um weitere kulturelle und geistesgeschichtliche Bezüge. Maharishi M. Y. unternahm allerdings auch keinerlei Aktivitäten, um dieses Erkenntnisloch aufklärend zu stopfen. Grundprinzip der TM ist die Erkenntnis, daß der Geist stets zur ihm angenehmsten Seinsebene wandert. Umgesetzt auf das Denkprinzip des Menschen bedeutet dies, der Geist muß zur Quelle der Gedanken (= Quelle des Seins) zurückgeführt werden, da dies — so Maharishi M. Y. — die Quelle der Glückseligkeit ist.

„Es ist die natürliche Tendenz des Geistes, sich zu einem Bereich größeren Glücklichseins hingezogen zu fühlen. Da in der Übung der transzendentalen Meditation der bewußte Geist der Erfahrung des transzendentalen, absoluten Seins zugewendet wird, dessen Natur Seligkeitsbewußtsein ist, findet der Geist den Weg dorthin in dem Maße gesteigert anziehend, als er in Richtung der Seligkeit fortschreitet. Der Geist wird bezaubert und dadurch zur Erfahrung des transzendentalen Seins geführt.
Die Übung ist angenehm für jede Art von Geist. Wie immer der Entwicklungszustand des Strebenden ist, sei er emotional entwickelt oder intellektuell fortgeschritten, sein Geist wird auf jeden Fall durch die ihm innewohnende Tendenz, sich zu einem Bereich größeren Glücklichseins zu begeben, einen Weg finden, den subtilsten Zustand des Denkens zu überschreiten (transzendieren) und in der Seligkeit des absoluten Seins anzulangen. Diese Übung ist deshalb nicht nur einfach, sondern auch vollkommen automatisch." (273)
Durch die denkende Verwendung eines Mantra soll der Geist in feinere Ebenen geführt werden, bis er auch diese letztlich übersteigt und so den transzendentalen Bereich betritt. Bei Maharishi M. Y. steht also die *Mach-*

---

273) Maharishi M. Y., „Wis. v. S.", S. 61

barkeit des Eindringens in die Transzendenz im Vordergrund, während bei Aurobindo und Lama Govinda in dieser Frage mehr der „Herabkunfts-Gedanke" dominierte; wobei dem meditativen Vorgang der Gnadenaspekt ergänzend zur Seite gestellt wird.

Maharishi M. Y. leitet den Ursprung der TM aus dem 45. Vers des II. Kapitels der Bhagavad Gita her. Interessant ist dabei der Umstand, daß Yogananda als einzige in der Gita erwähnte Yoga-Technik den Kriya-Yoga betrachtet, während Maharishi M. Y. wiederum von diesem in der Gita nichts erwähnt sieht. Er stellt dann auch fortschreitend TM als den einzigen unmittelbaren Weg zu reiner Bewußtheit dar:

„Hier darf hinzugefügt werden, daß nur durch TM, die der unmittelbare Weg zum reinen Bewußtsein ist und schließlich zum Gottesbewußtsein führt, absolute Reinheit im täglichen Leben gelebt werden kann." (274)

Andere Meditationsgemeinschaften, die die gleiche oder eine ähnliche Meditationstechnik wie Maharishi M. Y. lehren, wertet er insofern ab, als er behauptet, nur die von ihm ausgebildeten TM-Lehrer seien im Besitz der ursprünglichen Kenntnis über die Anwendung und Wirkungsweise der Mantras.

„Wenn ich über diese Punkte spreche, die die Mantras betreffen, sollten sie auch erfahren, daß es Tausende von Leuten in der ganzen Welt gibt, die Kenntnis von Tausenden Mantras haben, die in Indien von Autoren vieler Bücher niedergeschrieben wurden. Richten sie sich nicht nach dem, was diese Leute über die Mantras oder über die Meditation sagen, die von der SRM (= Spiritual Regeneration Movement) in den verschiedenen Teilen der Welt verbreitet wird; denn diese Leute besitzen nicht das erforderliche Wissen, weder um das richtige Mantra auszusuchen, noch um sie zu einer unmittelbaren Erfahrung transzendentalen Glückseligkeitsbewußtseins durch die Anwendung des Mantra zu lei-

---

273) Maharishi M. Y., „Wis. v. S.", S. 61
274) ders., „Gita", S. 296

ten. Sie kennen nicht die geistigen Grundlagen der tiefen Meditation, wie sie in den verschiedenen Ländern durch Zentren der SRM gelehrt wird. " (275)

An dieser Stelle sollte vielleicht erwähnt werden, daß bsw. Ananda Marga und der Sufi-Orden der TM sehr ähnliche Meditationssysteme besitzen (Was die Bedeutung Transzendentaler Meditation natürlich keineswegs mindert.). Der Ausschließlichkeitsanspruch stellt ein eigentümliches psychologisches Moment dar. Offensichtlich können bestimmte Menschen Einen spirituellen (oder auch politischen etc.) Weg nur dann gehen, wenn sie die Empfindung haben, im Besitz des „absoluten Heils" zu sein. Man mag es innere Schwäche oder fehlende Persönlichkeitskraft nennen. Hinzu kommt meistens noch eine mehr oder weniger große Intoleranz und ein falsch verstandenes Sendungsbewußtsein, die mit diesem Phänomen Hand in Hand gehen.

Paul Brunton — Yoga und Aktivität

Den Aussagen Bruntons über Yoga und Meditation muß insofern besondere Bedeutung zugemessen werden, da er als Engländer lange Zeit intensiv Leben und Lehren asiatischer Yoga-Meister studierte und aus eigener Erfahrung eine Einordnung des Lebens als Yogi in einer westlichen Gesellschaftsform vollziehen kann. Dabei kommt er zu bemerkenswerten Schlußfolgerungen.

„Auch nur in der brodelnden Unruhe der Städte kann der Yogi die in der Einsamkeit erworbenen Kräfte unter Beweis stellen. Nur im geschäftigen Treiben

---

275) ders., „Meditations of M. M. Y.", New York 1968, S. 187 f.

„When I speak on these points concerning the mantra, you should also know that there are thousands of people all over the world who are aware of thousands of mantras written in India by writers of many books. Do not go by what they say about the mantras or about the meditation propagated by SRM-Movement in different parts of the world for they do not possess the necessary knowledge either to select the right mantra or to lead you to the direct experience of the Transcendental Bliss Consciousness by the use of the mantra. They do not know the ideology of deep meditation as taught in different countries by the meditation centres of the SRM."

der Großstädte mit ihren unzähligen Versuchungen wird er erkennen, ob seine geistige Entwicklung wirklich echt ist und die Prüfungen besteht.

Ich halte den für den wahren Yogi, der sich nur zeitweilig in die entlegene Einsamkeit der Natur zurückzieht und nicht immer dort lebt. Suche die Einsamkeit, aber übertreibe sie nicht."

„Ich war schließlich zu dem Schluß gezwungen, daß die Erreichung der vollkommenen Weisheit dem Menschen nie aus einer mystischen Einsiedelei erwachsen, sondern nur eine synthetisch vollkommene Kultur Hoffnung auf ihre Erringung bieten könne." (277)

Es ist erneut der Ruf nach der Ganzheit. Verinnerlichung und Handlung müssen gleichwertige Pole werden. Aus der Kraft innerer Inspiration heraus muß sich sinnvolles Wirken zum Wohle der Gemeinschaft ergeben.

„Ich wurde plötzlich gewahr, daß die Mystik allein nicht genügte, den menschlichen Charakter zu ändern oder auch nur in Zucht zu halten und seinen sittlichen Maßstab einem befriedigenden Ideal anzunähern. Sie war unfähig, sich wirkungsvoll mit dem Leben in der äußeren Welt zu verbinden. Die Kluft war zu tief, um übersehen werden zu können. Selbst die gefühlsmäßige Erhebung durch mystische Ekstase — so wunderbar beglückend sie auch ist — ist flüchtig in Erscheinen und Wirkung und erwies sich als ungenügend, den Menschen für dauernd zu bessern. Die Geringschätzung der meisten Mystiker für praktisches Tun und die Abneigung gegen das Übernehmen persönlicher Verantwortung hinderte sie daran, die Wahrheit ihrer Erkenntnisse und den Wert des Erreichten zu überprüfen — sie blieben sozusagen über dem Boden der Wirklichkeit schweben. Ohne das heilsame Gegenmittel der aktiven Teilnahme am Weltgeschehen blieben sie im Ungewissen darüber, ob sie in einem Reich unfruchtbarer Selbst-Halluzination lebten oder nicht." (278)

Aus dieser Erkenntnissituation heraus kann es nicht verwundern, wenn Brunton eine Lebensstufe erreichte, auf der ihm die Führung eines Ramana Maharshi nichts weiter geben konnte.

„Doch eines Tages fand ich mich aufs neue in der alten Position des Wartens vor

---

276) P. Brunton, „Als Einsiedler im Himalaya", München 1975, S. 135
277) ders., „Phil. d. W.", a.a.O., S. 15
278) ebd., S. 16 f.

einer scheinbar verschlossenen Schranke. Meine Verbindung mit dem Maharishi half mir nicht, sie zu überwinden. " (279)

Es war eine Trennung zweier Wege. Brunton war nicht gewillt, als Preis für den Yoga den Verzicht auf die Welt zu zahlen. Nicht aus Weltlichkeit, sondern aus Mitverantwortlichkeit. Hier begegnet Brunton dem Boddhisattva-Ideal Lama Govindas, dem Verzicht auf eigene spirituelle Glückseligkeit um des Dienstes am Nächsten willen.

Es war deshalb immer Bruntons Intention, in seinen Schriften den Menschen einen Yoga-Weg aufzuzeigen, der sie nicht zum Einsiedler umfunktionieren sollte. Er wählte dabei Übungsformen, die sich im Umfeld von Gedankenkonzentration und kontemplativer Hingabe bewegen. (Vgl. „Weg nach Innen" und „Das Überselbst".)

Wie schon eingangs angedeutet konnte dieser Überblick nur fragmentarisch sein. Mancher Leser mag einen Hinweis auf „seinen Meister" vermißt haben. Dies hat seinen Grund darin, daß dessen Ausführungen zum Thema Yoga und Meditation sich im Gleis der Tradition bewegten und daher hier keinen eigenen Akzent zu setzen vermocht hätten oder aber sich der Kenntnis des Verfassers entzogen, wofür er den geschätzten Leser um Nachsicht ersucht.

Ein wesentlicher Fakt sei noch einmal hervorgehoben. Allen Behauptungen verschiedener Yoga-Meister, „ihr" Yoga sei der allein wahre und selig machende, der schnellste, vollkommenste und in der heiligsten Tradition stehende, sollte mit großer Skepsis begegnet werden; denn alle widersprechen sich gegenseitig und schließen einander aus. Es kann auch hier nur die Maxime gelten, alles zu prüfen und das Beste zu behalten (sprich zu praktizieren).

---

279) ebd., S. 26 f.

XI. Samadhi

Am Endziel aller Yoga-Wege steht Samadhi als höchster Preis.
In der Klassifizierung des Samadhi werden allgemein zwei Formen unterschieden — Savikalpa-Samadhi und Nirvikalpa-Samadhi. Im Savikalpa-Samadhi, dem Samadhi-Zustand „mit Unterschied" erfährt der Yogi Gott noch als von sich unterschieden, während er im Nirvikalpa-Samadhi, „ohne Unterschied", in ihm aufgeht. Diese Definition stellt allerdings keineswegs eine allseits akzeptierte, sondern nur eine allgemein verbreitete Auffassung dar. Samadhi wird in mannigfacher Weise beschrieben, wobei sich manchmal zwei Positionen diametral entgegengesetzt gegenüberstehen. Allerdings herrscht eine gewisse Einheit in der Auffassung, Nirvikalpa-Samadhi als höchsten Zustand menschlicher Erkenntnis zu betrachten.
Von einigen Yoga-Meistern wird der Nirvikalpa-Samadhi auch als der „Samadhi ohne Wiederkehr" beschrieben, denn die Rückkehr aus diesem „Aufgehen im Einen" könne nur durch ein Wunder geschehen. Dieser Auffassung neigte bsw. Ramakrishna zu.
„Das ist noch nicht die letzte Stufe, da über diese zeitlich bedingte Offenbarung hinaus es noch die höchste Realisation gibt, die absolute Identität, welche in dem Nirvikalpa-Samadhi (in der größten Ekstase) erlangt wird. Aber letztere ist Menschen vorbehalten, die ihre Aufgabe im Leben erfüllt haben: es ist die äußerste, verbotene Seligkeit, denn aus ihr gibt es keinen Rückweg ins Leben — außer im Falle ganz ausnahmsweiser Kräfte, wie sie Ramakrishna beschieden waren. Er weiß nur zu gut, daß jene in einem früheren Gleichnis erwähnten 'Puppen von Salz' bei der ersten Berührung mit den Wogen des Ozeans schmelzen müssen. Wer Identität mit der Einzigen Wirklichkeit erreichen will, könnte nur durch ein Wunder zurückkehren." (280)
Nach der hier dargelegten Überzeugung Rollands war Ramakrishna ein solches „Wunder".

---

280) Rolland, „Ramakrishna", a.a.O., S. 186

Samadhi geht einher mit der Empfindung von Saccidananda (Sat = Sein; Chit = Bewußtsein; Ananda = Glückseligkeit), einer Glückseligkeit, deren Erfahrung überwältigend ist, so überwältigend, daß alle gekannten Formen menschlichen Glücks daneben verblassen. Zugleich erweckt die Samadhi-Erfahrung eine unsagbare Sehnsucht, die nur zeitweilige Erfahrung zum immerwährenden Bewußtsein werden zu lassen. Ramakrishna versuchte dies in einem Gleichnis auszudrücken:

„Mein Kind, stelle Dir vor, es steht ein Sack voll Gold in meinem Zimmer und ein Dieb im Nebenzimmer, glaubst Du, dieser Dieb kann schlafen? Er kann es nicht. Er wird immerfort nachdenken, wie er in den Raum eindringen und sich des Goldes bemächtigen kann. Glaubst Du, daß ein Mensch, überzeugt, daß es eine Wirklichkeit gibt, hinter allen diesen Empfindungen, daß es einen Gott gibt, der niemals stirbt, einen, der eine unendliche Fülle von Seligkeit gibt, Seligkeit, im Vergleich, mit der die Vergnügungen der Sinne nur Spielzeug sind, zufrieden bleiben kann ohne zu kämpfen, um sie zu erlangen? Kann er seine Anstrengungen auch nur auf einen Augenblick aussetzen? Nein. Er wird wahnsinnig vor Sehnsucht." (281)

„An diesem Punkt tritt die Gefahr des Samadhi hervor, wenn er nicht von einer starken Persönlichkeit verwirklicht wird. Das Überwältigende der Glückseligkeitserfahrung kann zu einer rauschhaften Gier führen, diesen Zustand wieder zu erreichen, wobei die Umwelt und die Mitmenschen völlig vergessen werden. Samadhi darf nicht zu spirituellem Egoismus führen, sondern zu lichtspendendem Handeln in der Welt.

Eine sehr bemerkenswerte Aussage über Nirvikalpa-Samadhi wird von Ramakrishnas zweitem Lieblingsschüler — neben Vivekananda — Swami Brahmananda überliefert.

„Laßt euch nicht täuschen und meint nicht, ihr hättet Gott gesehen, wenn ihr in der Versenkung dieses strahlende Licht wahrnehmt. Nur in vollkommener Einung mit Gott, in Nirvikalpa-Samadhi, verlöscht das Bewußtsein jeder Zweiheit. Manche sagen, dieser Zustand sei das höchste und letzte religiöse Erlebnis; ich aber glaube, er ist erst der Anfang." (282)

281) Vivekananda, „Mein Meister Ramakrishna", Lorch 1958, S. 25

282) Swami Prabhavananda, „Der ewige Gefährte — Brahmananda, sein Leben und seine Lehren", Zürich 1950, S. 238

In dieser Überzeugung ging er selbst über seinen Meister hinaus, der eben jener zuneigte, Nirvikalpa-Samadhi sei der Gipfel spirituellen Erlebens. Er steht damit am Anfang einer neuen Richtung, die auch und gerade die Samadhi-Erfahrung des Menschen in eine kosmische Relation rückt und ihres „Absolutheitsanspruches" entkleidet.

Ramana Maharshi allerdings vertritt diesen Absolutheitsanspruch noch. In der ersten Samadhi-Stufe ist der Geist lebendig; in Licht versunken; liegt wie ein Eimer am Seil in der Tiefe des Brunnens; und kann mittels des anderen Seilendes wieder heraufgezogen werden.
In der zweiten Samadhi-Stufe (nirvikalpa) ist der Geist tot; im Selbst aufgegangen; wie ein Fluß, der, im Meer aufgegangen, seine Identität verloren hat. Ein Fluß kann aus dem Meer nicht zurückgeholt werden. (283)
Sahaja-Samadhi, von Ramana Maharshi als höchste Form des Nirvikalpa-Samadhi aufgefaßt, beinhaltet für ihn: Verlust der Identität, Auflösung, Aufgehen im kosmischen Einen.

Sri Aurobindo versteht unter Samadhi die Umwandlung vom Seinszustand der Getrenntheit zu dem der Vereinigung mit Gott. Samadhi vollzieht sich ausschließlich auf der inneren Ebene, während die äußeren Wahrnehmungsbereiche ruhen.
„Vielmehr verstehen wir unter samadhi, daß wir in dem Einen und Unendlichen unsere sichere Existenz gewinnen, daß wir mit ihm geeint und identisch werden und daß dieser Status bleibt, ob wir im Wachzustand verharren, in dem wir der Form der Dinge bwußt sind, oder uns in die innere Aktivität zurückziehen, die sich mit dem Spiel der Prinzipien der Dinge, mit dem Spiel ihrer Namen und typischen Formen befaßt, oder ob wir uns zu dem Zustand einer statischen Innerlichkeit erheben, wo wir bei den Prinzipien selber und beim Prinzip aller Prinzipien, dem Keim von Namen und Form, anlangen. (Das sind die Zustände des Wachseins, des Traumes und des Schlafes der Seele.) Die Seele nämlich, die zum wesenhaften samadhi gelangt und in ihm ihren festen Stand gewonnen hat, hat das gewonnen, was die Grundlage jeder Erfahrung ist. Sie

283) vgl. R. Maharshi, „Gespräche 1", a.a.o., S. 217 (Spalte II und III.)

kann nicht mehr darunter absinken, welche Erfahrung auch auf sie einwirken
mag, die sonst einen Menschen verwirrt, der noch nicht bis zu diesem Gipfel
emporgekommen ist. " (284)
Nirvikalpa-Samadhi definiert Aurobindo als Trance-Zustand, in dem es zu
einem völligen Verlassen des Körpers kommt.

„Nirvikalpa samadhi ist gemäß der Überlieferung eine Trance, aus der man
nicht erweckt werden kann, nicht einmal durch Feuer oder Brand, das heißt eine
Trance, in der man den Körper vollkommen verlassen hat. Wissenschaftlicher
ausgedrückt ist es eine Trance, in der es keine Gestaltung oder Bewegung des Be-
wußtseins gibt und man sich in einen Zustand verliert, aus dem man keinen
Bericht zurückbringen kann — außer, daß man sich in Seligkeit befand."
(285)
Die Identifizierung von Nirvikalpa-Samadhi mit der Trance taucht für den
westlichen Leser überraschend auf, da dem Nirvikalpa-Samadhi vergleichbare Erfahrungen auch von christlichen Mystikern überliefert sind, ohne
daß diese sich in Trance befanden.

Beim Eintauchen in höhere geistige Sphären muß ein neuer Bewußtseins-
träger aufgebaut werden, der zu seiner Konstituierung eine stark ausgepräg-
te Individualität benötigt. Die vielfache Verneinung der Bedeutung individueller Existenz durch östliche Meister könnte dazu geführt haben, daß deren Persönlichkeitsträger nur schwach oder gar nicht aufgebaut waren, was
die Ursache zu einer Erfahrung der „Auflösung im Einen" bildete. Anscheinend besteht die Gefahr, bei einem zu frühen Erlangen von Samadhi-Er-
fahrungen, den eigentlich zu vollziehenden Umwandlungsprozeß des Bewußtseins nur ungenügend oder mit Fehldeutungen durchzuführen.

Welche Wege ein Yogi gehen muß, der im Nirvikalpa-Samadhi seine physische Hülle für immer verläßt — gewissermaßen in Eigenverantwortung
seine Inkarnation beendet — mag hier unerörtert bleiben.

In der Beurteilung von Yogananda stellen sich die beiden Samadhi-Formen
anders dar als bei Aurobindo.

284) Aurobindo, „Sy. d. Y.", S. 338
285) ders., „Briefe über den Yoga II.", S. 370 f.

„Im Savikalpa-Samadhi vereinigt sich der Gottsucher vorübergehend mit dem GEIST, kann das kosmische Bewußtsein aber nur im unbeweglichen Trance-zustand erleben. Durch ausdauernde Meditation erreicht er schließlich den höheren Zustand des Nirvikalpa-Samadhi, in dem er seine Gotteswahrnehmung auch dann nicht verliert, wenn er sich frei umherbewegt und seinen täglichen Pflichten nachgeht.

Im Nirvikalpa-Samadhi werden die letzten Reste des irdischen Karmas getilgt. Dann aber verbleibt noch ein gewisses astrales und kausales Karma, das den Yogi zwingt, astrale und später kausale Körper auf höheren Schwingungsebenen anzunehmen." (286)

Sah Aurobindo den Trance-Zustand im Nirvikalpa-Samadhi, so setzte Yogananda ihn im Savikalpa-Samadhi an.

Bedeutsam an Yoganandas Darlegung ist die Kontinuität geistigen Fortschritts, die sich in ihr ausdrückt. Der höhere Samadhi-Zustand drückt keinen höheren Grad von „Auflösung" aus, sondern bedeutet „Gottesverwirklichung und Aktivität". Damit läßt sich auch die Absage an den Yoga-Eremiten begründen, der nur zeitweise die Einsamkeit suchen sollte, um dann in der Welt zu wirken.

Als wesentlich verdient noch die Verbindung von Nirvikalpa-Samadhi und Karma festgehalten zu werden. Nirvikalpa-Samadhi symbolisierte damit in seiner Erreichung gleichzeitig die Auflösung irdischen Karmas und bedeutete den Aufstieg in höhere geistige Lebensbereiche.

Abstrahiert man den Anflug von Mechanismus auf geistiger Ebene, so mag die Verwirklichung von Nirvikalpa-Samadhi ein Indiz für einen bestimmten Weg sein, der zurückgelegt wurde, gewissermaßen eine Wegmarke auf dem Pfad zurück ins Licht.

Die aufgezeigte unterschiedliche Beurteilung der Samadhi-Zustände belegt handgreiflich die nachstehende Aussage von Gopi Krishna über die Relativität in der Beurteilung höherer Bewußtseinszustände durch die Yoga-Meister.

„Es ist also offensichtlich, daß das stereotyp festgelegte Ziel des unbewegten und

---

286) Yogananda, „Autob.", S. 423 (Anm. 1)

unveränderlichen Bewußtseinszustandes, den Patanjali erwähnt, nicht für alle zutrifft. In den Yoga-Sutras wird Ishvara nicht als allmächtiger Schöpfer des Universums, als höchste Quelle und Zuflucht alles Seienden angenommen, sondern als eine Art höheres Überselbst, das ernsthaften Suchern hilft, durch Yoga-Praxis moksha, Befreiung, zu erlangen. Dieser Begriff des Höchsten steht im Widerspruch zum Brahman der Vedanta, zum Shiva der Shiva-Anhänger und zum Vishnu des Vishnu-Kultes in Indien. Eine solche Abweichung in der Vorstellung der transzendenten Wirklichkeit, die von der im samadhi erfahrenen Schau abhängt, ist ein nicht zu widerlegendes Zeugnis für die Tatsache, daß die übersinnliche Erfahrung, selbst der höchsten Yoga-Meister der Vergangenheit, nicht die gleiche war, sondern unmißverständlich selbst in Hinsicht auf die grundlegenden Wahrheiten abwich.“ (287)

Die irdische Relativität in der Beurteilung von Samadhi muß dann auch umgesetzt werden in eine kosmische Relativität von irdischen Erfahrungsstufen und kosmischen Gegebenheiten.

„Der Gedanke, daß der Mystiker oder Yogi in dem ekstatischen Zustand von samadhi nicht den Schöpfer oder das Absolute erschaut, sollte kein Schock für die religiös Eingestellten sein. Tatsächlich wäre die gegenteilige Ansicht ein viel größeres Sakrileg, weil es keinen Grund gibt anzunehmen, daß der Mensch in all seiner Gebrechlichkeit und seinen begrenzten Denkmöglichkeiten den Gipfel der Evolution erreicht habe und es nun keine Zwischenstufen der Vollendung und Intelligenz mehr gäbe zwischen ihm und dem allmächtigen Schöpfer des Weltalls. Mystiker und Yoga-Heilige sind über diese wichtige Frage selbst geteilter Meinung. Von unserer gegenwärtigen Kenntnis der Ausdehnung des Universums und der bedeutungslosen Stellung der Erde aus ist es schwerer, die Behauptung aufrechtzuerhalten, daß im Zustand der Vereinigung der Kontemplative den unvorstellbar mächtigen Herrn dieser Schöpfung, den einzigen Erhalter der zahllosen Sonnen und Planeten, die Zuflucht der zahllosen Lebensformen im gesamten Weltall zu begreifen, zu erblicken oder sich mit ihm zu identifizieren vermag, als zu erklären, daß der mystische Zustand oder turiya nur eine andere Stufe darstellt auf der Leiter der Entwicklung, die den Menschen auf eine höhere Bewußtseinsebene hebt — eine Stufe, auf der eine ge-

---

287) Gopi Krishna, „Dimensionen“, S. 16 f.

waltige Verstärkung seiner Beobachtungskraft stattfindet und neue Kanäle der Wahrnehmung sich öffnen, die durch das normale Bewußtsein nicht sichtbar werden. " (288)

Gopi Krishna deutet dann Samadhi trotz seines Relativierungsbestrebens als die Begegnung mit dem persönlichen Gott.

„Die Erfahrung von samadhi, die Yogis und Heilige beschreiben, ist ein Sturz in das Unendliche, ein Tauchen in die unmeßbaren Tiefen eines Meeres von grenzenlosem Bewußtsein oder die Schau eines alles durchdringenden allmächtigen Wesens, die Begegnung von Angesicht zu Angesicht mit einem personifizierten Gott unbegrenzter Macht in einem Heiligenschein von unendlichem Glanz, mit nichts zu vergleichen, was auf Erden zu erblicken ist. " (289)

Setzt man beide Aussagen in Beziehung, so ließe sich verbindend sagen, der menschliche Mystiker erfährt auf seiner Ebene Gott in der ihr angemessenen Form. Je weiter die geistige Individualität voranschreitet, um so herrlicher können die Gottesoffenbarungen werden.

Beim Aufblicken zum gestirnten Firmament wird die Relation zwischen menschlicher Größe und dem Universum überwältigend deutlich und kann gleichzeitig als Symbol für die zahllosen Bewußtseinsstufen gelten.

Stellte in der Reihe der bisherigen Erörterungen Samadhi immer das Endziel des geistigen Weges dar, so ordnet Lama Govinda dem Samadhi noch eine Stufe über — upeksha.

„Für alle jene, die samadhi als Endziel oder als höchste Form meditativer Verwirklichung betrachten, ist es sicher eine Überraschung, daß upeksha den Schluß in der Reihe der Erleuchtungsfaktoren bildet. Der Grund dafür ist, daß — obwohl samadhi in gewissem Sinne der Höhepunkt meditativer Praxis ist — wir selber aber nicht dauernd in diesem Erlebniszustand verharren können (was einer Stagnation gleichkäme), sondern vielmehr in die Welt zurückkehren müssen, zu den Beschäftigungen eines normalen menschlichen Lebens. Und hier im Alltagsleben wird das auf die Probe gestellt, was wir in samadhi erreichten. Denn wenn ein solches Erleben nicht auf das Alltagsleben ausstrahlt

288) ebd., S. 52
289) ebd., S. 142 f.

und sich durch Herstellung eines ausgeglichenen, gleichmütigen Geistes be-
währt, so war es nicht echt und ist nutzlos. Während samadhi den Höhepunkt
unseres Erlebens darstellt, ist upeksha der Gleichmut, d. h. jenes innere geistige
Gleichgewicht, jene innere Ausgeglichenheit (die nicht mit Gleichgültigkeit ver-
wechselt werden darf), die uns unser ganzes Leben begleitende Auswirkung die-
ser uns wandelnden und verwandelnden Einswerdung. " (290)
Gleichmut im Verständnis von Lama Govinda meint die „Gelassenheit"
westlicher Mystiker im Sinne des „gelassen ist, wer gelassen hat". Allerdings
bleibt dabei die Vorstellung des Nirvikalpa-Samadhi im Sinne Yoganandas
unberücksichtigt, die nicht upeksha nach dem Samadhi ansetzt, sondern
upeksha im Samadhi, im Nirvikalpa-Samadhi, der das göttliche Licht durch
den Menschen strahlen läßt.

Swami Muktananda spricht im Zusammenhang von Samadhi von „natür-
lichem Samadhi", wobei offen bleibt, was denn der unnatürliche Samadhi
ist.
„Der Siddha-Schüler oder Yogi erfährt das Göttliche, indem er die Empfin-
dungen seiner eigenen Sinne als Seine Strahlen sieht. Das Gemüt wird mit Frie-
den und Gleichmut erfüllt sein, wenn die Erkenntnis in ihm aufdämmert. In
diesem Zustand natürlichen samadhis erfährt er den unteilbaren Einen Gott
unmittelbar, Ihn, die Grundlage des Universums, der allen Gestalten, Eigen-
schaften, Bewegungen und jedem Wesen zugrunde liegt. Er sieht den göttlichen
Einfluß unablässig in allem seinem Tun wirksam werden. Wie die Eigenschaf-
ten einer Frucht, ihre Gestalt, Saft und Duft als eine gemeinsame Grundein-
heit vorhanden sind, ebenso sind die äußeren Dinge, ihre Erkenntnis und der
Erkennende sämtlich eins mit dem allgegenwärtigen Gott — ihrer innersten
Grundlage. Der Siddha-Schüler überwindet durch Erkenntnis die irrtümliche
Vorstellung 'ich bin unvollkommen' und erwirkt statt dessen das Bewußtsein
'ich bin vollkommen'. Das ist wahres, natürliches Samadhi. " (291)
In diesem Vollkommenheitsbegriff schwingt erneut jener Absolutheitsge-
danke mit, der Samadhi als Abschluß aller möglichen göttlichen Offenba-

290) L. A. Govinda, „Schöpf. Med.", a.a.O., S. 161 f.
291) S. Muktananda, „Spiel", a.a.O., S. 268

rungen versteht. Zugleich erfolgt eine Umwandlung des menschlichen Selbst in das Eine, allein existierende göttliche Selbst.

In den Lehren Maharishi M. Y.'s stellt Samadhi auf der Leiter der Bewußtseinsstufen nur die unterste Sprosse dar. Wer sich mit diesen auseinandersetzt, wird daher Samadhi nur als untergeordnetes Phänomen erwähnt finden. Diese Wertigkeit wurde seit Durchführung der „Siddhi-Kurse" weiter verfestigt.

„Der erste Schritt ist, den Geist zur Transzendenz zu bringen. Durch TM wird die Aufmerksamkeit von der groben Erfahrung in feinere Bereiche der Erfahrung gebracht, bis die feinste Erfahrung überschritten und der Zustand Transzendentalen Bewußtseins erreicht wird. Der Gang des Geistes in diese Richtung ist so einfach, daß er automatisch verläuft. Macht nämlich der Geist Erfahrungen feinerer Natur, so fühlt er sich immer angezogen, weil er sich auf die absolute Seligkeit zu bewegt. Hat er einmal Transzendentales Bewußtsein erreicht, so bleibt er nicht mehr bewußter Geist, sondern erlangt den Stand absoluten Seins. Dieser Zustand des Transzendentalen reinen Bewußtseins, der auch SELBST-Bewußtsein, samadhi, genannt wird, bedeutet das vollkommene Durchtränktsein des individuellen Geistes mit kosmischem Sein." (292)
Samadhi bedeutet also Transzendentales Bewußtsein und dieses stellt nach Maharishi M. Y. nur die unterste Stufe auf der Skala höherer Bewußtseinszustände dar. Erneut wird deutlich, inwieweit die Beurteilungskriterien unter den verschiedenen Yoga-Meistern erheblich differieren.

Die Vergottung des Menschen im Samadhi in der Sichtweise Swami Narayanandas wurde bereits ausgeführt, weshalb an dieser Stelle nur der entscheidende Satz noch einmal zitiert werden soll.
„Daher kommt es, daß ein Mensch mit Gottverwirklichung (i.e. nach Erlangung des Samadhi, d. Verf.) allmächtig, allgegenwärtig und allwissend wird." (293)
Hiermit ist der äußerste Punkt in der Bewertung von Samadhi erreicht und

292) Maharishi M. Y., „Gita", S. 136

293) S. Narayananda, „Samadhi", a.a.O., S. 23

die Spannbreite der Interpretationen zutreffend veranschaulicht. Sie reicht von der Einschätzung der Samadhi-Erfahrung (auch des Nirvikalpa-Samadhi) als *einer* Stufe auf einer ins Unendliche reichenden Leiter höherer Bewußtseinszustände, in denen immer tiefere Gottesoffenbarungen gewährt werden können, bis hin zu der Auffassung, im Samadhi erreiche der *Mensch* bereits den Zustand absoluter Göttlichkeit.

Beide Positionen schließen einander aus. Entweder verharren die Vertreter der ersten auf einer noch unterentwickelten Ebene oder die der zweiten unterliegen dem Irrtum.

Durch ein demütiges Aufblicken an das nächtliche, sternenübersäte Firmament, sollte Antwort zu finden sein.

XII. Kundalini — Chakras

Die am Ende der Wirbelsäule wie eine Schlange zusammengerollte Lebenskraft wird in der Yoga-Mystik Kundalini genannt. Durch die Ausübung der Yoga-Praxis soll diese Lebenskraft zum Aufstieg durch die einzelnen Energiezentren des Körpers (Chakras) gebracht werden. Der Aufstieg der Kundalini vollzieht sich durch den Innenkanal der Wirbelsäule (Sushumna), der von zwei weiteren wichtigen Nervenkanälen (Ida und Pingala) umschlungen ist. Das Aufsteigen der Kundalini impliziert die Entwicklung bestimmter Fähigkeiten, deren Nutzung dem Yogi zuvor nicht zu eigen waren.

Es werden sieben Chakras unterschieden, deren Anordnung hier nach Avalon, „Schlangenkraft", wiedergegeben werden.

Muladhara-Chakra	Lage: Rückenmarkszentrum für die untere Genitalsphäre
Svadhisthana-Chakra	Lage: Rückenmarkszentrum für die obere Genitalsphäre
Manipura-Chakra	Lage: Rückenmarkszentrum für die Nabelgegend
Anahata-Chakra	Lage: Rückenmarkszentrum für die Herzgegend
Vishuddha-Chakra	Lage: Rückenmarkszentrum für die Halsgegend
Ajna-Chakra	Lage: Zentrum für die Gegend zwischen den Augenbrauen
Sahasrara-Chakra (Tausendblättriger Lotos)	Lage: Zentrum für den Gehirnbereich (294)

Avalon gilt als anerkannter Experte und seine Bücher enthalten umfassendes Material zu diesem Themen-Komplex.

294) A. Avalon, „Schlangenkraft", a.a.O., S. 86
(Vgl. auch Govinda, „Tib. M.", S. 161 ff. und S. 180 ff.

Von Ramakrishna werden das Aufsteigen der Kundalini und die dabei auftretenden Phänomene wie folgt geschildert:

„Irgendetwas steigt mit einer prickelnden Empfindung von den Füßen zum Kopf. So lange dieses Etwas das Gehirn noch nicht erreicht hat, bleibe ich meiner bewußt, doch im Augenblick, da es geschieht, bin ich der Außenwelt abgestorben. Selbst die Funktionen von Gesicht und Gehör hören auf, sprechen ist mir unmöglich. Wer sollte sprechen? Selbst die Unterscheidung zwischen 'ich' und 'du' schwindet. Manchmal möchte ich euch berichten, was ich sehe und fühle, wenn diese geheimnisvolle Kraft durch das Rückgrat aufwärts steigt. Ist sie bis hierher gekommen, oder selbst hierher — '(dabei wies er mit der Hand auf Herz und Kehle)' — ist es noch möglich, zu sprechen, und das tue ich. Im Augenblick jedoch, wenn sie über die Kehle hinaus ist, ist es als hielte mir jemand den Mund zu, und ich bin weit weg. Ich bereite mich wohl, euch zu erzählen, was ich fühle, wenn Kundalini über die Kehle hinaussteigt, aber wenn ich noch überlege, wie ich es ausdrücken soll, überschreitet der Geist eine Grenze, und es ist aus." (295)

Die Art des Kundalini-Aufstieges umschreibt Ramakrishna mit Tierbewegungen, wenn er ihn einmal mit dem Springen eines Frosches, dann wieder mit dem Flug eines Vogels oder dem Verhalten anderer Tiere vergleicht.

Das Aufsteigen der geistigen Kraft vollzieht sich nun — so Ramakrishna — nicht als kontinuierlicher, nie regressiver Vorgang, sondern es kann auch zu einem Abstieg kommen, solange sich Kundalini unterhalb des sechsten Chakras befindet.

„Der menschliche Geist hat die natürliche Neigung, seine Lebensbetätigungen auf die drei untersten Zentren zu beschränken, deren höchstes sich dem Nabel gegenüber befindet, daher ihm denn die Befriedigung seiner gewöhnlichen Bedürfnisse, wie Essen usw. genügt. Erreicht sein Geist aber das vierte Zentrum, das sich dem Herzen gegenüber befindet, dann sieht er schon einen Schimmer höherer Welten. Doch fällt er aus diesem Zustand oft in den der drei niederen Zentren zurück. Wenn sein Geist das fünfte Zentrum erreicht, gegenüber der Kehle, kann der Sadhaka von nichts anderem mehr als von Gott sprechen. — Jenseits aller Gefahr ist der Mensch, dessen Geist das sechste Zentrum erreicht

---

295) Satyamayi, „Ramakrishna", a.a.O., S. 69

hat, gegenüber der Nasenwurzel. Hier findet er die Schau des Höchsten Selbst und bleibt immer in Samadhi. Zwischen diesem Zentrum und Sahasrara, dem höchsten, ist nur noch ein dünner Schleier. Der Yogi ist hier dem Göttlichen so nahe, daß er selbst meint, er sinke schon in ihm unter. In Wirklichkeit ist es noch nicht soweit. Aus diesem Stadium kann der Geist noch wieder herabsteigen zum fünften, oder, äußerst, zum vierten Zentrum, doch nicht mehr tiefer."
(296)

Ramakrishna umreißt hier nur skizzenhaft die Vorgänge beim Öffnen der Chakras durch Aufsteigen der Kundalini. Für ein weitergehendes Studium sei außer der genannten Literatur noch auf Leadbeater, „Die Chakras", verwiesen.

Aurobindo betrachtet das Aufsteigen der Kundalini im Blickwinkel seiner Vorstellung der Herabkunft des Göttlichen. Er vergleicht es mit dem Aufsteigen des Bewußtseins aus den niederen Bereichen, um mit dem herabsteigenden Höheren zusammenzutreffen.

„Der Aufstieg der Kundalini — nicht der Abstieg, so weit ich weiß — ist ein bekanntes Phänomen, und es gibt ein Vergleichbares in unserem Yoga, das Empfinden des Bewußtseinsaufstieges vom Vital oder Physischen, um dem höheren Bewußtsein zu begegnen. Das muß sich nicht notwendigerweise durch die Chakras vollziehen, wird aber häufig im ganzen Körper wahrgenommen. Gleichermaßen wird die Herabkunft des höchsten Bewußtseins nicht notwendiger- oder üblicherweise durch die Chakras wahrgenommen, sondern als ein Besitzergreifen des ganzen Kopfes, Nacken, Brust, Unterleib und Rumpf." *(297)*

„In unserem Yoga gibt es keinen gewollten Prozeß der Läuterung und Öffnung der Zentren und ebenfalls kein Aufsteigen der Kundalini mit Hilfe eines festgelegten Vorganges." *(298)*

296) ebd., S. 71

297) Aurobindo, „On Himself", a.a.O., S. 111

„The ascent of the Kundalini — not its descent, so far as I know — is a recognised phenomenon, there is one that corresponds in our Yoga, the feeling of the consciousness ascending from the vital or physical to meet the higher consciousness. This is not necessarily through the chakras but is often felt in the whole body. Similarly the descent of the higher consciousness is not felt necessarily or usually through the chakras but as occupying the whole head, neck, chest, abdomen, body."

298) ders., „Briefe über den Yoga I", S. 79

Betrachtete die traditionelle Sichtweise das Öffnen der Chakras als einen Vorgang, der sich beim Aufsteigen der Kundalini vollzog, so sieht ihn Aurobindo als unmittelbaren Akt, der auf die Herabkunft der Göttlichen Kraft erfolgt. Er mißt dem herabkommenden göttlichen Geistesstrom größere Bedeutung und weitreichenderen Einfluß zu als der aufsteigenden Kundalini-Kraft.

Die ausführlichste Schilderung persönlichen Erlebens der Kundalini-Kraft liegt seitens Gopi Krishnas vor. Er erfuhr das Erwachen der Kundalini unter fürchterlichen Qualen, die ihn an den Rand des Wahnsinns führten und jahrelang oft über Monate hinweg unfähig zur Ausübung seiner beruflichen Tätigkeit machten. Ursache seines Leidens war der Umstand, daß die Kundalini bei ihm wahrscheinlich nicht über den Hauptkanal, die Sushumna, aufgestiegen war, sondern über den sie umschließenden Sonnennerv, die Pingala. Dies führte zu intensivsten inneren Verbrennungserscheinungen und konnte von ihm erst nach längerer Zeit durch Aktivierung des Mondnerves, der Ida, neutralisiert werden.

Einige Auszüge aus seinem Erlebnisbericht mögen die Dramatik seiner Erfahrungen verdeutlichen.

„Die Nächte waren noch furchtbarer. Ich konnte kein Licht in meinem Zimmer ertragen, wenn ich mich ins Bett zurückgezogen hatte. Sobald mein Kopf das Kissen berührte, sprang eine große Flammenzunge über meine Wirbelsäule in das Innere meines Kopfes." (299)

„Aber anstatt im Laufe der Tage zu verschwinden oder sich wenigstens zu vermindern, wurde die Absonderlichkeit immer ausgeprägter und nahm allmählich den Zustand von Besessenheit an, der in dem Maße an Intensität zunahm, wie die Lichterscheinungen immer wilder und fantastischer und der Lärm lauter und unheimlicher wurde." (300)

„Die wenigen kurzen Zwischenräume geistiger Erhebung wurden von Anfällen der Depression abgelöst, die so heftig waren und so lange anhielten, daß ich all meine Kräfte und Willensenergie zusammennehmen mußte, um nicht voll-

299) Gopi Krishna, „Kundalini", a.a.O., S. 37
300) ebd., S. 38

ständig unter ihren Einfluß zu fallen. Ich preßte manchmal meinen Mund zusammen, um nicht laut loszuschreien und floh von der Einsamkeit meines Zimmers in die bevölkerten Straßen, um mich vor einer Verzweiflungstat zu bewahren." (301)

Überraschenderweise verneint Gopi Krishna die Existenz der sogenannten Lotosblüten, die den einzelnen Chakras zugeordnet werden. Diese Lotosblüten sollen auf einer feineren Wahrnehmungsebene bei einem geöffneten Chakra erkannt werden können. Aussagen dieser Art will Gopi Krishna symbolisch verstanden wissen.

„Da das Erwachen ein seltenes, aber natürliches biologisches Phänomen ist, ist es nutzlos, in eine Erörterung über die Wirklichkeit der Lotusse einzugehen, auf die die alten Meister ein starkes Gewicht legten. Ich bin während meines eigenen langen Abenteuers keinen begegnet, nicht einmal eine Spur in irgendeinem Teil des Gehirn-Rückenmarksystems. Ihr Vorhandensein auch nur für einen Augenblick in diesen Zeiten der physiologischen Erkenntnisse und Forschung anzunehmen, wäre eine Beleidigung der Intelligenz. Aller Wahrscheinlichkeit nach wurde ihre Existenz dem Schüler graphisch mit farbigen Einzelheiten dargestellt als eine Hilfe zur Konzentration und um die Örtlichkeit der empfindsameren und leichter zu beeinflussenden Gehirn- und Nervenzentren zu bezeichnen; auch um die Keuschheit zu symbolisieren. Die Lotusblume, die unberührt bleibt vom Wasser, in dem sie wächst, ist seit altersher ein Zeichen der Reinheit. Wenn ich auch die Existenz der Lotusse und ihr Beiwerk leugne, so soll damit nicht im geringsten das großartige Werk der alten Meister auf irgendeine Weise unterschätzt oder lächerlich gemacht werden. Was sie auf diesem unsicheren, unzugänglichen Gebiet erreicht haben, grenzt ans Wunderbare." (302)

Das Aufsteigen der Kundalini bewirkte bei Gopi Krishna — nach Überwindung der Krise — ein plötzliches Auftauchen poetischer Schöpfungskraft. Dies wäre an sich noch nicht sonderlich ungewöhnlich, wenn nicht die Sprache, in der er plötzlich lyrische Verse schrieb, mehrfach gewechselt hätte, so von Kaschmiri ins Persische, dann ins Deutsche, Französische und Italienische usw.; Sprachen, deren er vorher nie mächtig war, ja deren

301) ebd., S. 39 f.
302) ebd., s. 143

194

Schriftbild er teilweise nie zuvor gesehen hatte. Kundalini öffnete ihm den Zugang zu einer spirituellen Quelle, die ihm vorher verschlossen war.

In der christlichen Mystik ist der Begriff Kundalini allgemein unbekannt. Schenkt man den Worten Yoganandas Glauben, so muß dies in der Zeit des Urchristentums anders gewesen sein, denn nach seiner Überzeugung lehrte auch Jesus das Wissen um die Chakras.

„Die Erweckung der okkulten, zerebrospinalen Zentren (der Chakras oder astralen Lotosblüten) ist das hohe Ziel aller Yogis. Den abendländischen Bibelforschern ist nicht bekannt, daß die „Offenbarung des Johannes" im Neuen Testament eine symbolische Darlegung der Yogawissenschaft enthält, die Jesus in seinem engeren Jüngerkreis, zu dem auch Johannes gehörte, gelehrt hat. Johannes erwähnte (Off. 1,20) das 'Geheimnis der sieben Sterne' und der 'sieben Gemeinden'. Diese symbolischen Bezeichnungen beziehen sich auf die sieben Lotosblüten des Lichts, die in verschiedenen Yoga-Abhandlungen als die sieben 'Falltüren' der Gehirn- und Rückenmarksachse beschrieben werden. Durch diese von Gott geplanten 'Ausgänge' kann der Yogi, der wissenschaftlich fundierte Meditationstechniken übt, seinem körperlichen Gefängnis entrinnen und sich wieder mit dem GEIST vereinigen. Das siebente Zentrum, der 'tausendblättrigen Lotos', ist das Gehirn, der Sitz des unendlichen Bewußtseins. Im Zustand göttlicher Erleuchtung, so heißt es, schaut der Yogi den Schöpfergott (Brahma) als Padmaja ('der im Lotos geboren ward'). Der 'Lotossitz' verdankt seinen Namen einer seit alters überlieferten Körperstellung, in welcher der Yogi die mehrfarbigen Lotosblüten (Padmas) in den Gehirn- und Rückenmarkszentren schauen kann. Jeder Lotos hat eine bestimmte Anzahl von Blütenblättern oder Strahlen, die aus Prana (Lebenskraft) bestehen." (303)

Über solche religionsgeschichtliche Bezüge könnte sicher lange gerechtet werden; sie seien hier nur als interessante Anmerkung, als Gedankenanstoß, mit aufgenommen.

303) Yogananda, „Autob.", S. 174

Die Kundalini-Kraft stellt eine gewaltige Energie dar. Eine vorzeitige, unangemessene Erweckung der „Schlangenkraft" durch einen Yoga-Praktizierenden kann äußerst gefährlich sein. Seitens verantwortungsbewußter Yoga-Meister wird daher auf diese Gefahr immer hingewiesen. Spezielle Übungen zur schnellen Erweckung der Kundalini anzuwenden, bedeutet ein Spiel mit dem Feuer.

Die folgende Warnung Swami Narayanandas kann daher auf alle Bereiche angewandt werden, da Kundalini alle positiven wie auch alle negativen Kräfte stärkt, nicht allein auf einen Mißbrauch der Sexualkräfte.

„Das teilweise Aufsteigen der Kundalini Shakti ist im allgemeinen sehr gefährlich und verursacht viel Leid. Das Absinken in Lüsternheit ist eine häufige Erscheinung. Der Grund ist, daß die teilweise aufgestiegene Kundalini Shakti nicht lange im Sahasrara bleiben kann, und wenn sie wieder in das Muladhara-Chakra zurückfällt, werden abnorme sexuelle Begierden geweckt. Und ein Yogi, der nicht in der Lage ist, sich in diesem kritischen Zeitpunkt unter Kontrolle zu halten, wird eine leichte Beute seiner Begierden. Deshalb müssen Yoga-Schüler, in denen die Kundalini Shakti nur teilweise aufgestiegen ist, sehr auf der Hut sein und alle nur möglichen Vorsichtsmaßnahmen und Vorkehrungen treffen, um strenges Brahmacharya aufrechtzuerhalten. Sie sollten sich hartnäckig an ihr tägliches Arbeitsprogramm halten und noch größere Anstrengungen unternehmen, um die Kundalini Shakti vollständig emporzuführen. Wenn sie nicht achtsam sind und nicht außergewöhnliche Anstrengungen unternehmen, ihr Ziel zu erreichen, wird ihre ganze geistige Laufbahn zerstört sein." (304)

304) S. Narayananda, „Prana", a.a.O., S. 28

XIII. Erkenntnistheorie

Für den Leser des westlichen Kulturkreises wird der Begriff „Erkenntnistheorie" bestimmte Assoziationen wecken, die geprägt sind von zweieinhalb Jahrtausenden europäischer Geistesgeschichte. Namen wie Platon oder Kant mögen auftauchen; Sachgebiete wie Logik oder Hermeneutik, Begriffe wie Ideenlehre oder transzendentale Dialektik. Wesentlich ist all diesen Assoziationen ihre Zuordnung unter den Bereich des Denkens. Stünde der Begriff der Erkenntnis für einen Meister des Yoga zur Diskussion, die Gedankenkette würde eine weitgehend andere sein. Erkenntnis steht in der Yoga-Philosophie gleichbedeutend für Verwirklichung, für meditative, mystische Erfahrung. Bildet die Intersubjektivität ein Indiz für die Erkenntnistheorie westlicher Prägung, so gilt für die östliche jenes der Intrasubjektivität. Damit entfällt aber weitgehend die (allgemeingültige) Beweismöglichkeit der Richtigkeit einer Erkenntnis. Die Erkenntnis des Yoga-Weges ist nicht schlechthin kommunikabel.

„Der Wert einer Erfahrung kann für den Erfahrenden nicht anders bestätigt werden als durch Ausschalten jeden Selbstbetruges. Und der Beweis? Dem Erfahrenden ist seine Erfahrung wirklich, und anderes zählt nicht. Aber die geistige Erfahrung des einen ist kein Beweis für den anderen, der diese nicht annehmen will. Nur ein Mensch, der Vertrauen in die Erfahrung eines anderen hat, wird dessen Worten glauben. Dies ist die abgeleitete Bedeutung des Veda, das heißt die Erkenntnis der übersinnlichen Wahrheit aus zweiter Hand, die nicht auf tatsächlicher Erfahrung beruht, sondern auf der Erfahrung eines anderen, die der Vertrauende annimmt. In diesem Sinn ist der Veda den Brahmanen in den heiligen Schriften, den Vedas, überliefert. Diese enthalten die grundlegende Erfahrung jener, die der Brahmanismus als seine Rishis und Seher anerkennt."
(305)
Seitens fast aller Yoga-Meister wird dem modernen Intellektualismus westlicher Prägung eine eindeutige Absage erteilt. Doch wird dies nicht etwa als kontinentale Angelegenheit verstanden, sondern auch die „Schriftgelehr-

---

305) A. Avalon, „Shakti", a.a.O., S. 30

197

ten" bsw. des Hinduismus werden in diese Ablehnung mit einbezogen. Intellektuelle Reflexion kann ihre Berechtigung nur damit begründen, daß
sie über sich hinaus auf das Eine, das allein Wirkliche, verweist.

„Im hinduistischen Almanach steht geschrieben, an einem bestimmten Tage
würden zwanzig Adas (ein Hohlmaß) Regen fallen. Es wird euch aber nicht
möglich sein, auch nur einen einzigen Tropfen davon aus dem Almanach her
auszupressen.

Unsere sogenannten Pandits führen große Reden. Sie reden über das Brahman,
Gott, das Absolute, über Erkenntnis-Yoga (jnana-yoga), Philosophie, Onto
logie und alles übrige. Doch nur wenige unter ihnen erkannten das Wesen des
Gegenstandes, über den sie reden. Sie sind verdorrt und verknöchert und zu
nichts zu gebrauchen.

Das höchste Wissen ist das Wissen um Gott. Alles übrige: Shastras, Philo
sophie, Logik, Grammatik usw. an sich, beschweren und verwirren nur den
Geist. Sie taugen nur, wenn sie zum höchsten Wissen führen.

Bücher, heilige Schriften — sie alle sind nur Wegweiser auf dem Wege zu Gott.
Was haben Bücher zu bedeuten, wenn du erst einmal den Weg weißt? Dann
kommt die Zeit für die Seele, sich im einsamen Umgang mit Gott zu üben."
(306)

Christus lehrte, um das Himmelreich zu erlangen, müsse man werden wie
ein Kind. Ramakrishna folgte ihm in dieser Botschaft.

„Wenn man nicht einfach wird wie ein Kind, kann einem göttliche Erleuchtung
nicht werden. Bildet euch nichts mehr auf eure weltlichen Kenntnisse ein. Wis
set, daß sie im Bereich der höheren Wahrheit ein Nichts sind. Seid einfach wie
ein Kind. Nur so werdet ihr zur Erkenntnis der Wahrheit kommen." (307)

Vivekananda bleibt seinem Meister in dieser Frage ganz getreu. Nur durch
die wahre Erfahrung kann für ihn Gott gefunden werden.

„Thomas a Kempis betont ausdrücklich, wie beinahe alle Heiligen der Welt,
daß der Verstand notwendig ist, um grobe Fehler und Irrtümer zu vermeiden.
Aber darüber hinaus dürfen wir nicht auf ihn bauen, denn er ist ein untergeord
netes Hilfsmittel. Die wahre Hilfe ist das Gefühl, ist Liebe. Habt ihr ein Gefühl

---

306) Pelet, a.a.O., S. 126 f.

307) ebd., S. 68

für andere? Wenn ja, dann wachst ihr der Einheit entgegen. Wer nichts für andere fühlt, mag ein Verstandesriese sein, aber er ist nur ein dürrer Intellektueller und wird es bleiben. Aber der Fühlende ist auf dem rechten Wege, auch wenn er weder lesen noch schreiben kann. Der Herr ist sein.

Wissen wir nicht aus der Weltgeschichte, worin die Macht der Propheten bestand? Hat einer von ihnen ein Buch über Philosophie oder über komplizierte Logik geschrieben? Sie haben nur wenige Worte gesprochen. Fühlt wie Christus und ihr werdet ein Christus sein; fühlt wie Buddha und ihr werdet ein Buddha sein. (308)

Mancher Theologe sollte in seinem Inneren einmal erwägen, ob Vivekananda damit dem Gebot von der Nachfolge Christi nicht näher kam, als alle spitzfindige kirchliche Dogmatik.

In Vivekanandas Auffassung über die Erkenntnis kosmischer Gesetze lassen sich unschwer Parallelen zur platonischen Anamnesis-Lehre (Wiedererinnerung) erkennen.

„Erkenntnis wiederum ist dem Menschen von Natur aus eingeboren; kein Wissen kommt von außen, alles liegt schon im Innern bereit. Sagt man: der Mensch 'weiß', so sollte das, genauer ausgedrückt, heißen: er 'entdeckt' oder 'enthüllt'. Was ein Mensch 'lernt', ist in Wirklichkeit das, was er 'entdeckt', indem er von der eigenen Seele, dieser unendlichen Fundgrube an Wissen, die Decke wegzieht. Wir sagen, Newton entdeckte die Schwerkraft. Hat sie vorher in einer Ecke gesessen und auf ihn gewartet? Sie lag bereits in seiner eigenen Seele, und als es an der Zeit war, fand er sie dort. Alles Wissen, das je in die Welt gekommen ist, stammt aus dem Innern, dem Geist. Die gigantische Bibliothek des Universums liegt in uns verborgen.“ (309)

Allerdings wird damit die Grundfrage, ob die Erkenntnis auch dem Geist — dem individuellen Geistwesen — schon eingeboren war, nicht gelöst. Die Frage der ursprünglichen, rein geistigen Ich-Erkenntnis, läßt sich vom begrenzten menschlichen Bewußtsein her nicht lösen. Sie fände ihre Erklärung nur dann, wenn das Geschehen der Schöpfung individueller Geister aus Gott menschlichem Begreifen offenbar würde.

308) Vivekananda, „Jnana-Yoga II“, a.a.O., S. 78
309) ders., „Karma-Yoga“, S. 2

Erkenntnis Gottes — soweit sie menschlichem Erkenntnisvermögen offensteht — kann nur durch Gott selbst erfolgen. Im göttlichen Licht öffnet sich der Blick für die Quelle dieser Strahlen. Wenn das wahre Selbst sich als göttlicher Lichtfunken erkennt, vermag es als göttliches Licht das GÖTTLICHE LICHT zu erahnen.

„Erkenntnis, Erkenner und Erkanntes, diese drei verlieren sich im Absoluten, das ist alles, was die heiligen Bücher uns sagen können. Was nachher kommt, ist unbeschreibbar. Nur der Meditierende kann es unmittelbar erleben. Gott allein kann sich selbst kennen. Werdet Gott, und ihr werdet den Unendlichen Gott erkennen. In dieser Erkenntnis verschwinden Furcht und Begehren: Sie ist Erfüllung. Schon der Gedanke, daß es diese Erkenntnis gibt, ist erhebend." (310) Geistige Vorgänge können doch nur in menschlichen Worten angedeutet werden, wenn diese auch den wahren Inhalt des Geschehens nicht umfassen können.

Louis Hoyack folgt diesem Gedankengang, wenn er die Auffassung Inayat Khans im Vergleich zu Hegel charakterisieren will.

„Wir müssen hier wiederum auf Hegel hinweisen. Der Meister der drei dialektischen Stufen betrachtet die Religion als eine hohe Phase im Prozeß des 'Zu-sich-selbst-Kommens' der Idee, aber nicht als die höchste. Der religiöse Mensch hat Teil an der Wahrheit, aber nur durch gefühlsmäßige Vorstellung. Es gibt aber noch ein höheres Stadium. Soweit könnte Inayat Khan die Auffassung von Hegel teilen, aber hier setzt der Unterschied ein. Bei Hegel erreicht der Weltgeist seine letzte Besinnung über sich selbst im Begriff, das heißt im verstandesmäßigen Denken, was nach ihm als etwas 'dialektisch in seinen Gegensatz Übergehendes' zu begreifen ist, als etwas, was außerhalb des reinen Verstandes liegt. Für Inayat Khan hingegen schließt sich dieser Kreis in der mystischen Vereinigung des Menschen und des Weltgrundes. Dies ist kein intellektueller Vorgang mehr, sondern ein Erlebnis, das weit über jede Erklärung erhaben ist." (311)

Alle wahrhaft Wissenden haben sich weit über die Ebene des Begrifflichen hinaus in die Sphäre geistigen Erlebens erhoben. Der Begriff hat unbestreit-

310) Prabhavananda, a.a.O., S. 148 f.
311) Hoyack, a.a.O., S. 62

bar seine Berechtigung, aber ebenso unbestreitbar — auch seine Grenzen. Die Denker des Westens blieben fast alle an jenen Grenzen stehen, die Weisen des Ostens überschritten sie.

„. . . ; denn im rein intellektuellen Bereich sind die westlichen Denker so maßgebend wie jeder östliche Weise. Was in der Überintellektualität des Mentals in Europa verlorenging ist der spirituelle Pfad, der Weg, der über den Intellekt hinausführt, der Übergang vom äußeren Wesen zum innersten Selbst." (312) Aurobindos Worte lassen sich durch eine zweite Aussage noch ergänzen.

„Das Geschäft der Logik ist es, den Ideen des Denkers eine Ordnung zu verleihen, eine klare Beziehung untereinander und eine eindeutige Unterscheidung zu den Ideen anderer Leute; aber wenn das geschehen ist, sind wir der unbestreitbaren Wahrheit nicht einen Schritt nähergekommen. Es ist die geistige Schau, die die Wahrheit erkennt, nicht die Logik — die äußere Schau sieht die Fakten, aber nicht ihren inneren Sinn, die innere Schau sieht die inneren Fakten und ihren inneren Sinn; die vollkommene Schau (die nicht dem Verstand zugehört) nimmt das Ganze wahr." (313)

Es mögen sich den Weisen des Ostens nicht alle spirituellen Wahrheiten erschlossen haben, immer blieb ihre Erkenntnis aber in der spirituellen Erfahrung verwurzelt. Nie verloren sie sich im Dschungel theoretischer Spekulationen. Deshalb nannte Aurobindo eines seiner Hauptwerke auch „Das Göttliche *Leben*", nicht das göttliche Denken oder Reflexion über Gott. In der Klarheit seiner Unterscheidung wertete Aurobindo aber das Denken — wo es seine Berechtigung findet — nicht ab.

„Die Religion stützte sich im Westen nicht auf die Philosophie, sondern auf eine bekenntnisgebundene Theologie. Manchmal tauchte dank der Kraft eines individuellen Genies eine spirituelle Philosophie auf. Sie war aber nicht, wie im

312) Aurobindo, „Briefe über den Yoga I", S. 171

313) ders., „On Himself", s. 387

„The business of logic is to give order to a thinker's ideas, to establish firm relations between them and firm distinctions from other people's ideas, but when that is done, we are no nearer to indisputable truth than we were before. It is vision that sees Truth, not logic — the outer vision that sees facts but not their inner sense, the inner vision that sees inner facts and can see the inner sense, the total vision (not belonging to mind) that sees the whole."

Osten, notwendiges Zubehör jeder bedeutungsvollen Richtung spiritueller Erfahrung und Bemühung. Zwar trifft zu, eine philosophische Darstellung spirituellen Denkens ist nicht völlig unentbehrlich. Denn man kann zu den Wahrheiten des Geistes unmittelbarer und vollständiger durch Intuition und konkrete innere Berührung gelangen. Man muß auch betonen, daß die vom Intellekt ausgeübte kritische Kontrolle der spirituellen Erfahrung hinderlich und unzuverlässig sein kann, denn hier wird schwächeres Licht auf das Feld höherer Erleuchtung geworfen. Die wahre Kontrollmacht ist eine innere Unterscheidung, das Empfinden und Feingefühl des Psychischen, das übergeordnete Eingreifen einer Führung von oben oder eine erleuchtete Lenkung aus dem Innern. Trotzdem ist aber auch diese Entwicklungslinie notwendig. Denn es muß eine Brücke zwischen dem Geist und der intellektuellen Vernunft geben. Das Licht spiritueller, zumindest spiritualisierter Intelligenz ist für die ganze Fülle unserer inneren Entwicklung notwendig. Ohne es könnte bei Abwesenheit einer anderen tieferen Führung die innere Bewegung exzentrisch und undiszipliniert werden, verworren und mit unspirituellen Elementen vermischt, einseitig und intolerant." (314)

Unter diesem Gesichtspunkt muß dann der folgende Vergleich zwischen Herz und Intellekt verstanden werden, wie ihn Aurobindo in der „Synthese des Yoga" zieht.

„Ist der Intellekt zu ausschließlich entwickelt, verfehlt er, was das Herz zu bieten hat. Nicht in jeder Beziehung ist der Intellekt dem Herzen überlegen. Wenn er auch leichter die Tore öffnet, an denen sich das Herz vergeblich müht, kann er selbst doch leicht Wahrheiten verfehlen, die dem Herzen sehr nahe sind und die es leicht festhalten kann. Wenn dann der Intellekt dort, wo sich der Weg des Denkens in die spirituelle Erfahrung vertieft, leicht zu ätherischen Höhen, den Gipfeln und der himmlischen Weite gelangt, kann er doch ohne die Hilfe des Herzens die intensiven, reichen Abgründe und ozeanischen Tiefen des Göttlichen Wesens und des Göttlichen ananda nicht ergründen." (315)

Es bleibt letztlich wieder der Ruf nach der Ganzheit. Jede Art von Einseitigkeit führt zu Fehlern. Intellektualismus erstarrt in Begrifflichkeit, unkriti-

314) ders., „GL II, 2", S. 289
315) ders., „Sy. d. Y.", S. 560

scher Mystizismus birgt die Gefahr des Schwärmertums. Im Ausgleich, in der Gewichtung und in der angemessenen Rangordnung liegt der Weg der Synthese, der Weg zur Ganzheit.

Auch Yogananda reiht sich ein in die Kette derer, die Wahrheitserkenntnis aus dem Bereich rein theoretischer Spekulation herausheben wollen.

„Die Wahrheit ist keine Theorie, keine philosophische Spekulation, kein intellektuelles Wissen. Wahrheit ist genaue Übereinstimmung mit der Wirklichkeit. Für den Menschen ist Wahrheit gleichbedeutend mit der Erkenntnis seiner wahren Natur, seines Selbst oder seiner Seele. Jesus bewies durch jedes seiner Worte und jede seiner Taten, daß er sein wahres Wesen — d. h. seinen göttlichen Ursprung — kannte. Da er sich vollkommen mit dem allgegenwärtigen Christusbewußtsein identifizierte, konnte er die einfache, unantastbare Aussage machen: 'Wer aus der Wahrheit ist, der höret meine Stimme'.

Auch Buddha weigerte sich, die letzten metaphysischen Wahrheiten darzulegen und bemerkte trocken, daß die wenigen Augenblicke, die der Mensch auf Erden zu leben habe, am besten damit zugebracht würden, sich sittlich zu vervollkommnen. Der chinesische Mystiker Laotse behauptete mit Recht: 'Wer es weiß, sagt es nicht; wer es sagt, weiß es nicht.' Die letzten Geheimnisse Gottes stehen nicht 'offen zur Diskussion', denn die Entzifferung Seines Geheim-Codes ist eine Kunst, die kein Mensch einem anderen Menschen vermitteln kann; hier ist allein Gott der Lehrer." (316)

Yogananda versteht Christusbewußtsein im Sinne einer Vereinigung des individuellen Geistes mit einem kosmischen Logos, einer Art Weltgeist. Die Einung mit diesem bedeutet gleichzeitig die Erlangung der Gotteskindschaft sowie die Erkenntnis der Wahrheit durch Verwirklichung.

Das Lichtgleichnis zur Verdeutlichung der Gotteserkenntnis verwendet P. J. Saher in einem Buch über „Zen-Yoga". Allerdings kommt der Unterschied zwischen Sonne und Sonnenstrahl nur unscharf zum Ausdruck. Offensichtlich liegt seiner Darlegung eine Variante des Advaita-Monismus zugrunde.

316) Yogananda, „Autob.", S. 500

„Durch Zenoga müssen wir 'Gott' als Sein erkennen — als etwas, das wir selbst s i n d .

Jeder von uns ist ein Strahl Gottes. Gott zu erkennen bedeutet, Gott zu s e i n, nicht, über Gott nachzudenken. Denken impliziert Dualität, die Beziehung von einem Denkenden zu etwas Gedachtem; zu sein impliziert dagegen keine derartige Beziehung, nur die Fusion des Strahles mit der Sonne. Dies stellt den höchsten Zustand spiritueller Vereinigung dar, den der Mensch erreichen kann; aus diesem Grund hob die existentialistische Philosophie Heideggers das SEIN über alles hervor." (317)

Das Problem der Beziehung von Logik und Wirklichkeitserkenntnis wird auch von Lama Govinda in seinen Schriften aufgegriffen.

„Man werde sich beizeiten darüber klar: reine Logik ist nur erkaufbar auf Kosten des Wirklichkeitsgehaltes; sie ist nur da erreichbar, wo es sich um reine Begriffe handelt, die ihren Gehalt an Wirklichkeit verloren haben und auf Grund davon mit jeder beliebigen Wirklichkeit gefüllt werden können. In einem reinen Syllogismus kann man jeden Gehalt pressen; er ist nur eine Form, ein Formalismus, ein leerer Rahmen, der für jedes Bild paßt. So geschieht es immer und immer wieder, daß der Mensch, das geistige Leben der Menschheit für das Linsengericht der Ratio sich das Beste verscherzt: die Wirklichkeit selber." (318)

Lama Govinda ist weit erhaben über jeden Verdacht unkritischen Schwärmertums, umso bedeutsamer sein Verweis auf die Unterschiedlichkeit von intellektueller Reflexion und spiritueller Realisation. Die Heiligkeit des Mysteriums muß unangetastet bleiben!

„Menschen, die alles in der Welt zu erklären versuchen, töten alles. Kein geisti-

317) P. J. Saher, „Zen-Yoga", a.a.O., S. 134

„Through zenoga we must find 'God' as being — as something which we are.
Each of us is a Ray of God. To know God is to be God not to think of God. To think implies duality, the relationship of ohne who thinks and that which is thought, but to be implies no relationship whatsoever, only the fusion of the ray with the Sun. This is the highest state of spiritual unity to which man can attain; that is why the existentialist Philosophy of Heidegger emphasises BEING above all else."

318) L. A. Govinda, „Schöpf. Med.", S. 56 f.

ges Leben kann bestehen ohne die Anerkennung und Ehrfurcht vor einem letzten Mysterium. Ein Mysterium kann erlebt werden und bleibt dennoch unerklärlich. Es ist nicht ein Mysterium, weil es etwas Verborgenes und Unwißbares ist, sondern weil es zu groß ist für Worte. " (319)

Die vielleicht eigenwilligsten Aussagen zum Thema Erkenntnistheorie liegen bei Paul Brunton vor. Brunton entwickelt in seinen Spätwerken eine von ihm „Mentalismus" genannte Weltanschauung.
Nach dieser Theorie kehrt sich der Empirismus zu einem subjektiven Idealismus um. Alle Erkenntnis geht von einer geistigen Setzung aus, die zuerst das später erkannte Objekt manifestiert. Der Geist erkennt also nicht von ihm unterschiedenes Seiendes, sondern produziert dieses selbst.
„Der Gedanke ist das erste, der Gegenstand das zweite. Die Vorstellung ist Tatsache, das Objekt Folgerung. Es gibt kein Wissen um einen äußeren Gegenstand, ehe der Geist nicht selbst die Perzeption offenbart hat. Der 'äußere Gegenstand' erscheint erst als Folge dessen auf der Bühne; bis dahin kann nichts von ihm ausgesagt werden. In dieser wichtigen Feststellung haben wir tatsächlich die Grundlage des Mentalismus. Sie entstammt nicht der phantasievollen Grübelei einbildungsreicher Metaphysiker; sie wird langsam auch von führenden Männern der modernen Wissenschaft, wie Eddington und Jeans, als Tatsache festgestellt. Dieser Unterschied gegenüber der bisher gültigen Annahme bedeutet also letztenendes, daß das Objekt für seine Existenz von der von ihm gebildeten Vorstellung abhängt und nicht umgekehrt. Niemand kann die unabhängige Existenz des Gegenstandes beweisen. Der Geist ist seine Grundlage und Stütze. Der Gegenstand ist eine Mentalableitung." (320)
Nun war sich Brunton der sofortigen Kritik von der 'Selbstschöpfung' der Welt durchaus bewußt. Dieser versuchte er zu entgehen, indem er als Welt-Wahrnehmenden nicht mehr den individuellen Geist setzte, sondern den Weltgeist durch ihn erkennen (= produzieren) ließ.
„Es muß wohl streng daran festgehalten werden, daß jedes geformte physische Ding als Gedanke existieren muß, aber wir dürfen nicht dem Irrtum verfallen,

319) ebd., S. 244
320) P. Brunton, „Phil. d. W.", a.a.O., S. 288

205

anzunehmen, daß diese Gedanken in dem begrenzten Geist eines einzelnen Individuums ihren Ursprung hätten. Dies ist absolut nicht der Fall, denn sie können es gar nicht. — Solipsismus ist reiner Wahnsinn. —

Jedes Objekt ist eine Idee, eine Vorstellung, die des Menschen Geist gegenwärtig ist, aber nicht von seinem individuellen und unabhängigen Geist geschaffen wird. Er nimmt nur daran teil. Schürfen wir nämlich tiefer, so finden wir, daß der individuelle Geist letztlich ein Teil eines Universalgeistes ist — dort müssen wir nach dem Ursprung dieser Idee suchen. Wir dürfen nicht sagen, daß der Mensch selbst die Vorstellung der materiellen Objekte erschaffe, aber wir können sagen, daß er sie habe.

Die Unmenge der individuellen Dinge, die ja eigentlich Vorstellungen sind, müssen letztendes Vorstellungen eines allumfassenden Geistes sein.

Der Mentalismus fordert nicht, daß die Welt das Geschöpf irgend eines Individuums sein müsse. Er verkündet, daß die Welt d e s Geistes, nicht 'meines' Geistes Schöpfung sei. " (321)

Als Beweis für die Richtigkeit seiner Theorie führt Brunton das Beispiel eines Brillenträgers an, der nach kurzer Zeit, abgelenkt durch andere Aktivitäten, nichts mehr von der Existenz der Brille weiß.

„Die Wahrnehmung und das Vorhandensein der Brille verschwinden aus unserem Geist.

Weshalb? Weil zuerst der Gedanke an die Brille kommt! Und wenn wir aufhören, an sie zu denken, weil wir mit anderen Dingen beschäftigt sind, hört die Wahrnehmung ebenfalls auf. Weil der äußere Aspekt der Brille nur eine Projektion der inneren Vorstellung ist. Ein Ding kann nicht existieren für uns, wenn nicht erst der betreffende Gedanke da ist. Hier haben wir also den experimentellen Beweis für das Behauptete. " (322)

Brunton identifiziert Existenz mit individuellem Denken. Die gewußte Existenz der Brille hängt vom Denken des Brillenträgers ab; dies gilt jedoch nicht für die 'absolute' Existenz der Brille, die von jedem verifiziert werden kann, unabhängig ob der Brillenträger ihrer Existenz denkt oder nicht. So besteht alles Sein — trotz seiner wesenhaft geistigen Natur — unabhängig

321) ebd., s. 323 f.
322) ebd., S. 273

vom individuellen ins-Bewußtsein-Denken dieses jeweiligen Seienden. Die Vorstellung eines äußeren Dinges ist nur als geistiges Abbild vorhanden, auch das Abgebildete selbst ist *wesenhaft* geistig, wenn auch in einer Schwingungsform, die es „materiell" erscheinen läßt; aber der wahrnehmende Geist erschafft nicht das Wahrgenommene.

„Nur indem wir tief nachforschen, können wir überhaupt entdecken, daß die Welt, die sich unseren Sinnen darbietet, in Wirklichkeit unserem Geist dargeboten wird, weil die Sinne selbst Formen des Bewußtseins sind. Das Ding i s t da außerhalb von uns, aber es ist nur die Vorstellung, die wir davon in unserem Geist geformt haben. Das eine scheint außerhalb von uns zu sein und das andere innerhalb, aber letzten Endes ist das Wesen beider mental. Der Geist erschafft tatsächlich, was er erfährt, und erfährt, was er erschafft. Der erfahrende Geist schafft die Erfahrung in einer derartigen Weise aus sich selbst, daß die Illusion, sie von einer äußeren Quelle zu empfangen, die Oberhand behält. Die sogenannte materielle Welt ist einfach das, was den Gedanken als äußerlich erscheint. Bewußtsein ist einfach das, was den Gedanken als innerlich erscheint." (323)

In der berechtigten Intention, die Materie als wesenhaft geistige zu erweisen, geht Brunton offenbar einen Schritt zu weit, indem er eine geistige Substanz annimmt, die den Charakter der Vielheit erst durch individuelle Prägung erhalten soll. Dabei beweist die individuelle Existenz an sich schon die gegenteilige Auffassung. Brunton bewertet die Interdependenz zwischen „welt"-geistiger Schöpfungskraft und individueller Erkenntnis anscheinend nicht in angemessener Form.

Abschließend sei noch einmal das Lichtgleichnis herangezogen, von Swami Omkarananda in seiner Broschüre „Die Intuitive Wahrheitserfahrung" aufgegriffen.

„Es gibt keine andere Möglichkeit, die Sonne zu sehen, als durch das Licht, das sie aussendet, indem sie sich verstrahlend uns darbietet. Es gibt keine andere Weise, den himmelgestaltenden Gott zu erblicken, als durch das Licht, das von Ihm ausströmt und das erleuchtet. Was wir in diesem Licht erblicken, wird in-

---

323) ders., „Weish. d. Ü.", S. 72 f.

tuitiv, unmittelbar und direkt wahrgenommen.
In Seinem Licht und durch Sein Licht werden wir Seiner gewahr. Darum ist dasjenige in uns, das Ihn erschaut, ein integraler Teil Seiner Selbst. Nur ER selbst kann sich sehen, niemand sonst. ER als der Allerhöchste ist unendlich erhaben über allem, dem ER innewohnt. Durch Sein Licht leuchten alle Lichter. Er sieht alle Lichter, doch kein Licht kann Ihn schauen, solange dieses Licht nicht emporgehoben ist zu Seinem Licht und ein integraler Teil seiner selbst wird." (324)
Licht von Seinem Licht, Söhne und Töchter der „Sonne", Kinder des Allerhöchsten. Erkenntnis bedingt Lichtwerdung — Erleuchtung.

In kaum einem Punkt besteht unter den Yoga-Meistern größere Einigkeit als in der Frage der Grundlegung einer Erkenntnistheorie. Einheitlich wird dem Denken, der intellektuellen Reflexion, nur sekundäre Bedeutung zugesprochen. Wahre Erkenntnis bedeutet Erfahrung.
Welches aber ist der Wegweiser zu echter Erfahrung?
„Liebe ist alles. Sie ist die Schönheit der Schönheit. Sie ist das Licht allen Lichtes. Sie ist die Erkenntnis aller Erkenntnis. Sie ist die Wissenschaft aller Wissenschaften." (Swami Omkarananda) (325)

---

324) S. Omkarananda, „Die intuitive Wahrheitserfahrung", DLZ o. J., S. 59 f.
325) ders., „Hohelied", a.a.O., S. 6

XIV. Reinkarnation

Die Vorstellung der Reinkarnation, von jeher entscheidender Bestandteil asiatischer Religionen, wird auch von allen Yoga-Meistern einheitlich bejaht. Dies schließt aber die unterschiedlichsten Ausprägungen der Reinkarnationsvorstellungen nicht aus. So sind z. B. der Abstieg der Menschenseele in einen Tierleib, der Aufenthalt im Jenseits und die Kriterien der Neueinkörperung umstritten.

Schon bei Ramakrishna läßt sich eine relativ ungewöhnliche Überzeugung nachweisen.

„Die Seele wird in dem Körper desjenigen wiedergeboren, an den sie in dem Augenblick ihres Abscheidens aus dieser Welt denkt. Aus diesem Grunde scheinen Andachtsübungen sehr wichtig. Wenn durch ständige Übung keine weltlichen Gedanken mehr aufkommen, ist es der Gottesgedanke allein, der die Seele erfüllt und sie selbst in der Todesstunde nicht verläßt." (326)
Berücksichtigt man die unterschiedlichen Todesarten der Menschen, so erscheint diese Überzeugung nicht begründet. Der plötzlich einem Herzschlag Erliegende wäre gegenüber dem bewußt in religiöser Hingabe Sterbenden entscheidend benachteiligt. Zudem entbehrt es jeder sinnvollen Erklärung, wenn der Prozeß eines ganzen Lebens, das Verhalten in unzähligen Lebenssituationen, in seiner letzten „Bewertung" für eine neue Inkarnation von den wenigen Todesaugenblicken abhängig sein sollte. Dies könnte fast zu einem „Freibrief für Unmoralität mit religiöser Todesstunde" hinführen.

Die Wiederverkörperung in Tiere bildet Bestandteil der Lehre Vivekanandas. Er folgt nicht den obigen Ausführungen seines Meisters in Bezug auf die Bestimmung der Reinkarnation durch die Gedanken der Todesstunde, sondern läßt diese Resultat der Gesamtsumme allen Handelns und Denkens der Seele im vergangenen Leben sein. Über die Konsequenzen seiner

---

326) Pelet, a.a.O., S. 62

Rückschrittstheorie scheint er aber nicht erschöpfend reflektiert zu haben. *„Was also bestimmt die Richtung der Seele, wenn der Körper stirbt? Die Gesamtsumme aller Taten, die sie getan und aller Gedanken, die sie gedacht hat. Je nach diesem Ergebnis muß sie sich einen neuen Körper schaffen um weitere Erfahrungen zu sammeln, und sie wird sich diejenigen Eltern auswählen, die bereit sind, sie mit dem Material auszustatten, das sie für diesen Körper benötigt. Körper nach Körper wird sie aufnehmen, einmal im Himmel und ein anderes Mal auf der Erde, bald als Mensch und bald als irgend ein Tier, und sie wird das so lange fortsetzen, bis sie am Ende ihrer Erfahrungen angelangt ist und den Kreislauf beendet hat." (327)*

Auch nach Ramana Maharshis Vorstellungen kann die Seele in Tiere zurückwandern.

„Einige Damen fragten, ob der Mensch als Tier wiedergeboren werden könne. Meister: Ja. Es ist wohl möglich, wie im Jada Bharata von dem königlichen Weisen berichtet wird, der als Hirsch wiedergeboren wurde, weil er seinen zahmen Hirsch gar zu sehr geliebt hatte.

Frage: Kann die individuelle Seele sich in tierischer Verkörperung spirituell weiter entwickeln?

Meister: Es ist nicht ganz aussichtslos, aber wohl sehr selten." (328)

Vor einer ausführlichen Erörterung der Problematik einer Rückwanderung der Menschenseele in einen Tierkörper, die sich anhand der Aussagen Aurobindos ergeben wird, soll hier noch die mit Sicherheit ungewöhnlichste Reinkarnations-Theorie angeführt werden, die allerdings im Grunde gar keine Reinkarnations-Theorie ist. Der Sufi Meister Inayat Khan versuchte die Reinkarnation im Sinne einer auf- und absteigenden geistigen Kette zu erklären. Dabei beeinflußt ein aufsteigendes (entkörpertes) Wesen das absteigende (sich verkörpernde), daß dann weitgehend zu dessen Duplikat wird.

„Der Mensch ist, was sein Eindruck ist. Die Seele, die in der Genienwelt

327) Vivekananda, „Jnana-Yoga I", S. 31 (vgl. auch Bd. II, S. 9)
328) R. Maharshi, „Gespräche I", S. 231

(= Welt der Geistwesen unterhalb der Engel) von einer zur Erde zurückkeh-
renden Persönlichkeit einen tiefen Eindruck empfangen hat, einen der Seele tief
eingeprägten Eindruck, den sie nie abstoßen kann, diese Seele wird gewiß zur
selben Persönlichkeit, unter deren Eindruck sie steht. Man nehme etwa eine
Seele an, die in der Genienwelt von der Persönlichkeit eines Beethoven einen
Eindruck empfangen hat. Wenn sie auf Erden geboren ist, so ist sie Beethoven
im Denken, im Fühlen, in Neigungen, Veranlagung und Wissen. Nur hat sie
außer dieser Persönlichkeit noch das Erbteil ihrer Eltern und Vorfahren. Ge-
rade so wie der Sohn einer gewissen Familie mit dem Namen jener Familie ge-
nannt wird, so kann auch ein von einer gewissen Persönlichkeit empfangener
Eindruck nach deren Namen genannt werden. Wenn Shankaracharya daher
behauptet, die Wiederverkörperung Krishnas zu sein, so ist dieser Ausdruck
durchaus berechtigt, da die erwähnte Anschauung denselben unterstützte."
(329)
Es stellt sich aber das Problem, wer dann bsw. Krishna oder Christus in-
spirierte?
Die Lehre Inayat Khan wirft die größten Schwierigkeiten aber im Zusammenhang mit der Frage nach der Gerechtigkeit auf.
„Tatsächlich büßt eine Seele für die Sünden einer anderen, die schon auf Erden
lebte, und im umgekehrten Fall hat sie einen Vorteil von einem fremden Ver-
dienst. Wo ist hier ein Bindeglied? Da, wo die neuankommende Seele für einen
bestimmten psychischen Stoff Interesse hat. Denn das Interesse ist das Prinzip,
nach welchem sie eine Lebenslinie entwickelt. Eine Seele, die einst ihre Gedan-
kenwelt sozusagen mit Mord und Totschlag ausfüllte, wird nach ihrer Inkar-
nation zum Schurken. Aber auch der entgegengesetzte Fall kommt vor." (330)
Woher entsteht das Interesse der Seelen in der Geisteswelt für einen bestimmten „psychischen Stoff"? Die Seele des leidenden Verbrechers büßt
nicht nur für die eigene Negativität, sondern auch für die Schlechtigkeit
ihres „Vorgängers", obwohl beide gleichgeartet sein müssen, sonst könnte
es ja kein Interesse aneinander gegeben haben.
Es liegt hier unbestreitbar eine Reinkarnations-Determination vor. Die

329) Hoyack, a.a.O., S. 77
330) ebd., S. 81

Seele muß sündigen, weil sie „sündigen Stoff" aufgenommen hat.
Inayat Khan steht mit seiner Lehre völlig isoliert von allen übrigen Reinkarnationslehren.

Aurobindo lehnt eine Rückkehr der menschlichen Seele in einen Tierkörper ab. Als Begründung führt er die Gesetzmäßigkeit der Natur an, die einen einmal vollzogenen Entwicklungsschritt nicht wieder aufhebe. Der Aufstieg vom Tier zum Mensch — nach Aurobindos Lehre — ist irreversibel. Es gibt keinen Abstieg.

„Zuerst müssen wir fragen, ob die Seele, wenn sie einmal das Menschsein erlangt hat, wieder zum Tierleben und Tierkörper zurückkehren kann. Das ist ein Rückschritt, den die alten populären Theorien der Seelenwanderung für eine gewöhnliche Bewegung gehalten haben. Es erscheint unmöglich, daß die Seele in ihrer Ganzheit so zurückfallen könnte. Der Grund ist, daß der Übergang vom Tier zum menschlichen Leben eine entscheidende Bewußtseins-Umwandlung bedeutet, die genauso einschneidend ist wie die Umwandlung des vitalen Bewußtseins der Pflanze in das mentale Bewußtsein des Tieres. Es ist gewiß unmöglich, daß eine von der Natur vollzogene, so entscheidende Umwandlung durch die Seele wieder rückgängig gemacht werden könnte und daß die Entscheidung des Geistes in ihrem Inneren sozusagen nichtig würde." (331)

Die menschliche Seele verläßt im Tod ihren Körper und geht in die geistige Welt ein. Dieser Vorgang bedeutet nicht die Unterbrechung einer geistigen Entwicklung. Die Existenz in der geistigen Welt bedeutet Verarbeitung der gewonnenen Eindrücke und Vorbereitung für eine neue Inkarnation, die dem Ziel, letztlich die Erdenschule verlassen zu dürfen, näher bringen soll.

„Jene Zuflucht muß auf der Stufe zwischen Tod und Geburt fortbestehen. Denn eine neue Geburt, ein neues Leben nimmt die Entwicklung nicht genau an dem Punkt wieder auf, wo sie im letzten Leben aufhörte. Sie wiederholt nicht nur unsere frühere vordergründige Persönlichkeit und die Gestaltung unserer Natur und setzt diese fort. In jener Zuflucht findet Angleichung statt. Alte Charaktereigenschaften und Beweggründe werden abgelegt, manche verstärkt und neu ge-

---

331) Aurobindo, „GL II, 2", S. 156 (vgl. auch Let. on Y., S. 445)

ordnet. Die Entwicklungen der Vergangenheit werden neu gesichtet und für die Zwecke der Zukunft ausgewählt. Ohne das kann der neue Anfang nicht erfolgreich sein, die Entwicklung nicht weiterführen. Denn jede Geburt ist ein neuer Anfang. Gewiß entwickelt er sich aus der Vergangenheit; er ist aber nicht deren mechanische Fortsetzung: Wiedergeburt ist keine ständige Wiederholung, sondern ein Fortschritt. Sie ist der Mechanismus eines evolutionären Prozesses."
(332)

Die jeweilige Erdenexistenz stellt das Resultat aller individuellen Lebensläufe und Geistweltaufenthalte dar. Der Erbgutfaktor bedeutet dabei nur die physische Manifestation einer geistigen Entwicklungslinie. (Vgl. auch L. Govinda, „Wolken", 195.)

In einer oberflächlichen Interpretation wird der Reinkarnationsprozeß häufig in eine Strafe-Belohnung-Vorstellung gekleidet. Diese mathematische statt spirituelle Deutung lehnt Aurobindo ab.

„Die Energien eines vergangenen Lebens zeitigen zwar mit Sicherheit Folgen, doch nicht auf der Grundlage dieses kindischen Prinzips. Eines guten Menschen Leiden wären der orthodoxen Theorie zufolge der Beweis, daß er ein großer Schurke in einem vergangenen Leben war, und eines schlechten Menschen Gedeihen wäre der Beweis, daß er ziemlich engelhaft bei seinem letzten Erdenbesuch gewesen sein muß und eine große Saat von Tugenden und verdienstvollen Taten säte, um diese Rekordernte von Glück zu erzielen. Zu symmetrisch, um wahr zu sein! Das Ziel des Geborenwerdens ist Wachstum durch Erfahrung, und die Rückwirkungen vergangener Taten finden deshalb statt, damit das Wesen lerne und wachse, und sind nicht als Lutschbonbons für die braven oder als eine Tracht Prügel für die bösen Kinder der Klasse in der Vergangenheit gedacht. Die tatsächliche Billigung für Gut und Böse ist nicht Glück für den einen und Unglück für den anderen, sondern daß uns das Gute einer höheren Natur entgegenführt, die letztlich über das Leiden erhaben ist, und das Schlechte uns zur niederen Natur hinabzieht, die sich immer im Kreis des Leidens und Bösen bewegt." *(333)*
„Die Seele tritt um der Erfahrung willen in die Geburt ein, um des Wachstums

---

332) ebd., S. 201
333) Aurobindo, „Briefe II", s. 68 f.

und der Entwicklung willen, bis sie das Göttliche in die Materie bringen kann. "
(334)

Die von zahlreichen über Reinkarnation schreibenden Autoren theosophischer oder anthroposophischer Prägung aufgestellte Theorie vom mehrfachen Geschlechtswechsel wird von Aurobindo verneint.

„Meist bewahrt die Seele die gleiche Linie des Geschlechts. Eine Veränderung des Geschlechts geht in der Regel von den nicht zentralen Teilen der Persönlichkeit aus. " (335)

In seiner Darstellung des Wiederverkörperungsvorganges findet sich dagegen eine Parallelität zu der genannten Autorengruppe.

„Geborenwerden, Wachsen und Sterben von Leben sind in ihrem vordergründigen Aspekt derselbe Prozeß von Ansammlung, Gestaltung und Auflösung, wenn sie auch in ihrem inneren Ablauf und in ihrer Bedeutung mehr als das sind. Selbst die Beseelung des Körpers durch das psychische Wesen folgt, wenn die okkulte Schau dieser Dinge korrekt ist, einem ähnlichen Vorgang. Denn die Seele zieht als Kern für das Geborenwerden die Elemente ihrer mentalen, vitalen und physischen Umhüllung mit deren Inhalten an sich und fügt sie zusammen, weitet diese Formationen im Leben aus und läßt sie beim Weitergehen fallen; sie löst die Aggregate wieder auf und zieht ihre inneren Mächte in sich selbst zurück, bis sie in der Wiedergeburt den ursprünglichen Vorgang wiederholt. "
(336)

Der Verkörperungsprozeß stellt gewissermaßen ein Zusammenziehen der geistigen Wesenheit dar, die eine bestimmte Energie in die Verkörperung bringt. Diese Energie wird während der Verkörperung aufgebraucht, dabei aber geistige Werte aufgenommen, die die Seele auf ihrem Weg weiter aufwärts zu führen vermögen. Erst wenn alle Bindungen der Seele an die Erde gelöst sind, alle Erfahrungen gemacht wurden, kann sie den Erdenplan verlassen, um wieder in rein geistige Ebenen aufzusteigen.

Die Zeitspanne zwischen den Inkarnationen läßt sich nicht generell festlegen, da sie vom individuellen Karma abhängig ist, ein Sachverhalt, auf den Yogananda zu Recht hinweist.

334) ders., „Briefe II", S. 78
335) ebd., S. 63
336) ders., „GL I", S. 213

*„Obgleich viele Menschen nach ihrem physischen Tod 500 oder gar 1000 Jahre
in der Astralwelt bleiben, gibt es keine gemeingültige Regel für die Zeitdauer
zwischen den einzelnen Inkarnationen. Die dem Menschen zugemessene Zeitdauer in der irdischen oder astralen Welt wird von seinem Karma bestimmt. "*
(337)
Forschungen westlicher Wissenschaftler haben bei Reinkarnations-Unter-
suchungen im asiatischen Raum Reinkarnationen ermittelt, bei denen die
Spanne des Geistweltaufenthaltes nur sehr gering war, nur wenige Jahre be-
trug. Dies mag als Indiz für die Unmöglichkeit einer exakten Zeitangabe
gelten. (Vgl. hierzu Stevenson, „Reinkarnation".)
Allen diesen Erkenntnissen entgegen, stellt P. J. Saher in seiner „Zen-Yoga"-
Schrift sogar eine Formel auf, mit der die Wiederverkörperungszeit in gewissen Grenzen berechenbar werden soll. (Vgl. Saher, „Zen-Yoga", 220 ff.)

Gestützt auf Unterweisungen zahlreicher hinduistischer und buddhistischer Lehrer weist Evans-Wentz in seinem Kommentar zum Tibetischen
Totenbuch auf einen ganz entscheidenden Aspekt hin, der Gegenstand der
esoterischen Lehre war.
*„Die menschliche Gestalt (aber nicht die göttliche Natur des Menschen) ist ein
direktes Erbe aus untermenschlichen Reichen; sie hat sich aus den niedersten
Formen des Lebens entwickelt, geführt von einem ewig wachsenden und sich
ewig verwandelnden Lebensstrom, potentiellem Bewußtsein, das bildlich der
„Samen der Lebenskraft" genannt werden kann und verbunden ist mit jedem
lebenden Geschöpf oder es beschützt, da es seinem Wesen nach psychisch ist. Als
solches ist es das evolvierende Prinzip, das Prinzip der Stetigkeit, das Prinzip,
das fähig ist, Kenntnis und Verständnis seiner eigenen Natur zu erlangen, das
Prinzip, dessen eigentlicher Zweck Erleuchtung ist. Und ebenso, wie der physische Samen eines pflanzlichen oder tierischen Organismus — selbst der Samen
des Menschen — allem Anschein nach nur zur Hervorbringung seiner eigenen
Art fähig ist, so ist es auch mit dem Samen, den man bildlich den psychischen
Samen des Lebensstromes nennen kann, den die Augen nicht sehen können;
stammt er von einem menschlichen Wesen, so kann er weder inkarniert noch in-*

---

337) Yogananda, „Autob.", S. 274

215

nig verbunden werden mit einem Körper, der seiner entfalteten Eigenart fremd ist, noch kann er ihn beschützen, weder in dieser Welt, noch im Bardo oder in irgendeinem Bereich oder einer Welt samsarischer Existenz. " (338)

Die Evolutionstheorie beschränkt sich allein auf die Form, die äußere Gestalt. Die geistige Wesenheit, die lebengebende Seele stellt kein Produkt evolutiven Aufstieges dar. Sie muß zwar zum Zweck der Läuterung über die physische Ebene schreiten, kann aber ihren göttlichen Kern, der sie ewig als Gotteskind ausweist, nie völlig verlieren. Durch vielfache Schuld kann es zu einem Verdunkeln dieses Gottesfunkens kommen, doch einst muß auch diese Verdunkelung dem Licht weichen.

Der Weg der Reinkarnation stellt daher einen Weg der Lichtwerdung dar. Alles von der Seele verursachte Dunkel muß auch von ihr wieder ins Licht gewandelt werden. Wenn sie diesen Prozeß abgeschlossen hat, kann sie auf neuen, lichteren Pfaden ihren Weg fortsetzen.

Frei von Erdenkarma strebt sie jenen Welten zu, die sei einst verließ und zu denen sie über den Erdenweg wieder zurückfinden soll.

Reinkarnation bedeutet daher nicht ein „immer wieder" sondern ein „immer weiter".

338) W. Y. Evans-Wentz (Hrsg.) — „Das Tibetanische Totenbuch", Frbg. 1972, S. 119

XV. Karma

Die Verzahnung von Reinkarnation und Karma war bereits im vorherigen Kapitel unübersehbar. Reinkarnation ohne die Grundlage karmischen Ausgleiches würde reine Willkür bedeuten. Jede Existenz hat ihre konstituierenden Momente in einer früheren Verkörperung gebildet und formt in der gegenwärtigen jene für ihr zukünftiges Dasein, sei es auf Erden oder auf einer anderen planetarischen Entwicklungsstufe.

Keine Menschenseele muß Unrecht erleiden, denn, wie sie sät, so wird sie ernten. Das Karma-Gesetz, das Gesetz von Ursache und Wirkung, wird von weit über den Menschen stehenden spirituellen Wesenheiten gelenkt. Mag auch menschliches Denken manchmal an der göttlichen Gerechtigkeit zweifeln, vermöchte es über seine Begrenzung hinaus zu schauen, so würde es sich in Ehrfurcht vor der Weisheit Gottes verneigen.

Aurobindo hat sich mit den karmischen Gesetzmäßigkeiten intensiv auseinandergesetzt, vor allem in seinem Werk „Problem of Rebirth". In einem „Karma" überschriebenen Absatz dieses Werkes umreißt er die Linien der Karma-Lehre.

„. . . das gegenwärtige Handeln ist das Resultat vergangener Handlung, wie das zukünftige Handeln das Resultat gegenwärtiger Handlung ist; jede Ursache ein Wirken von Energie und jede Auswirkung ebenfalls. Die moralische Bedeutung dieses Geschehens ist, daß unsere gesamte Existenz ein Ausstrahlen von Energie ist, die in uns besteht und durch die wir bestehen; und in der Form in der eine Energie als Ursache ausgestrahlt wird, kehrt sie als Wirkung zurück; dies ist das universelle Gesetz und nichts in uns von dieser Welt kann seinem herrschenden Einfluß entfliehen." (339)

339) Aurobindo, „Problem of Rebirth", Pondicherry 1973, S. 85 f.

„. . . , present action the result of past action as future action will be the result of present action, all cause a working of energy and all effect too a working of energy. The moral significance is that all our existence is a putting out of an energy which is in us and by which we are made and as is the nature of the energy which is put forth as cause, so shall be that of the energy which returns as effect, that this is the universal law and nothing in the world can, being of and in our world, escape from its governing incidence."

Trotz der Bejahung der karmischen Gesetzmäßigkeit, scheint Aurobindo gelegentlich einen Hauch von Resignation über den zeitweiligen Triumph der Schlechtigkeit empfunden zu haben. Als Grund dafür kann die Behandlung großer spiritueller Persönlichkeiten angesehen werden.

„Attila und Jenghiz auf dem Thron bis zum Ende ihrer Tage, Christus am Kreuz und Sokrates den Schierlings-Becher trinkend, sind keine klaren Zeugnisse für eine optimistische Vorstellung von einem Gesetz der moralischen Vergeltung in der menschlichen Welt." (340)

Als Gegenargument zur Karmalehre wird häufig das Leiden und Sterben Christi angeführt. Christus, der nie zuvor über den Erdenplan ging, der als Lichtwesen völlig frei von jeglicher karmischer Schuld war, warum mußte er leiden?

Die Lebensgeschichte Christi stellt ein Indiz für die sogenannte „stellvertretende Karmaübernahme" dar, auf die noch einzugehen sein wird. Christus nahm die kosmische Schuld der Menschheit auf sich und litt stellvertretend für diese. Er löschte aber nicht die Erdenschuld jedes Einzelnen, schon gar nicht jener, die erst nach ihm leben sollten.

In der asiatischen Welt stellt der Einsiedler ein erstrebenswertes Ideal dar. Vielleicht scheint dabei der Gedanke zugrunde zu liegen, dem Wirken des Karma-Gesetzes zu entfliehen. Aurobindo weist in diesem Zusammenhang darauf hin, daß selbst schon die Erhaltung des Körpers karmischen Gesetzmäßigkeiten unterliegt.

„Kein Verkörperter kann frei von Karma sein. Dies ist klar und unbestreitbar von Sri Krishna in der Bhagavad Gita ausgesagt worden. Und diese Aussage in der Gita steht in völligem Einklang mit der Vernunft; denn derjenige, der die Welt hinter sich läßt, indem er auf einer Bergesspitze oder in einem Ashram sitzt, hat deswegen noch nicht die Befreiung vom Karma erlangt — da kann es

---

340) ebd., S. 168

„Attila and Jenghiz on the throne to the end, Christ on the cross and Socrates drinking his portion of hemlock are no very clear evidence for any optimistic notion of a law of moral return in the world of human nature."

keinen Zweifel geben; wenn nichts anderes, so hat er doch seinen Körper zu er-
halten, zu essen, zu gehen, seine Glieder zu bewegen oder in seiner Yogastellung
zu sitzen und zu meditieren; und all dies ist Karma. " (341)
Durch Anwendung bestimmter Yoga-Techniken mag ein Yogi Zustände erreichen, in denen er von den Auswirkungen seines Karmas nicht mehr unmittelbar erreicht werden kann, was aber nicht dessen Auflösung bedeutet.
Der Preis dafür ist allerdings unvergleichlich hoch — Stillstand des spirituellen Fortschritts und Erdgebundenheit.

Vor allem von Yogananda wird die bereits angeschnittene „stellvertretende
Karmaübernahme" ausgiebig erörtert. Der Begriff des „Leidens für andere"
wird damit konkret nachvollziehbar.
„Sri Yukteswar hatte durch seine Fieberkrankheit in Kaschmir viele Sünden
seiner Jünger 'verbrannt', um ihnen dadurch zu helfen. Hoch entwickelte Yogis
können mit Hilfe metaphysischer Methoden die Krankheiten anderer Men-
schen auf ihren eigenen Körper lenken. Ebenso wie ein starker Mann einem
schwächeren beim Tragen seiner schweren Bürde helfen kann, so kann auch ein
geistiger Übermensch die körperlichen und seelischen Leiden seiner Jünger mil-
dern, indem er einen Teil ihres Karma auf sich nimmt. Und so wie ein reicher
Mann gern einen Teil seines eigenen Geldes opfert, um die Schulden seines 'ver-
lorenen Sohnes' zu bezahlen und ihn damit vor den Folgen seiner Torheit zu be-
wahren, so opfert auch ein Meister seine Gesundheit, um das Leiden seiner Jün-
ger zu vermindern. " (342)
Yogananda setzt dann die Erfahrungen mit seinem Meister um auf Jesus,
wobei er allerding das Aufnehmen der Schuld anderer durch ihn relativ begrenzt sieht.

341) ders., „The Upanishads", Pondicherry 1972, S. 461
„But no one who possesses a body, can be free of the Karma. This is clearly and incontroverti-
bly stated by Sri Krishna in the Bhagavad Gita. And this statement in the Gita is perfectly con-
sistent with reason; for the man who leaves the world behind him and sits on a mountain top
or in an Ashram has not therefore, it is quite clear, got rid of Karma; if nothing else he has to
maintain his body, to eat, to walk, to move his limbs or to sit in asana and meditate; and all this
is Karma."
342) Yogananda, „Autob.", S. 218

„Jesus sagt von sich selbst, daß er gekommen sei, um sein Leben zur Erlösung für viele zu geben. Er hätte die Kreuzigung aufgrund seiner übernatürlichen Kräfte ohne weiteres abwenden können (Matth. 26, 53—54), doch er unterwarf sich freiwillig dem unaufhaltsamen kosmischen Gesetz von Ursache und Wirkung. Denn dadurch hatte er Gelegenheit, das Karma anderer Menschen, insbesondere das seiner Jünger, abzutragen und sie soweit zu läutern, daß sie später imstande waren, den auf sie herabsteigenden Heiligen Geist zu empfangen.“ (343)

Sollte die Bedeutung von Jesus Christus sich nur auf einige wenige Menschen beschränkt haben? Vielleicht sah Yogananda hier zu sehr auf den irdischen Aspekt, ohne den kosmischen in seiner ganzen Fülle zu berücksichtigen. Jesus Christus nahm nicht nur irdisches, sondern auch kosmisches Karma auf sich.

Schon bei der Behandlung der Reinkarnationsproblematik wurde darauf hingewiesen, Karma nicht als Gesetz der kleinlichen Aufrechnung zu verstehen. Karma zieht sich als großes Entwicklungsgesetz durch den gesamten Kosmos, führt den Ausgleich der Kräfte herbei und beabsichtigt die Vergeistigung aller Existenz.

„Die Idee, daß die Folgen aller Taten, seien sie gedanklicher oder körperlicher Art, bis zum letzten ausgekostet werden müssen und daß selbst durch die unscheinbarste Handlung, durch die geringste Gemütsbewegung, man weiterhin in das unentrinnbare Netz des Schicksals verstrickt ist, ist sicher das furchtbarste Schreckgespenst, das der menschliche Intellekt je heraufbeschworen hat; denn nur nachträgliche Verbegrifflichung und Konkretisierung wesentlicher Zusammenhänge des Schicksals konnten aus dem lebendigen Geist unseres innersten Wesens die blinde Notwendigkeit eines mechanischen Gesetzes konstruieren. Mechanische oder absolute Gesetze sind nur auf unbelebte 'Dinge' oder begriffliche Einheiten anwendbar, d. h. auf gedankliche Abstraktionen, aber nicht auf lebende, wachsende Organismen, die Einheit nur im Sinne ihrer Kontinuität und der Richtung ihrer Transformation sind.“ (344)

343) ebd., S. 219
344) L. A. Govinda, „Tib. Mystik“, S. 331 f.

Diese Aussage Lama Govindas muß vor dem Hintergrund des buddhistischen Karmabegriffes gesehen werden, wie er ihn in seiner Schrift „Schöpferische Meditation und Multidimensionales Bewußtsein" skizziert.

„Karma ist im Buddhismus ein rein psychologischer und kein metaphysischer Begriff. Er hat keineswegs die Bedeutung eines unwiderruflichen Schicksals oder Loses, sondern die von 'Tun'. Die Definition von Handeln ist entsprechend den Worten des Buddha im Anguttara Nikaya VI, 63: 'Wollen, o Mönche, das nenne ich tun!'. Mit anderen Worten, nur da, wo Absicht, das heißt, bewußt motiviertes Handeln ist, können wir von einer 'karmischen' Tätigkeit sprechen, und nur ein solches Tun hat charakterformende Auswirkungen, die unsere Neigungen bestimmen und damit unser zukünftiges Handeln und Reagieren. Charakter ist nichts anderes als die Tendenz unseres Willens, die sich durch wiederholte Handlungen herausbildete. Jede bewußt ausgeführte Handlung hinterläßt eine unterbewußte Spur. Sie ist einem Pfad vergleichbar, der durch den Vorgang des Begehens entstand. Wo aber solch ein einmal getretener Pfad besteht, werden wir spontan immer wieder diesen Weg benutzen, sobald sich eine entsprechende Situation ergibt. Das ist das Gesetz des Handelns und Reagierens, das wir Karma nennen, das Gesetz des Sich-Bewegens in der Richtung des geringsten Widerstandes, das heißt des oft beschrittenen und daher gangbarsten Pfades. Das nennt man gemeinhin die 'Macht der Gewohnheit'. Und so, wie ein Töpfer Gefäße aus formlosem Ton gestaltet, so erschaffen wir durch Taten, Worte und Gedanken aus dem noch ungeformten Material unseres Lebens und unserer Sinneseindrücke das Gefäß unseres zukünftigen Bewußtseins, nämlich jenes, das ihm Form und Richtung gibt." (345)

Das Karma-Gesetz wird hier mehr von seiner innerseelischen Komponente her verstanden, die gegenüber der außerseelischen in den Vordergrund tritt. (Vgl. auch T. Trungpa, „Spiritueller Materialismus", 165 f.).
Bewußtes Handeln formt eine zukünftige Persönlichkeit, diese aber wird — im Bildungsprozeß der „laufenden" Inkarnation — auch durch Ereignisse ihrer jeweiligen Verkörperung geprägt, denen wiederum frühere Handlungen zugrunde liegen.

345) ders., „Schöpf. Med.", S. 326

221

Zwangsläufig taucht bei einer Auseinandersetzung mit der Karma-Problematik der Gedanke auf, wann eigentlich der karmische Prozeß begann. Zwei Lösungsvorschläge stehen dabei zur Debatte, wobei der eine die „anfanglose", der andere die „Anfang habende" Alternative bildet. Im ersten Vorschlag wird Karma als regressus ad infinitum betrachtet. Karma existierte immer und wird immer bestehen. Dem zweiten Vorschlag liegt der Schöpfungsgedanke zugrunde, wonach individuelle Geistwesen einmal ihre Existenz erhielten (geschaffen wurden) und von diesem Augenblick, dem Anfang der Zeit, auch das karmische Gesetz zu gelten begann.

Maharishi Mahesh Yogi vertritt in der „Wissenschaft vom Sein" die erste Auffassung, wie bsw. auch Brunton (vgl. „Weisheit des Überselbst", 54). *„Dies zeigt, daß im Prinzip die Substanz des Karma vor der Schöpfung des individuellen Geistes bestand. Das führt uns zu dem Schluß, daß es eine Schöpfung vor der Schöpfung gab. Da war ein Tag vor diesem Tag und eine Nacht vor dieser Nacht. Der Kreislauf von Schöpfung und Auflösung ist ewig in der Ewigkeit des Seins. Im Verlauf der Schöpfung entsteht der Geist, weil zuvor schon ein Geist bestand, der ein gewisses Karma geschaffen hat. Der Einfluß dieses Karma besteht weiter als Grundlage des gegenwärtigen Geistes."* (346) Im Zusammenhang mit seiner Lehre verfällt Maharishi M. Y. dann allerdings auf eine Karma-Lehre, die an schlimmste Erbsünde-Theorien erinnert.
„Wenn ein Mensch die Freiheit gewinnt und seine Individualität mit der kosmischen Existenz verschmilzt, dann empfängt sein Sohn oder Enkel, oder wer mit ihm blutsverwandt ist, die Wirkung seines vergangenen Karma. Die Wirkung bleibt existent, und wenn keines seiner Familienmitglieder mehr übrig ist, so erreicht sie die, die seinen Verwandten am nächsten stehen, deren Freunde und Bekannte." (347)
Ob das Karma nun gut oder schlecht ist, es fällt auf den nächsten Verwandten zurück, der völlig unbeteiligt an dessen Entstehung war. Man stelle sich die Konsequenzen vor. Ein Mensch würde „mit der kosmischen Existenz

346) Maharishi M. Y., „Wis. v. S.", S. 47
347) ebd., S. 151

222

verschmelzen", während sein schlechtes Karma, z. B. ein Mord, noch nicht gelöscht ist. Der nächste Verwandte müßte nun den karmischen Ausgleich für die Tat des Verursachers erleiden, ohne auch nur die geringste Schuld daran zu haben.
Größere Ungerechtigkeit läßt sich kaum vorstellen.
Jeder erntet was *er* gesät hat; nicht der eine erntet, was der andere einst säte.

Von der Etymologie her leitet sich Karma von Handeln ab, weckt also primär die Assoziation von sichtbarer, erkennbarer Wirkung. Karma bezieht sich aber auch auf die Gedankenebene. (Wer in Gedanken ehebricht, der gilt gleich dem, der dies auch in Tatsächlichkeit vollzieht, vgl. Matth., 5,28).
„Denn das Karma hat einen zweifachen Charakter. Jede Tat schafft sowohl ihre physische Reaktion als auch die psychologische Neigung, die Tat zu wiederholen. Es wurde im früheren Band erwähnt, daß der Gedanke dahin neigt, schöpferisch zu sein, und daß er früher oder später in der allgemeinen Umgebung des Menschen karmische Frucht erzeugt. Dies ist auch von seinem moralischen Leben wahr. Hier ist es für seine Gedanken nicht immer notwendig, daß sie sich selbst in Taten umsetzen, bevor sie karmisch wirksam werden können. Wenn sie genügend Intensität haben, und wenn sie über eine genügende Periode verlängert werden, werden sie am Ende angemessene Resultate sogar in äußeren Verhältnissen bringen. Dies kann durch eine aktuelle Illustration klarer gemacht werden. Wenn ein Mensch beharrlich und intensiv jemand haßt, sogar bis zu dem Punkt, daß er glühend seinen Tod wünscht, aber wenn er durch Angst vor den Folgen den Mut nicht aufbringt, die andere Person zu töten, dann werden eines Tages seine mörderischen Gedanken auf ihn selbst zurückwirken in einer gleichgewichtigen Form. Er kann dann selbst einen gewaltsamen Tod erleben oder einem fatalen Unfall zum Opfer fallen oder unter einer Krankheit leiden, die seinen Körper ebenso zernagt, wie sein Haß seinen Charakter. So, obgleich nicht tatsächlich schuldig, einen Mord begangen zu haben, erleidet er eine physische Strafe dafür, daß er Mord g e d a c h t hat." (348)
Die bisherigen Ausführungen könnten den Anschein erwecken, als würde

348) P. Brunton, „Weis. d. Ü.", S. 306

Karma ein Gesetz sein, das hauptsächlich längst vergangene Schuld in einer gegenwärtigen Inkarnation zum Ausgleich brächte. Dies trifft aber nicht zu; karmischer Ausgleich kann ganz spontan erfolgen, die „Strafe folgt auf den Fuß".

„Es bedeutet eine unvollkommene Auffassung dieses Grundsatzes, wenn die Wirkungen der vergangenen Gedanken und Taten nur zukünftigen Geburten und weit entfernten Inkarnationen zugeschrieben werden. Wir müssen uns ernstlich einprägen, daß sich die Folgen unseres Handelns jeden Moment, auch hier, in dieser Inkarnation, einstellen können, daß das richtige oder falsche Benehmen einer Verkörperung das Elend oder Glück dieser selben Erdenzeit ausmachen kann, und daß es absolut nicht nötig ist, auf ein späteres Leben zu warten, um Lohn oder Strafe für unser Verhalten anderen gegenüber zu empfangen. Das Karma erstreckt sich sowohl über die gegenwärtige Lebenszeit, wie auch über die kommenden Wiedergeburten. Die Reaktion kann am selben Tage, an dem wir eine Tat begangen haben, eintreten, oder im selben Jahr oder zumindest derselben Lebenszeit, ohne auf eine künftige Wiederverkörperung zu warten. Die Beziehung zwischen einer bösen Tat und ihren unvermeidlichen vergeltenden Folgen steht fest; aber die Zeit, in der sie sich kundtut, liegt im Dunkel und muß notwendig verschieden sein bei den verschiedenen Individuen." (349)

Karma bedeutet nicht Fatalismus. Jedes Individuum prägt sein Wesen für eine Inkarnation, erschafft daher einen gewissen Rahmen für diese. Innerhalb seines Erdenlebens wird es mit unzähligen Erfahrungen konfrontiert, in denen es in freier Entscheidung die Grundlagen für seine zukünftige Existenz aufbaut. So steht individuelles Sein in der Kontinuität der Zeiten, geprägt von der Vergangenheit, prägt es selbst seine Zukunft.

Ein wichtiger Einwand gegen die karmische Gesetzmäßigkeit gründet sich auf die Annahme, die Ausübung negativer Handlungsweisen würde schlechtes Karma bewirken, schlechtes Karma aber wieder weniger gute Voraussetzungen in einer neuen Inkarnation schaffen, so daß ein weiterer Abstieg gewissermaßen vorprogrammiert wäre. Dieser Einwand klingt einleuchtend ist aber unzutreffend. Durch seine Lebensläufe entwickelt der Mensch positive und negative Qualitäten. Allein die positiven bleiben aber

---

349) ders., „Phil. d. W.", S. 361 f.

erhalten, werden im menschlichen Kausalkörper, der für den Karma-Bereich zuständig ist, aufgespeichert, während sich die negativen Eigenschaften nur in den niederen Persönlichkeitsträgern (physischer, ätherischer, astraler und mentaler Körper) auswirken können. (Vgl. auch Leadbeater „Der sichtbare und der unsichtbare Mensch", 65 ff.). Es gibt daher für den Menschen keinen Rückschritt, schlimmstenfalls einen Stillstand, da er in den niederen Persönlichkeitsträgern Karma ausgleichen muß. Jede positive Handlungsweise dient aber dazu, ihn geistig weiterschreiten zu lassen.

Die ganze Bedeutung des Karma-Gesetzes vermag der Mensch erst dann in voller Großartigkeit zu erfassen, wenn er bewußtseinsmäßig größere Entwicklungsphasen zu überschauen vermag. Dann erhellt sich ihm die wunderbare Verbindung zwischen göttlicher Gerechtigkeit und Güte, die selbst die Notwendigkeit des karmischen Ausgleiches in eine Möglichkeit des geistigen Aufstieges einschloß.
Der Gott der Liebe ist kein Gott der Strafe. Karma wirkt gesetzmäßig, bedingt durch individuelles Handeln. Die Liebe Gottes aber kann gnadenhaft auch karmische Schuld ausgleichen. Hingebungsvolle Zuwendung des Menschen an die Güte Gottes schafft so starke Schwingungen, daß die Gnadenströme Gottes den Verkörperten zu erreichen vermögen.

Karma ist ein hohes Gebot — die Liebe Gottes aber das höchste Gesetz!

Karma bedeutet nicht Aufhebung des freien Willens, wenngleich dies von einigen Yoga-Meistern angenommen wird. Dieser Gedanke entzündete sich am Phänomen der Präkognition, das damit erklärt wurde, daß alles Zeitliche bereits im übergeordneten Sinne existiere und die Zukunft nur durch begrenztes Bewußtsein verborgen sei. Auf die Unrichtigkeit dieser Hypothese weist Lama Govinda zutreffend hin.
Er berichtet die Geschichte eines Mannes, der eine Schiffskarte gebucht hatte, dann aber kurz vor Fahrtantritt träumte, das Schiff würde brennen und versinken und deshalb seine Karte zurückgab. Tatsächlich ereignete sich das Traumgeschehen dann auch in der Realität in allen Einzelheiten.
Zu diesem Vorgang führt Lama Govinda aus:

„Wäre die Zukunft unabänderlich festgelegt — oder wenn sie in irgendeiner zeitlosen Dimension' existierte —, so könnte er nicht seinen Entschluß geändert haben und dem drohenden Schicksal entkommen sein. Was voraussehbar ist, sind wahrscheinlich nur gewisse allgemeine Bedingungen, unter denen zukünftige Ereignisse stattfinden werden, und diese allgemeinen Bedingungen haben soviel Stabilität wie eine Landschaft, durch die wir fahren. Wenn wir die Geschwindigkeit unserer Bewegung und den Weg oder die Richtung, die wir einschlagen wollen, kennen, können wir mit Sicherheit vorhersagen, wo wir zu einer gewissen Zeit sein werden und welche Landschaftskennzeichen wir auf dem Weg passieren werden. Dies ist somit nicht so, weil es in einer zukünftigen Zeitdimension existiert, sondern weil wir in einer gewissen Richtung unter bereits bestehenden Bedingungen uns fortbewegen, oder richtiger, unter Bedingungen, deren Veränderungsrate soviel langsamer ist als unsere eigene Bewegung, daß wir sie als einen konstanten und in diesem Sinne existierenden Faktor betrachten können. Sobald wir uns also in einer bestimmten Richtung bewegen, können wir nicht anders, als gewissen Ereignissen zu begegnen. Ob wir uns jedoch fortbewegen oder nicht und welche Richtung wir wählen, liegt in unserer Hand — vorausgesetzt, wir haben das Wissen, die Resultate unseres Handelns vorauszusehen; und dieses Wissen kann nur aus der Vergangenheit kommen, aus der Erinnerung früherer Erfahrungen. " (350)*

Individuelles freies Handeln fordert individuelle Verantwortung. Jeder Mensch wählt seinen Weg aus seiner freien Entscheidung heraus.

„Was ihr sät, das werdet ihr ernten!"

---

350) L.A.Govinda, „Schöpf. Med.", S.350

XVI. Gnade

Im Anschluß an die Erörterung des Karma-Gesetzes liegt es nahe, zu fragen, welchen Rang der Aspekt der Gnade in den Lehren der Yoga-Meister einnimmt. Von orthodox-dogmatischer christlicher Seite her wird dem Yoga-Praktizierenden sehr oft der Vorwurf der Selbsterlösung gemacht. Dies mag seine Ursache darin haben, daß es Yoga-„Meister" gibt, die eine Yoga-Technik anpreisen, die einen „Schnellweg ins Himmelreich" garantieren soll. An dieser Stelle ergeht der Vorwurf der Selbsterlösung mit einem gewissen Recht. Der überwiegende Teil der Yoga-Meister vertrat oder vertritt dagegen die Ansicht, ohne die Gnade Gottes könne niemand erlöst werden.

„Die göttliche Gnade ist wesentlich zur Verwirklichung. Doch wird diese Gnade nur dem gewährt, der wahrhaft fromm ist, oder einem Yogi, der schwer und unaufhörlich gerungen hat auf dem Pfade zur Freiheit." (351)

Eine falsche Schlußfolgerung wäre es aber, anstelle von spirituellen Bemühungen die Hände in den Schoß zu legen, in der Gewißheit, in der Gnade zu sein. Wer an das Tor klopft, dem wird aufgetan; aber das Anklopfen kann niemandem abgenommen werden.

„Es gibt drei hauptsächliche Möglichkeiten für den Sadhaka — 1) Auf die Gnade zu warten und sich auf das Göttliche zu verlassen. 2) Alles selbst zu tun, wie der Advaitin und der Buddhist. 3) Den mittleren Pfad zu wählen und vorwärtszuschreiten durch Streben, Zurückweisung etc., die von der Kraft gestützt werden." (352)

„An der göttlichen Gnade kann es keinen Zweifel geben" (Letters on Yoga, 625), dies war Aurobindos Überzeugung. Die Gnade Gottes bildet aber kein kalkulierbares Moment, sie entsteht aus der unergründlichen Tiefe der Gottheit und kann in ihrem geheimnisvollen Wirken von menschlichem Begreifen nicht verstanden werden.

„Die Göttliche Gnade ist etwas Unberechenbares, nicht gebunden durch etwas, das der Intellekt zur Bedingung machen könnte; meist wird sie durch einen Ruf,

351) R. Maharshi, „Gespräche 1", S. 57

352) Aurobindo, „Briefe II", S. 242

ein Streben, durch die Intensität des seelischen Wesens erweckt, und wirkt den-
noch manchmal ohne diese und ohne jede augenscheinliche Ursache." (353)
„*Das Göttliche blickt in das Herz und entfernt den Schleier in dem Augenblick,*
den es für den richtigen hält." (354)

Die Zahl dieser und gleichlautender Zitate ließe sich noch um viele vermehren, doch da dies inhaltlich keine neuen Ansätze aufzeigen würde, seien
stellvertretend nur zwei kurze Zitate aus Schriften Paul Bruntons angeführt.

„*Erst dann also, wenn du dein wahres Selbst gefunden hast, betest du Gott auch*
wahrhaftig an. Diesen Zustand vermagst du jedoch nicht durch eigenes Be-
mühen zu erreichen; nur durch Gnade kannst du seiner teilhaftig werden —
vielleicht auch durch die Hilfe eines Lehrers. Sobald du dich als völlig ergeben
erwiesen hast, und sobald dein Sinn sich genügend gereift hat, wirst du diese
Gnade ernten und die Sonne finden, von der jener Strahl ausgegangen ist, der
du bist." (355)

Die Übertragung des Gnaden-Aspektes auf den Lehrer (Guru) findet sich
verschiedentlich, vor allem bei den Yoga-Meistern, die stark auf den Guru
bezogene Yoga-Techniken lehren. Dabei wird der Guru zum göttlichen Instrument oder im Extrem sogar zur verkörperten Gottheit. Diese Auffassung deckt sich dann aber nicht mehr mit dem hier ausgeführten Verständnis von Gnade.

Der Gnadenbegriff Bruntons, wie der der meisten Yoga-Meister, basiert auf
dem Zusammentreffen von Eigenaktivität und Gnadengewährung.

„*Das heißt am Ende, daß wir unsere Ziele nicht erreichen, ob sie physisch oder*
spirituell sind, durch selbstverdienten Lohn allein oder nur durch gottgegebene
Gnade, sondern durch beide zusammen. Das erste befähigt uns, das zweite zu
empfangen." (356)

In diesem Verständnis liegt ein wesentlicher Unterschied zwischen der Yoga-Lehre und einer bestimmten christlichen Auffassung. Erstere sieht die

353) ebd., S. 245
354) ebd., S. 430
355) P. Brunton, „Endecke d. S.", S. 48
356) ders., „Weish. d. Ü.", S. 322

eigene Bemühung, das Hinwenden und die meditative Zuwendung als Vorbedingung für die Herabkunft der göttlichen Gnade an, während letztere diese als absolut unabhängigen, spontanen, unverdienten Akt versteht. Können dies nicht zwei Seiten einer Wirklichkeit sein?

XVII. Ethik

In der Beurteilung der ethischen Richtlinien wird erneut ein Gebiet erreicht, das unter den Yoga-Meistern eine weite Auffächerung erfährt. Die Spannbreite der Bewertungen erstreckt sich über zahlreiche Einteilungen einer umfassenden Skala und birgt eine Reihe diametraler Widersprüche in sich. Es ist unübersehbar, inwiefern die ethische Position des jeweiligen Yoga-Meisters sich zwangsläufig aus seiner religiösen Einstellung ableitet, was ein Rückblick in frühere Kapitel belegen würde.

Vor einer Einzelerörterung sei zuerst ein Vorfall aus dem Leben des großen mittelalterlichen Lehrers Ramanuja angeführt.

Ramanuja erhielt anläßlich seiner ersten Einweihung von seinem Guru ein heiliges Mantra, mit dem Gebot, es unbedingt als Geheimnis zu wahren und keinem Menschen weiterzugeben. Ramanuja fragte daraufseinen Meister, was geschähe, falls er es doch tue. Dieser erwiderte, jeder, der das Mantra vernehme, werde erlöst werden, er selbst aber der Verdammnis anheimfallen. Daraufhin ging Ramanuja sofort in den Tempel, sammelte eine große Menschenmenge um sich und rief das Mantra so laut aus, daß jeder es hören konnte. Sein Guru gab sich daraufhin den Anschein, erzürnt zu sein und schalt den ungehorsamen Schüler. Dieser verteidigte sich gegen die „Vorwürfe", indem er zur Antwort gab, wenn seine Verdammnis so viele Menschen erlösen könne, so sei es sein Herzenswunsch, verdammt zu sein.

Als der Lehrer dies vernahm, lobte er die Reinheit seines Schülers und segnete ihn.

Ramakrishna — Seelenheil und soziale Reformen

Die Frauen und das Geld waren Ramakrishna Symbol für eine falsche Weltverhaftetheit schlechthin. Dabei zeigen sich in seinen Worten gelegentlich nicht zu übersehende Züge eines Pharisäertums.

„Bedenke, daß es Weiber und Geld sind, die den Menschen in Weltlichkeit ge-
fangen halten und fern von Gott.
Seltsam, daß jeder für sein eigenes Weib nichts als Lob hat, sei es nun gut, böse
oder mittelmäßig." (357)
Ramakrishna riet seinen Jüngern von einer Heirat ab, denn für ihn stellte die
Heirat die Wurzel aller Gebundenheit dar. Der Fortbestand der Menschheit könne anderen überlassen werden; worin unausgesprochen eine un-
überhörbare Wertung mitschwang.
In der Bewertung von sozialer Aktivität und meditativer Betrachtung (vita
activa und vita contemplativa) gab Ramakrishna der zweiten eindeutig den
Vorzug.
„Du sprichst von sozialen Reformen? Nun! Das kannst du tun, nachdem du
Gottes innewurdest. Bedenke, daß die Seher der alten Zeit der Welt entsagten,
um zu Gott zu gelangen. Dies ist das Eine, das nottut. Alles übrige wird dir zu-
fallen, wenn dir dann wirklich an seinem Besitz noch etwas liegt. Zuerst schaue
Gott und dann sprich von Vorlesungen und sozialen Reformen." (358)
Erst Seelenheil, dann Weltheil, so sah Ramakrishna die Reihenfolge von
Versenkung und Handlung.

Vivekananda — Selbstsucht und Selbstlosigkeit

Beschäftigt man sich mit der Ethik Vivekanandas, so vermag man nur
schwer den Schüler Ramakrishnas in ihm zu sehen, zu sehr differiert sein
ethischer Rigorismus von der kontemplativen Ethik seines Meisters.
„Seid also tapfer! Tapferkeit ist die höchste der Tugenden. Wagt die völlige
Wahrheit zu sagen bei allen Gelegenheiten, zu allen ohne Unterschied, ohne
Doppelsinn, ohne Furcht, ohne Kompromisse! . . . Und nehmt keine Rücksicht
auf die Reichen und Großen!' Mit den Reichen und mit den Großen habt ihr
nichts zu schaffen. Ihnen schön zu tun, ihnen nachzulaufen überläßt den Dir-

357) Pelet, a.a.O., S. 26
358) ebd., S. 171

nen. Eure Pflicht ruft euch zu den Armen. Liebet sie, dient ihnen freudig! Opfert euch!'

'Wenn ihr euer Heil sucht, kommt ihr in die Hölle. Das Heil der anderen müßt ihr suchen . . . Und selbst wenn die Arbeit für die anderen euch in die Hölle bringen sollte, ist das mehr wert, als wenn ihr mit dem Streben nach eurem Heil den Himmel gewännet . . . Ramakrishna ist gekommen, sein Leben der Welt zu schenken. Auch ich will das meine opfern. Und auch ihr, ihr alle sollt es ebenso tun. Und unser aller Opfer ist nur erst ein Anfang. Aus unserem vergossenen Blute entstehen einst Riesen, heroische Arbeiter, welche die Welt umstürzen werden . . .". (359)

Eine deutlichere Bejahung der vita activa läßt sich kaum vorstellen. Die Eindeutigkeit und Unmißverständlichkeit Vivekanandas in dieser Position ist durch zahllose Äußerungen gleicher Provenienz verbürgt.

Vor allem kämpfte er gegen den Karma-Fatalismus seiner indischen Landsleute, in deren Fehldeutung er eines der Hauptübel für den indischen Niedergang sah. Die Unbarmherzigkeit eines Mönches, der den Hungertod von 900 000 Menschen mit dem Hinweis auf deren Karma kalt abtat, konnte einen Entrüstungssturm in ihm hervorrufen.

Einen jungen Bengalesen, der sich in dem vergeblichen Bemühen um den Frieden seiner Seele nicht mehr aus dem Haus wagte, entgegnete er:

„Mein Kind, vor allem öffne die Tür deines Zimmers und sieh dich um . . . Hundert Unglückliche wohnen dicht neben deinem Haus. Diene ihnen nach Kräften. Der eine ist krank: pflege ihn. Der andere hungert: nähre ihn. Ein dritter ist unwissend: belehre ihn. Willst du den Frieden der Seele, so diene den anderen! Dies ist mein Wort!" (360)

Vivekanandas unmißverständliche Betonung des Dienstes am Nächsten führte ihn aber nicht zu einer Verneinung des Meditativen. Er versuchte eine Brücke zwischen beiden Feldern zu schlagen, eine Synthese aktiver Meditation und meditativer Aktivität.

„Ihr müßt versuchen, in eurem Leben einen unermeßlichen Idealismus mit einem unermeßlichen praktischen Sinn zu vereinen. Ihr müßt immer bereit sein,

359) Rolland, „Vivekananda", S. 122 (Bd. 1)
360) ebd., S. 128 f. (Bd. 2)

in die Abgründe der Meditation euch zu versenken, und gleich darauf müßt ihr
Feldbau treiben können, eben noch die Schwierigkeiten der Shastras erklären
und gleich darauf die Früchte eures Feldes feilbieten . . .
Das Ziel des Klosters ist, Menschen aufzubauen. Der wahre Mensch ist kräftig
wie die Kraft und hat dabei doch ein Frauenherz. " (361)
Gegenüber einem Freund bemerkte Vivekananda einmal, er würde gern
tausend Geburten auf sich nehmen, um das Elend der Welt zu lindern und
könne er auch nur einem helfen.
Daher konnte seine Definition von Ethik nur lauten:
„Ethik ist jene Lehre, die Selbstsucht ablehnt, Selbstlosigkeit bejaht. " (362)

Inayat Khan — Wehrhaftigkeit

Das höchste ethische Gebot, das je ausgesprochen wurde, waren die drei
Worte: „Liebet Eure Feinde!". Damit war die Richtlinie zu einer definitiven
Absage an jede Art von kriegerischer Auseinandersetzung gegeben. In In-
dien wurde dieses Ideal unter Gandhi zu *dem* Instrument des Befreiungs-
kampfes. Erstaunlicherweise wird es bei weitem nicht von allen Yoga-Mei-
stern bejaht.
Inayat Khan stellt die „Wehrhaftigkeit" als Notwendigkeit der Zeit dar,
preist sie in gewissem Sinne sogar als männliches Ideal.
„Die Friedensstifter (peacemakers) bringen die Welt in größere Unruhe als die
Kriegsverursacher (warmakers). " (363)
Dies führt Louis Hoyack in seinem I. Khan-Buch zu Sätzen wie:
„Geziemende Wehrhaftigkeit gehört zum Männerleben " oder *„Ein normaler*
Mann muß fähig sein, sein Vaterland zu verteidigen. " (364)
Nur der Einsiedler ist vom allgemeinen Wehrdienst ausgeschlossen.

361) ebd., S. 187 f. (Bd. 1)
362) Vivekananda, „Karma-Yoga", S. 120
363) Hoyack, S. 192
364) ebd., S. 225

Inayat Khan steht mit seiner Auffassung, obwohl zeitgeschichtlich vorausgehend, ganz in der Linie des westlichen Pragmatismus, der Aufrüstung aufgrund östlicher Militärmacht als zwingende Notwendigkeit ansieht, ohne auf ethisch-religiöse Konsequenzen zu reflektieren.

Ein kurzer Aphorismus Hermann Hesses, der charakteristisch für jenen Dichter ist, der nach dem Erleben des 1. Weltkrieges zum entschiedenen Vertreter der Gewaltlosigkeit wurde, soll hier an die Stelle einer ausführlichen Erörterung treten.

„Lieber von den Faschisten erschlagen werden
Als selbst Faschist sein
Lieber von den Kommunisten erschlagen werden
Als selber Kommunist sein!"

Es ließe sich vielleicht ergänzen, ohne Hesse Unrecht zuzufügen:

„Lieber von Nicht-Pazifisten erschlagen werden
Als selber Nicht-Pazifist sein!"

Aurobindo — Krieg und Frieden

Kenntnis der moralischen Gesetze ergeht als zentrale Forderung Aurobindos an den Menschen. Der Mensch könne ohne die Kenntnis der Gesetze der Elektrizität leben, denn sie seien für einen spirituellen Weg nicht von Belang, die Kenntnis der ethischen seien dafür aber nicht entbehrlich.

Aurobindo war, wie Inayat Khan, ein entschiedener Gegner des Pazifismus. In seiner Autobiographie bekennt er sich ausdrücklich zu dieser Position (vgl. S. 41). Er beruft sich zur Erhärtung seiner Überzeugung auf die Gita, deren Bejahung auch kriegerischer Auseinandersetzung diese zu stützen vermag.

„Die Gita geht von der Annahme aus, in der Natur besteht die Notwendigkeit für solche heftigen Krisen. Sie akzeptiert nicht nur den moralischen Aspekt, den Kampf zwischen Gerechtigkeit und Ungerechtigkeit, zwischen dem autonomen Gesetz des Guten und den Kräften, die seinem Fortschritt entgegentreten. Sie bejaht auch den physischen Aspekt, den aktuellen Krieg der Waffen oder ande-

rer heftiger physischer Kräfte zwischen den Menschen, die die gegnerischen Mächte vertreten. Wir sollten uns daran erinnern, daß die Gita zu einer Zeit verfaßt wurde, da Krieg, noch mehr als das heute der Fall ist, ein notwendiger Bestandteil menschlicher Aktivität war. Der Gedanke, ihn aus dem Plan des Lebens auszuschalten, wäre als absolute Phantasterei erschienen. Das Evangelium eines universalen Friedens und guten Willens zwischen den Menschen — denn ohne einen universalen völlig gegenseitigen guten Willen kann es keinen wirklich ausdauernden Frieden geben — hat niemals in der historischen Periode unserer Evolution auch nur für einen Augenblick das Leben der Menschen beherrschen können. Denn weder moralisch noch sozial oder spirituell war die Menschheit darauf vorbereitet.

Wir sagen, ein Tag wird, ja er muß sicherlich kommen, an dem die Menschheit spirituell, moralisch und gesellschaftlich bereit ist für die Herrschaft universalen Friedens. Bis dorthin müssen wir den Aspekt von Krieg, also die Natur und Funktionen des Menschen als Krieger, annehmen und mit ihr in jeder praktischen Weltanschauung und Religion rechnen. " (365)

Will man in den Lehren von Krishna und Christus einen wirklichen zentralen Gegensatz suchen, so findet sich dieser in der gegensätzlichen Beurteilung des Krieges und des Kriegers.

„Aber Krishna fordert Arjuna auf, mit der schrecklichsten Form des Krieges fortzufahren und durch sein Beispiel die Menschheit zu ermutigen, alle Arten menschlicher Tätigkeiten auszuführen. Glauben Sie (i.e. Briefpartner oder Schüler, d. Verf.) Krishna war ein unspiritueller Mann oder sein Ratschlag an Arjuna war im Prinzip irrig oder falsch?" (366)

Der Rat, mit dem Krieg fortzufahren, konnte nicht von einem Menschen gegeben werden, der lehrte, man solle seine Feinde lieben.

Interpretiert man die nachstehende Aussage Aurobindos vom Wortlaut her, so muß man annehmen, er hätte Christus als pazifistischen Fanatiker bezeichnet.

365) Aurobindo, „Gita", S. 52 f.

366) ders., „On Himself", S. 129

„But Krishna calls upon Arjuna to carry on war of the most terrible kind and by his example encourage men to do every kind of human work, sarvakarmani. Do you contend that Krishna was an unspiritual man and that his advice to Arjuna was mistaken or wrong in principle?"

„Daß der Krieg in der Vergangenheit, wenn er einem Ideal untergeordnet war, zu dieser höheren Entfaltung wie bei der Entwicklung von Ritterlichkeit und edler Gesinnung geholfen hat — das indische Ideal des Kshatriya und das japanische des Samurai —, kann nur von Fanatikern des Pazifismus bestritten werden." (367)

Es fällt schwer, zu verstehen, wie eine Persönlichkeit vom Range Aurobindos, deren geistiges Werk allseits große Anerkennung findet, zu einer solch anti-pazifistischen Haltung gelangen konnte. Tief im Inneren seines Wesens muß noch eine Vorstellung von menschlicher Eigengerechtigkeit bestanden haben, die den Menschen selbst die Legitimation zum „gerechten Töten" im Krieg verleihen sollte.

Die Problematik eines Vorranges der vita activa gegenüber der vita contemplativa, oder umgekehrt, löst Aurobindo im Sinne Ramakrishnas. Auch für ihn galt die Erlangung eines höheren Bewußtseins als das primäre Ziel.

„Die Idee der Nützlichkeit für die Menschheit ist der alte Wirrwarr von entlehnten Vorstellungen, die aus dem Westen stammen. Schließlich braucht man, um der Menschheit zu nützen, keinen Yoga; jeder, der ein menschliches Leben führt, ist auf die eine oder andere Weise der Menschheit 'nützlich'.
Yoga ist auf Gott gerichtet, nicht auf den Menschen. Wenn ein göttliches, supramentales Bewußtsein und eine göttliche, supramentale Welt herabgebracht und in der stofflichen Welt gefestigt werden könnten, würde dies bestimmt eine gewaltige Veränderung sowohl für die Erde als auch für die Menschheit und ihr Leben bedeuten. Doch die Auswirkung auf die Menschheit wäre nur ein Ergebnis dieser Veränderung; sie kann nicht das Ziel der Sadhana sein. Das Ziel der Sadhana ist einzig, im göttlichen Bewußtsein zu leben und dieses im Dasein zu manifestieren." (368)

In der heftig umstrittenen Kastenfrage kann Aurobindo zu den Verfechtern einer Aufhebung unsinniger Kastenvorurteile gerechnet werden. Beurteilungsgrundlagen eines Menschen müssen primär die inneren Qualitäten sein.

„Die traditionelle Vorstellung, daß ein Mensch dem anderen überlegen ist, weil

367) ders., „Gita", S. 55
368) ders., „Briefe I", S. 161

236

er als Brahmane geboren wurde, ist nicht vernunftgemäß oder zu rechtfertigen.
Ein spiritueller oder kultivierter Mensch aus der Paria-Klasse ist bezüglich der
göttlichen Werte einem unspirituellen oder weltlichen Menschen überlegen,
ebenso einem rohen und unkultivierten Brahmanen. Die Geburt zählt, aber die
grundlegenden Werte liegen im Menschen selbst, in seiner Seele hinter der äuße-
ren Schale und in der Gradstufe, in der er sie in seiner Natur manifestiert. "
(369)
Eine Analyse der ethischen Positionen Aurobindos zeigt eine starke Aus-
richtung seinerseits an der Gita. Daher wird seine gegensätzliche Stellung-
nahme zu Gandhi erklärlicher, denn dieser, obwohl sonst überzeugter Anhänger der Gita, war in seiner ethischen Position wesentlich vom Geist der
Bergpredigt beeinflußt worden.
Gandhi wollte lieber ein oder mehrere Jahrhunderte warten, als die Freiheit
seines Landes mit Blut zu erkaufen. (Vgl. Gandhis, „Autobiographie").

Yogananda — Liebe zu allem Leben

Yogananda wurde eines Tages von einem Schüler gefragt, er werde doch sicher sehr froh sein, wenn seine Zeit gekommen sei, die Erde zu verlassen
und nie mehr zurückzukehren. Yoganandas Antwort wirft ein Licht auf die
Höhe seiner Ethik und die Schönheit seiner Persönlichkeit.
„Solange es Menschen auf dieser Welt gibt, die um Hilfe rufen, werde ich immer
wiederkommen und sie auffordern, mein Boot zu besteigen, um mit mir zu den
himmlischen Ufern zu fahren. Wie könnte ich mich meiner göttlichen Freiheit
erfreuen, während andere leiden? Solange ich weiß, daß sie in Not sind (wie ich

---

369) Let on Y I, S. 487

„On the other hand, the traditional conception that a man is superior to others because he is
born a Brahmin is not rational or justifiable. A spiritual or cultured man of pariah birth is
superior in the divine values to an unspiritual and worldly-minded or a crude and uncultured
Brahmin. Birth counts, but the basic value is in the man himself, in the soul behind, and the
degree to which it manifests itself in his nature."

selbst es sein würde, hätte mir Gott nicht Seine Gnade erwiesen), könnte ich sogar Seine unausprechliche Glückseligkeit nicht voll genießen." (370)

In Indien, dem Land der heiligen Kühe, wird dem Leben des Tieres eine hohe Bedeutung zugesprochen. Es verwundert deshalb nicht, wenn Yogananda in seiner Autobiographie auch auf das Töten von Tieren in Notwehr eingeht.

„Guruji (i.e. Sri Yukteswar, d. Verf.), soll man sich lieber selbst opfern, als ein wildes Tier zu töten?"

„Nein, der menschliche Körper ist wertvoller, weil er aufgrund seiner einzigartigen Gehirn- und Rückenmarkszentren die höchste Entwicklungsmöglichkeit bietet. Diese Zentren ermöglichen es dem fortgeschrittenen Yogi, das Göttliche in Seinen erhabensten Ausdrucksformen zu erfassen und zu offenbaren. Es stimmt zwar, daß der Mensch eine gewisse Schuld auf sich lädt, wenn er gezwungen ist, ein Tier oder ein anderes Lebewesen zu töten. Doch die heiligen Shastras lehren andererseits, daß man sich schwer gegen das karmische Gesetz vergeht, wenn man sein Leben leichtfertig aufs Spiel setzt." (371)

In diesem Zusammenhang berichtet Yogananda eine aufschlußreiche Begebenheit von seinem Besuch bei Mahatma Gandhi. Im Rahmen einer Diskussion über Gandhis Ahimsa-(Gewaltlosigkeit)Ideal, stellte ihm Yogananda die Frage, ob man nicht einmal eine Kobra töten dürfte, um ein Kind zu retten. Gandhi antwortete:

„Ich könnte keine Kobra töten, ohne zwei meiner Gelübde zu brechen: Furchtlosigkeit und Nicht-Töten. Ich würde eher versuchen, die Schlange durch Schwingungen der Liebe zu besänftigen; denn ich kann unmöglich mein sittliches Niveau senken, um es den Umständen anzupassen.' Und mit entwaffnender Aufrichtigkeit fügte er hinzu: 'Ich muß gestehen, daß ich nicht so unbekümmert darüber sprechen könnte, wenn ich mich einer Kobra gegenüber sähe." (372)

Diese Antwort charakterisiert die Einmaligkeit Gandhis. Hätte er sich im Ernstfall aber nicht doch die Argumentation Sri Yukteswars zu eigen gemacht?

370) Yogananda, „Worte", S. 57
371) ders., „Autob.", S. 125
372) ebd., S. 449

238

Radhakrishnan — Ethik und Bewußtsein

In der Forderung einer Synthese von Ethik und Bewußtseinserweiterung zielt Radhakrishnan auf die Basis einer normativen Ethik. Ethische Spekulation auf abstrakter Ebene bleibt blutleer, lebt nur von Verbalisierungen. Bewußtes Erkennen, d. h. Erfahrung der angestrebten ethischen Ideale, verleiht erst die innere Kraft, für ihre konkrete Verwirklichung auch mit dem Einsatz der Gesamtpersönlichkeit zu wirken.

„Nur eine Philosophie, die uns die Sicherheit gibt, daß diese (Ideale) in der universalen Natur der Dinge gegründet sind, kann moralischem Leben Tiefe und Glut geben, Mut und Vertrauen in moralischen Schwierigkeiten. Wir müssen von der Überzeugung gestärkt werden, daß der Dienst für die Ideale das ist, was der Weltenplan von uns verlangt, daß unsere Hingabe an sie oder ihre Ablehnung eine Sache von höchster Bedeutung nicht für uns selbst oder für die Gesellschaft oder sogar für die menschliche Gattung, sondern für die Natur der Dinge ist. Geht das ethische Denken wirklich tief, so wird es der Moral einen kosmischen Antrieb geben. Moralisches Bewußtsein muß eine Überzeugung von der Realität der Ideale in sich schließen. Ist letzteres Religion, dann ist Humanismus betätigte Religion. Wenn der Mensch seine wesenhafte Einheit mit dem Gesamtdasein erkennt, dann drückt er diese Einheit in seinem Leben aus."
(373)

Der Verfall ethischer Werte in einer Gesellschaftsform geht Hand in Hand mit dem Absinken des Bewußtseins. Fehlende Erkenntnis einer höheren geistigen Wirklichkeit läßt die ethischen Normen zuerst auf die Ebene eines humanitären Pragmatismus und dann auf jene eines vulgären Konsenses absinken. Der Verlust der Spiritualität führt daher zwangsläufig in die gesellschaftliche Amoralität. Ein Wiederaufstieg muß dann im umgekehrten Sinne auf der Basis einer Wiederbelebung der Spiritualität vollzogen werden.

Handeln wird von Bewußtsseinstrukturen geprägt, nicht von Wissensstrukturen. Soll daher die Handlungsweise einer Gesellschaft verbessert, ihr Niveau erhöht werden, so muß nicht ihr abstrakter Wissensstand erweitert, sondern ihr Bewußtsein verändert werden.

373) P. J. Saher, „Ind. Weisheit", a.a.O., S. 47

Lama Anagarika Govinda — Das Boddhisattva-Ideal

Die höchste ethische Stufe erreicht die buddhistische Lehre im Ideal des Boddhisattva. Wird es auch zum Ideal der Yoga-Mystik, so kann von wahrer Meisterschaft gesprochen werden.

Vor dem Hintergrund seiner ethischen Leuchtkraft verblassen alle Bestrebungen egoistischen Heilsbegehrens zu einem bloßen Schemen. Der Charakter der Boddhisattvaschaft drückt sich im Boddhisattva-Gelübde vollendet aus:

„Was immer die höchste Vollkommenheit des menschlichen Geistes sein mag, möge ich sie zum Segen aller lebenden Wesen verwirklichen. Selbst wenn ich alle Leiden der Welt auf mich nehmen müßte, so will ich nicht dieses Ziel und meine Mitwesen im Stiche lassen, um für mich selbst allein die Befreiung zu gewinnen." (374)

Das Boddhisattva-Ideal gründet entscheidend auf der geistigen Erfahrung der Einheit allen Lebens. In der Erkenntnis dieser Einheit erwacht das Bewußtsein, daß es eine einzelne Erlösung gar nicht geben kann, weil jede Individualität mit jeder anderen verbunden ist, und es nur eine Erlösung der Ganzheit geben kann.

„Wenn es darum heißt, daß Avalokiteshvara (= 'der gütig Herabblickende', Sinnbild des Boddhisattva-Ideals, d. Verf.) nach Erlangung der transzendentalen Kräfte grenzenloser Freiheit und Furchtlosigkeit gelobt habe, alle lebenden Wesen von ihren Fesseln und Leiden zu befreien, so bedeutet dieses Gelübde den Ausdruck eines spontanen Dranges, der aus der Tiefe des Herzens aufquillt im Wissen um die Wesenseinheit alles Lebens. Mit der Auslöschung der Ich-Illusion, ja mit der bloßen Anerkennung der Tatsache, daß es ein separates 'Ich' nicht gibt, wie kann es da so etwas wie die 'eigene' Erlösung geben. Solange wir um das Leiden unserer Mitgeschöpfe wissen und es als das eigene erleben (oder richtiger: indem wir keinen Unterschied mehr machen zwischen 'eigenem' und 'fremden'), kann unsere Erlösung nur gleichbedeutend sein mit der Erlösung Aller." (375)

374) L. A. Govinda, „Wolken", a.a.O., S. 374
375) ders., „Tib. Mystik", S. 283

Swami Omkarananda — Moralische Wertigkeit

Ein höherer Grad an Wirklichkeitserkenntnis stellt eine veränderte Sichtweise ethischer Werte dar, dies kann als unbestritten gelten. Die Handlungsweise eines „Erleuchteten" muß daher nicht den gängigen Maßstäben alltäglicher Wertungen unterliegen. Darf er aber in außermoralischer Willkür walten?

„Wenn der Wille auf diese Art untergegangen ist, tritt der kosmische Wille an dessen Stelle und übernimmt die Kontrolle und Führung des individuellen Organismus. Der kosmische Wille hat keinerlei Vorliebe für das allgemeine Wohl oder dessen Gegenteil, sondern er leitet den Organismus entsprechend den restlichen Wirkkräften vergangener Gedanken, Gefühle und Handlungen, die zur Zeit des Versinkens des individuellen Willens im kosmischen Willen im Unterbewußtsein noch vorhanden waren. Daher können jene Handlungen nicht unter das moralische Gesetz des Menschen fallen. Sie werden als außermoralisch klassifiziert, da kein voll entwickelter individueller Wille in den ersteren und die völlige Abwesenheit des individuellen Willens im letzteren Fall gegeben ist. Deshalb kann man sich, wenn man die Biographien von vollendeten Heiligen liest, an verschiedenen Handlungen stoßen, die nicht in unsere Moralauffassung passen." (376)

Diese Darstellung kann nur dann angenommen werden, wenn „außer"-moralisch im Sinne von „über-moralisch" verstanden wid. Das Verhalten eines „Erleuchteten" muß in seiner Reinheit wie ein Stern über dem Dunkel einer alltäglichen Schattenmoral leuchten. Im gegensätzlichen Fall müssen ethische Bedenken gegen die Wahrhaftigkeit einer „Erleuchtung" eingebracht werden. Die Gefahren, die hiermit verbunden sind, werden besonders deutlich, wenn es zu einer Relativierung der Werte kommt, wie Swami Narayananda dies andeutet.

„Es gibt nichts, das absolut gut oder schlecht wäre. Jedes Ding und jedes Tun ist eine Mischung dieser beiden. Gut nennt man etwas, worin das Gute überwiegt, und man bezeichnet etwas als schlecht, wenn mehr Schlechtes daran ist." (377)

376) S. Omkarananda, „Ethik und Religion", DLZ o. J., S. 24 f.

377) N. Narayananda „Samadhi", a.a.O., S. 31

Diese Bewertung ist nicht durchzuführen, da sie sich in sich bereits wieder aufhebt. Wenn es *das Gute* oder *das Schlechte* gar nicht gibt, kann überhaupt nicht beurteilt werden, ob etwas mehr oder weniger gut oder schlecht ist. In diesem Fall erscheint ein mosaischer Gebotskodex ein sicherer Orientierungsrahmen als eine im freien Raum willkürlicher Interpretation schwebende Werterelativität.

Maharishi Mahesh Yogi — Krieg und Rechtschaffenheit

Auch Maharishi M. Y. folgt in seiner Gita-Kommentierung der Linie einer Bejahung kriegerischer Auseinandersetzungen.

„Dies ist das natürliche Verhalten von rechtschaffenen Menschen — sie greifen niemals an. Wenn sie anzugreifen scheinen, sind sie nur Werkzeuge im Rahmen des göttlichen Planes. Die Pandava werden herausgefordert, sie müssen die Herausforderung annehmen; sie geben aber nicht das Zeichen zum Beginn der Schlacht. Erst nachdem sie von der anderen Seite das Zeichen empfangen haben, sind sie verpflichtet, darauf zu antworten. Und dann ist ihre Antwort machtvoller, da die ganze Macht der Rechtschaffenheit hinter ihnen steht." (378)

Das Ideal des 'gerechten Krieges' wird noch ergänzt durch die Vorstellung vom Heldentod, der seine Belohnung in himmlischer Seligkeit findet, dessen Ablehnung dagegen sündhaft wäre.

„Indem ein kshatriya seinem dharma folgt, dient er dem Schutz von Gesetz und Ordnung in der Gesellschaft und hält dabei seine eigene Fortentwicklung in Fluß. Fällt er für diese Sache, ist er ein Held des kosmischen Lebens und erreicht das höchste Glück im Himmel.
Sich des Kampfes enthalten und damit sein dharma vernachlässigen, hieße des Ruhmes verlustig gehen und wäre einwandfrei sündhaft." (379)

Folgt Maharishi M. Y. in seinen Kriegsvorstellungen Aurobindo, so geht er

---

378) Maharishi M. Y., „Gita", S. 38 f.
379) ebd., S. 102 f.

in seinen Äußerungen über die Kasten rückwärts schreitend weit über ihn hinaus.

„Kastenmischung zerstört die Ideale, welche die Tradition seit undenklich langer Zeit bewahrte; die unmittelbare Folge davon ist, daß das soziale Gleichgewicht gestört wird.

Familien-dharma ist eine festgelegte Tradition, nach der die in einer bestimmten Familie geborenen Menschen den Beruf dieser Familie ergreifen. Wegen ihrer elterlichen Vererbung ist ihre Arbeit wirksam, sie bringen besseres Material für die Gesellschaft hervor und vervollkommnen sich in ihrem Beruf. " (380)
Es scheint kaum glaublich, daß diese Worte im 6. Jahrzehnt des 20. Jahrhunderts geschrieben sind und selbst für indische Verhältnisse stellen sie eine ungewöhnlich reaktionäre Auffassung dar.

Eine Analyse der ethischen Positionen der einzelnen Yoga-Meister weist eine weitgehende Uneinigkeit in der Beurteilung zentraler Fragen auf. Von der Verneinung, ein Tier zu töten, selbst in Notwehr, bis hin zur Legitimierung eines gerechten Verteidigungskrieges erstrecken sich die Meinungen. Es erscheint schwierig, hier zu einer Versöhnung der Standpunkte zu kommen.

Für den westlichen Menschen — sofern er pazifistisch orientiert ist — wirkt die „militaristische Komponente" erschreckend, zumal der Gedanke der Einheit allen Lebens doch ein zentrales Leitbild gerade der Yoga-Philosophie bildet. Hier scheint ein innerer Widerspruch aufzuklaffen, dessen Überwindung eine Notwendigkeit der spirituellen Lehren der Zukunft sein wird.

Neben diesen anzugreifenden Positionen erreicht die Ethik der Yoga-Meister aber auch strahlende Gipfel, die nicht nur für den asiatischen Raum zu Orientierungsmarken werden sollten. Die innere Auseinandersetzung mit dem Boddhisattva-Ideal sollte zur absoluten Notwendigkeit für jeden Strebenden auf dem Yoga-Pfad sein.

Glückseligkeit des Einzelnen kann nur in der Glückseligkeit für alle liegen.

380) ebd., S. 66 f.

XVIII. Religion

Um keiner Angelegenheit willen wurde unter den Menschen häufiger Krieg geführt als um Fragen der Religion. Prüft man die heiligen Schriften der Weltreligionen auf ihre ethische Wertigkeit, so wird die Unsinnigkeit dieses Unterfangens in seiner grotesken Größe deutlich.

Isalm und Christentum haben sich innerhalb der Religionskriege besonders hervorgetan, obwohl gerade die christliche Ethik, wie im vorigen Kapitel angedeutet wurde, exakt eine gegenteilige Verhaltensweise forderte.

Im Prozeß des kulturellen Austausches sind die Möglichkeiten und die Absichten zu einer kriegerischen Auseinandersetzung über Fragen der Religion glücklicherweise weitgehend ausgeschaltet worden. Die Kontroverse hat sich auf eine geistige Ebene verlagert, wobei allerdings die Toleranz nicht immer als im Wachstum begriffen angesehen werden kann. C. F. von Weizsäcker diagnostiziert die christliche Position im Dialog der Religionen in seinem mit Gopi Krishna verfaßten Buch sehr treffend.

„Gewiß kann man oft genug beobachten, daß Christen angesichts der Forderung, die Wahrheit anderer Religionen anzuerkennen, in eine Art von Panik geraten. Da heute die Intoleranz, auch die bloß gedankliche Intoleranz gegenüber den 'Ungläubigen', nicht mehr überzeugt, sucht man mit einem gewissen Krampf nach dem 'letztlich doch entscheidenden' Unterschied des Christentums gegen alle Religionen. Diese angstvolle Reaktion (die sich ihrer Angst meist nicht bewußt bleibt) halte ich für unchristlich und für die Quelle immer neuer mystifizierender Mißverständnisse der fremden und der eigenen Religion. Etwas anderes ist es aber, sich klarzumachen, daß in der Differenziertheit des geschichtlichen Vorganges die Rollen der großen Religionen und ihrer Stifter nicht dieselben sind und es auch nicht sein sollen." (381)

Die Forderung nach religiöser Toleranz, nach dem Verständnis des Andersgläubigen, bedeutet nicht eine Verwischung aller religiöser Konturen. Religiöse Toleranz fordert aber von jedem Gläubigen, welcher Religionsform auch immer, um der Wahrheit willen, als falsch erkannte Positionen des ei-

---

381) Weiz./Krishna, „Biol. Grundl.", a.a.O., S. 43 f.

genen Glaubens aufzugeben. Religion hebt sich selbst auf, wenn sie nicht allein die spirituelle Wahrheit anstatt willkürlicher Dogmatik als Beurteilungskriterium gelten läßt. Das Gebot der Zeit ist eine unparteiliche, überreligionsgemeinschaftliche Erforschung der jeweiligen Glaubensformen bezüglich ihres geistigen Wahrheitsgehaltes.

Ramakrishna — Viele Wege

„Alle Religionen sind wahr; sind nichts als verschiedene Pfade zum gleichen Gott." *(382)*
Dieser Satz stellte das pan-religiöse Glaubensbekenntnis Ramakrishnas dar. Seinen eigenen Angaben zufolge beschritt er die mystischen Wege aller Religionen und erlangte an deren Ende stets die gleiche Verwirklichung.
„Ich habe alle Religionsbräuche geübt: den Hinduismus, den Islam, das Christentum, und ich bin auch die Wege der verschiedenen Sekten des Hinduismus gegangen, und ich habe gefunden, daß es derselbe Gott ist, zu dem sie alle streben, wenn auch auf verschiedenen Wegen . . . Ihr müßt diese verschiedenen Wege gehen und einmal jede Glaubensform wirklich durchproben. Ich sehe überall Menschen, die sich im Namen der Religion streiten: Hindus, Mohammedaner, Brahmos, Vishnuiten usw. Sie bedenken aber nicht, daß Der, der Krishna genannt wird, ebenso auch Shiva heißt, und ebensogut kann er Urkraft, Jesus oder Allah genannt werden und ebensogut der eine Rama mit seinen tausend Namen. Ein Teich mit vielen Ghats (Badetreppen). Auf einer schöpfen die Hindus das Wasser in Krügen und nennes es Dschal; auf einer anderen schöpfen die Mohammedaner das Wasser in ledernen Schläuchen und nennen es Pani; auf einer dritten die Christen und nennen es Water. Können wir uns denn vorstellen, daß dieses Wasser nicht Dschal ist, sondern Pani oder Water? Das wäre lächerlich! Der Urgrund ist Einer unter verschiedenen Namen, und ein jeder sucht nach demselben Urgrund; nur Klima, Naturlage und Benennung schaffen die Unterschiede . . . ". *(383)*

382) Satyamayi, „Ramakrishna", S. 107

383) S. Lemaitre, a.a.O., S. 90 f.

Die spirituelle Wahrhaftigkeit der Aussagen zu Beginn dieses Zitates kann auf intellektuellem Wege nicht nachvollzogen werden. Sicher sprach Ramakrishna keine bewußte Unwahrheit aus. Inwieweit seine geistigen Erfahrungen real waren und nicht auf der Wahrnehmung astraler Gedankengebilde beruhten, diese Frage wird sich nicht mehr lösen lassen.

Eindeutigkeit besteht in der Frage der Gründung einer neuen Religionsform, dies lehnte Ramakrishna für seine Person entschieden ab. Sein Ideal war eine freie Religiosität, in der sich jede Form individuellen Glaubens und individueller Anbetung verwirklichen sollte.

„Er strahlt im Glanze so vieler Lichter, wie es fromme Pilger gibt. Wenn Gott unendlich ist, muß es auch unendlich viele Wege geben, die zu ihm führen . . . Warum Reden und Widerreden? Gott muß um jeden Preis gefunden werden, über den besten Weg zu ihm brauchen wir uns nicht den Kopf zu zerbrechen. Das starre Festhalten an bestimmten Dogmen ist keineswegs unerläßlich, es kann mitunter Schaden tun. Wenn du Gott kennst, kümmerst du dich nicht mehr um Lehrmeinungen. Du magst alle Heiligen Schriften aller Religionen gelesen haben und an alle offenbarten Glaubensbekenntnisse glauben und doch unfähig sein, Gott zu finden. " (384)

Ramakrishnas Vorstellung des religiösen Menschen stellte eine Synthese von Christentum, Islam und Hinduismus dar:

„Ein Mensch sei ein Christ an Barmherzigkeit, ein Mohammedaner in der genauen Beobachtung äußerer Bräuche, und ein Hindu in der allumfassenden Milde gegen alle lebenden Wesen. " (385)

Kennzeichnete eine allumfassende Toleranz Ramakrishnas Einstellung zur individuellen Religiosität, so war seine Forderung an den religiösen (theologischen) Lehrer umso unnachgiebiger. Über Gott sollte nur der lehren dürfen, der aus eigener Verwirklichung wußte, wovon er sprach.

„Andere lehren ist die schwierigste Aufgabe, die es gibt. Lehren kann allein der, der von Gott dazu den Auftrag erhielt, nachdem er Ihn fand. " (386)

Der bloßen Buchstabengelehrsamkeit erteilte er eine rigorose Absage:

384) ebd., S. 160
385) Pelet, a.a.O., S. 60
386) ebd., S. 49

246

„Über Gott nach dem bloßen Lesen der Schriften etwas auszusagen, ist genau so, als wollte man jemanden die Stadt Benares schildern, wenn man sie bloß auf der Landkarte gesehen hat." (387)

Von seinem Anspruch her stellte Ramakrishna eine annähernde Verwirklichung des eingangs skizzierten Ideals dar. Sein Leben spiegelte dann aber doch seinen religiösen Schwerpunkt im Hinduismus wider. Das Herz Ramakrishnas hing an Kali und alle seine religiösen Wege führten ihn wieder zu ihr zurück. Deshalb blieb seine Religiosität letztlich ein geistiges Toleranz-Edikt, daß ihn nicht daran hinderte, seine spezielle Form religiösen Lebens zu verwirklichen. So wurde Ramakrishna zum Verkünder eines religiösen Pluralismus — und blieb ein Kali verehrender Hindu.
Vielheit in der Einheit oder Vielheit statt Einheit?

Vivekananda — Das innere Leben

In seinem Reiligionsverständnis weist sich Vivekananda erneut ganz als Schüler seines Meisters aus. Jede Art religiöser Dogmatik war ihm zuwider, jeder Absolutheitsanspruch rief seinen Einspruch hervor. Gott war ihm der Gott aller Religionen und seine jeweilige Verehrungsform nur von zeit- und kulturgeschichtlicher Entstehung geprägt.
„Der eine sagt, seine Religion sei die beste, weil sie die älteste sei; der andere erhebt denselben Abspruch, weil seine die letzte ist.
Wir müssen anerkennen, daß jede von ihnen dieselbe erlösende Kraft wie jede andere besitzt. Es ist purer Aberglaube, wenn Sie im Tempel oder in der Kirche gehört haben, daß es Unterschiede gebe. Derselbe Gott antwortet allen und weder Sie noch ich, noch sonst ein paar Menschen, sind verantwortlich für das Heil und die Rettung des kleinsten Teiles der Seele; derselbe Allmächtige Gott ist verantwortlich für sie alle." (388)

387) ebd., S. 45
388) Vivekananda, „Mein Meister", a.a.O., S. 39 f.

Dieser Geist war es, der ihn auf dem Parlament der Religionen in Chicago 1893 zur bestimmenden Figur werden ließ. Heiligkeit, Reinheit und Menschenliebe waren die drei Forderungen, die er auf sein Banner einer weltumfassenden religiösen Toleranz schrieb. Gerade diese Forderungen waren es dann auch, die ihn ein verlogenes, im Grunde amoralisches Christentum aufs schärfste angreifen ließen.

„Laßt doch euer Prahlen! Was hat denn euer Christentum je in der Welt Großes verrichtet, ohne das Schwert zu Hilfe zu nehmen? . . . Eure Religion wird im Namen des Luxus gepredigt. In allem, was ich hier habe predigen hören, steckt Heuchelei . . . Diese ganze Anhäufung von Reichtum, die sich auf Christus beruft! Christus würde bei euch nicht den Stein finden, sein Haupt niederzulegen . . . Ihr seid keine Christen . . . Kehrt zu Christus zurück! . . .". (389)

Nicht nur die amerikanischen Verhältnisse mochten ihn zu diesem scharfen Angriff veranlaßt haben, sondern auch das Vorgehen christlicher Missionare in Indien, das teilweise von skandalöser religiöser Intoleranz gekennzeichnet war. Vivekananda bejahte durchaus die Verkündigung einer neuen Botschaft, aber sie durfte nicht zerstören, ohne neue Impulse zu geben. Sie sollte den Menschen zum Licht führen.

„Suche nicht den Glauben irgendeines Menschen zu zerstören. Wenn du ihm etwas Besseres geben kannst, wenn du einen Menschen da erfassen kannst, wo er steht und ihm einen Ruck aufwärts in die Höhe geben kannst, so tue es, aber zerstöre nicht was er hat." (390)

Könnten diese Worte nicht zum Leitsatz religiösen Gedankenaustausches werden?

Für Vivekananda war die Religion nicht tot, sondern stand erst am Beginn einer Neugeburt. Sie sollte sich einen neuen Lebensquell in der Ausweitung von einer Religion der Priester-Kaste zu einer Religion der Menschen erschließen.

„Manchmal wird behauptet, die Religionen stürben ab, die religiösen Ideen verschwänden aus der Welt. Mir kommt es vor, daß sie erst am Beginne ihres

389) Rolland, „Vivekananda", S. 38 (Bd. 1)

390) Vivekananda, „Mein Meister", S. 40

Wachstums stehen . . . Solange die Religion einer kleinen Kaste, einer Prie-
sterschaft anvertraut war, schloß man sie in Tempel, in Kirchen, in Bücher, in
Dogmen, in Zeremonien, in Formen und Riten ein. Aber sobald sie erst ausge-
weitet und gereinigt sein wird, sobald wir zum realen, vergeistigten, universa-
len Grundgedanken vordringen, dann erst wird die Religion lebendig werden,
wird unsere ganze Natur durchtränken, wird in jeder unserer Bewegungen le-
ben, wird in alle Poren unserer Gesellschaft eindringen, wird unendlich mächti-
ger im Guten werden, als sie je gewesen ist. " (391)
Wie Ramakrishna erteilte auch Vivekananda der Buchgelehrsamkeit eine
Absage. Das „Himmelreich" konnte nicht in der Welt, sondern nur im Herzen jedes Einzelnen gefunden werden.
„Religion, die höchste Weisheit und die höchste Erkenntnis, kann we der gekauft
noch aus Büchern geschöpft werden. Mögen wir unseren Kopf auch in alle
Ecken der Welt stecken, den Himalaja erforschen, die Alpen und den Kauka-
sus, mögen wir den Grund des Meeres ausloten und in jeden Schlupfwinkel Ti-
bets und der Wüste Gobi spähen, nirgends werden wir Religion finden, solange
unser Herz nicht zu ihrem Empfang bereit und unser Lehrer noch nicht gekom-
men ist. Und wenn dieser von Gott bestimmte Lehrer kommt, dann dient ihm
mit kindlicher Zuversicht und Schlichtheit, öffnet euer Herz weit seinem Ein-
fluß und erkennt, daß sich in ihm Gott offenbart. Wer in diesem Sinne der Ehr-
furcht und der Liebe die Wahrheit sucht, dem enthüllt der Herr der Wahrheit
alle Herrlichkeiten der Wahrheit, der Güte und der Schönheit. " (392)

Fast prophethisch klingen jene vor bald hundert Jahren gesprochenen
Worte, die als Vivekanandas religiöses Manifest angesehen werden können
und die Situation der Kichen im 20. Jhdt. so treffend charakterisieren.
„Die Kirchen mögen predigen, soviel sie wollen, Theorien, Lehrmeinungen,
Philosophien. Das hat keinerlei Bedeutung! Aber wo es sich um 'wahre' Reli-
gion handelt, um die 'höhere Religion', um Religion der Tat, die Gebet ist, 'Er-
hebung der Seele', realer Kontakt mit Gott, da hat die Kirche keinerlei Recht.
Das geht bloß die Seele an und Gott. Die eigentliche Arbeitsleistung im Religiö-

---

391) Rolland, „Vivekananda", S. 108 (Bd. 2)

392) Vivekananda, „Karma-Yoga", S. 178 f.

sen betrifft nur mich selber. Ich habe mein eigenes Ideal, ich muß es geheim und heilig halten. Jesus hat gesagt: wenn du betest, tritt in dein Kämmerlein, schließe die Türe und bete zu deinem Vater, der in dir ist . . .

Die 'tiefe Religion' kann keine öffentliche Sache werden . . .

Ich kann meine religiösen Gefühle nicht nach Belieben in fünf Minuten bereitstellen. Ein solcher Mummenschanz ist ärgste Gotteslästerung; so macht man die Religion zum Gespött! . . . Wie lassen sich die Menschen nur diesen religiösen Drill gefallen, der wie der Kasernendrill ist! . . . Präsentiert das Gewehr! . . . Kniet! . . . Nehmt ein Buch! Alles ist genau geregelt. Zwei Minuten Gefühl, zwei Minuten Vernunft, zwei Minuten Gebet, alles ist von vorneherein festgesetzt . . . greulich! . . . Dieses Paradeexerzieren hat die Religion verjagt, und wenn man noch ein paar Jahrhunderte damit fortfährt, wird es keine Religion mehr geben." (393)

Diese Worte sind jedem aus dem Herzen gesprochen, dem die Worte Christi über das 'Kämmerlein' wahrhaft noch etwas bedeuten. Religion, des Menschen Heiligstes, kann sich nur in der Stille des Herzens vollziehen. Deshalb fügte Romain Rolland diesen Sätzen Vivekananadas zu Recht den Satz an, Religion sei — und *nur das* sei sie — das innere Leben. Die Wahrheit dieser Worte umreißt auch treffend die Überzeugung Vivekanandas und so darf es wohl als angemessen gelten, wenn sie diesen Absatz schließen.

Religion ist das innere Leben!

Aurobindo — Religion und Religionismus

Vor der Darlegung der eigentlichen Religionsauffassung Aurobindos soll an dieser Stelle eine Charakterisierung der indischen Religion, was für Aurobindo gleichbedeutend mit Hinduismus ist, erfolgen, wie sie sich aus seiner Sicht darstellt. Er versucht ihre Grundlagen in vier Punkten zu umreißen.

1) Der Glaube an ein höchstes Bewußtsein, eine Existenz, die universal und
dem Universum transzendent ist, die Quelle und Grundlage allen Seins.
2) Die Eigenbemühung des Menschen zur Entwicklung größerer Bewußtheit.
3) Das Angebot eines Weges der Erkenntnis und der spirituellen Disziplinen.
4) Das Konzept für ein individuelles Leben innerhalb einer sozialen Gemein-
schaft. (394)

Aurobindos Ausführungen verdeutlichen, daß es sich um ein in allen wesentlichen Zügen anderen Religionen ähnliches Konzept handelt. Seine
besondere Hervorhebung des Punktes vier, wie sie sich im Text-Zusam-
menhang findet, im Gegensatz zu außer-hinduistischen Religionen, dürfte
bei einem vergleichenden Studium relativiert werden.

Die christliche Religion, wie sie sich in Europa entwickelt hat, findet vor seinem Urteil keine Milde. Christentum in Europa bedeutet für Aurobindo
die Pervertierung der Lehren seines Begründers, deren Schicksal er schon in
der Kreuzigung vorgezeichnet sah.

„Es ist wahr, daß die sogenannten christlichen Zeitalter in Europa Zeiten der
Sünde und der Dunkelheit waren; Europa hat Christus nur angenommen, um
ihn erneut zu kreuzigen; es hat ihn mit seiner reinen und gnadenvollen Lehre le-
bendig begraben und über das lebendige Grab das gebaut, was man Kirche
nannte. Was wir jetzt als Christentum kennen, war eine fremdartige Mischung
aus römischer Verdorbenheit, germanischem Barbarentum und Fragmenten
alter Kultur, eingetaucht in das fahle Licht des Heiligenscheines, das aufstrahl-
te vom vergrabenen und gekreuzigten Christus. Der große spirituelle Schatz,
den er dem Westen erschlossen hatte, wurde verschlossen und unerreichbar ge-
halten, außer für jene Einzelnen, deren Seelen zu leuchtend waren, um von der
allgemeinen Dunkelheit aufgesogen zu werden. " (395)

394) vgl. Aurobindo, „The Fundations of Indian Culture", Pond. 1975, S. 124

395) ders., „Upanishads", S. 498 f.

„It is true that the so-called Christian ages in Europe were times of sin and darkness.'Europe
had accepted Christ only to crucify him afresh; she had entombed him alive with his pure and
gracious teaching and over that living tomb she had built a thing called the church. What we
know as Christendom was a strange mixture of Roman corruption, German barbarism and
fragments of ancient culture all bathed in the pale light that flowed upwards from the
enhaloed brows of the entombed and crucified Christ. The great spiritual hoard he had
opened to the West was kept locked up and unavailable except to those individuals whose
souls were too bright to be swallowed up in the general darkness."

In Bezug auf das „christliche Europa" würde Aurobindo sicher, heute mehr denn je, von Religionismus denn von Religion sprechen, wobei er unter diesem das alleinige Überleben eines starren Dogmengerüstes versteht, dessen blutleere Verkündigungsform sich nur noch im Vollzug tradierter Riten abspielt.

Die „Offenbarung des Supramentalen" muß Basis und Ziel aller Religionen werden, sonst läuft sie Gefahr, zum Religionismus abzusinken. (396)

Yogananda — Das eine Ziel

Yogananda sah seine Lebensaufgabe darin, aufzuzeigen, inwiefern Parallelen zwischen den Lehrern der Weisen Indiens und dem Christentum vorhanden sind. Beide Religionen sah er als im Kern gleich an. Es lag in der Natur seines Wesens, daß aus seiner Sicht nur ein hinduistisches Christentum, nicht ein christlicher Hinduismus entstehen konnte. Bemerkenswert an seinem Werk ist besonders, daß seine Sicht der Lehren Christi vielen westlichen Christen wieder den Zugang zur Botschaft ihres Religionsgründers eröffnete. Außerdem ermöglichte die Kraft seiner Persönlichkeit und die Ausstrahlung seines Wesens, einen wahrhaften Brückenschlag zwischen Christentum und Yoga-Weisheit herbeizuführen. Außer Swami Omkarananda hat kein anderer Yoga-Meister so entscheidendes Gewicht auf die Lehre und Persönlichkeit von Jesus Christus gelegt.

Sein erklärtes Ziel war es, den Menschen zur Glückseligkeit zu führen, und darin sah er auch die Aufgabe der Religionen.

„Wenn wir einmal erkannt haben, daß Religion darin besteht, den Zustand der Glückseligkeit zu erreichen, wird uns die Verschiedenheit der Konfessionen und Glaubensrichtungen und ihrer Gebote und Verbote nicht mehr verwirren. Dann werden wir verstehen, daß sie alle eine bestimmte Wachstumsphase verkörpern und, von diesem Standpunkt aus betrachtet, ihren Zweck erfüllen." (397)

396) Vgl. ders., „The Human Cycle", Pondicherry 1971, S. 166 f.
397) Yogananda, „Religion als Wissenschaft", Weilheim 1976, S. 49

Da dieser Zustand aber allen Religionen gemeinsam war, gab es im Grunde nur eine Religion; die wahre Religion des Menschen, die zur Glückseligkeit führen sollte, zur Glückseligkeit, die allein die Erkenntnis Gottes verleihen konnte.

„Es gibt nur einen Gott — den Schöpfer aller Dinge. Und die wahre Religion des Menschen besteht darin, Ihn zu suchen."(398)

Radhakrishnan — Erfahrung und Religion

P. J. Saher hat in seiner religionsphilosophischen Studie „Indische Weisheit und das Abendland" die Ausführungen Radhakrishnans zur religiösen Frage unter fünf Punkten zusammengefaßt:

„1) Ein Bemühen, die tiefsten Schichten des menschlichen Wesens zu entschleiern und in dauernden Kontakt mit ihnen zu kommen.

2) Die Wahrnehmung des Ewigen im Endlichen.

3) Die bewußte, von der Liebe geleitete Gemeinschaft mit dem universalen Göttlichen.

4) Alle Religion ist symbolisch. Nur auf Kosten ihres eigenen Unterganges kann sich die Religion ihres Symbolcharakters entledigen. Gott ist das Symbol, in dem die Religion das Absolute aufzeigt. Die Philosophen mögen rechten über das Absolute und Gott und behaupten, daß der heilige und angebetete Gott etwas anderes ist als das Absolute, welches die durch die Vernunft bewiesene Realität ist. Aber das religiöse Bewußtsein hat empfunden, daß diese beiden ein und dasselbe sind.

5) Sie ist ein Versuch, die ideellen Möglichkeiten des menschlichen Lebens zu entdecken, ein Suchen nach Befreiung vom unmittelbaren Zwang nichtiger und kleiner Gesinnungen. Eine Religion, die nicht aufhört, traditionelle Meinung zu sein, die nicht persönliche Erfahrung wird, ist keine wahre Religion. Religion ist eine unabhängige Funktion des menschlichen Geistes, etwas Einheitliches, das einen autonomen Charakter besitzt. Sie ist etwas Innerliches und

---

398) ebd., S. 17

Persönliches, welches alle Werte vereinigt und alle Erfahrungen ordnet. Sie ist die Reaktion des ganzen Menschen auf die ganze Realität. " (399)
Diese umrißartige Skizzierung würde in ihren wesentlichen Aussagen wahrscheinlich von den meisten Vertretern aller Religionen gelten gelassen, wobei aber die Gewichtung der „Erfahrung" im religiösen Leben von bestimmten Gruppen, bsw. vom Protestantismus oder vom orthodoxen Judentum, anders verteilt würde.

Otto Wolff weist in seiner kleinen Schrift über Radhakrishnan, im Zusammenhang mit der Frage der Koexistenz der Religionen, darauf hin, daß es mit dem Toleranz-Ideal, als dessen Verkünder sich auch Radhakrishnan sah, bei ihm eine besondere Bewandtnis habe.
„Freilich ist diese die westliche Öffentlichkeit weitgehend bestimmende Überzeugung entschieden daran zu erinnern, daß die nicht-christlichen Religionen in einer Weise sich heute zur Geltung bringen, die im Grunde durchaus nicht mit einer friedlich-schiedlichen Koexistenz aller zufrieden ist. Die Fremdreligionen verkünden heute alle ihren je eigenen Überlegenheitsanspruch, den sie, aktiv wie noch nie, missionarisch durchzusetzen bemüht sind. Sie sind also nichts weniger als von dem Geiste der Koexistenzphilosophie erfüllt. Radhakrishnan selbst ist hier ein nur zu beredtes Beispiel." (400)
Dieser Hinweis Wolffs muß als berechtigt angesehen werden, denn nahezu alle Verkünder asiatischer Weisheit haben in letzter Konsequenz ihre Religion als die höchste Ausprägung der göttlichen Offenbarung angesehen. Sie verleugneten deswegen nicht das Ideal religiöser Toleranz, relativierten es aber zwangläufig, indem sie andere Religionsformen durch die ihre zu umschließen suchten. Dies wird vor allem dann deutlich, wenn bsw. die Veden als *die* Ur-Offenbarung gewertet werden, deren Weisheit Basis und Mantel aller Formen von Religion darstellt.

399) P. J. Saher, „Ind. Weisheit", a.a.O., S. 57
400) O. Wolff, „Radhakrishnan", a.a.O., S. 11

Lama Anagarika Govinda — Der Brückenschlag

Der deutschstämmige Buddhist Lama Govinda darf sicher als einer der besten Kenner asiatischer Religionen angesehen werden. Bezüglich seiner Person ist es interessant, in seinem „Weg der weißen Wolken" zu verfolgen, mit welch systematischer Seelenprüfung er den Weg seiner eigenen religiösen Überzeugung zu bestimmen suchte (vgl. op. cit., S. 121 ff.). Nach reiflichem Abwägen zwischen Christentum, Islam und Buddhismus entschied er sich für letzteren. Sein Wirken war von da an bestimmt, einen Ausgleich zwischen Ost und West auf religiösem Gebiet einzuleiten; und wurde im vorigen Absatz noch der Hinweis Wolffs bzgl. des Missionscharakters östlicher Religionen zitiert, so darf von Lama Govinda behauptet werden, daß ihm diese Absicht völlig fern lag.

„So hoffe ich denn, daß dieses Buch (i.e., „Schöpf. Med. . . ., d. Verf.) ein Brückenschlag zwischen diesen beiden Welten werden möge und nicht ein blosses Handbuch bzw. eine Informationsquelle. Es möge ein Ansporn sein, der auch andere anregt, die Brücke in beiden Richtungen zu überqueren. In keinem Fall aber soll es irgend jemanden veranlassen, von der einen Seite zur anderen zu konvertieren. Es soll vielmehr andere ermutigen, die Forschungen, mit denen ich mich befaßte, fortzusetzen — nicht um einer Endlösung willen, sondern allein aus der Freude, die jenem Gefühl und jener inneren Gewißheit entspringt, daß dem geistigen Entdeckungsdrang eines schöpferischen Lebens kein Ende gesetzt ist und daß der Akt des Fortschreitens seinen eigenen Lohn in sich trägt. Denn wie bei einer Pilgerreise gilt auch hier, daß das Gehen wichtig ist und nicht das Ankommen! Hier hat jeder Schritt seine ihm eigene Bedeutung — hat seinen eigenen Sinn, der uns mit Freude erfüllt. Doch besagt das nun nicht, daß wir weder Ziel noch Richtung haben sollen: Wenn unser Ziel ein der höchsten Wirklichkeit entsprechendes und erhabenes ist, dann ist seine Erfüllung jeder Schritt, der uns ihm näher bringt: Der Weg selbst wird zum Ziel!" (401)
Welcher religiösen Orientierung der Leser auch zuneigen mag, in den Schriften Lama Govindas wird jeder geistige Sucher wertvolle Hinweise für „den Weg finden, der zum Ziel werden sollte."

401) L. A. Govinda, „Schöpf. Med.", S. 11

Kirpal Singh — Die universale Religion

Das Ideal einer universalen Religion stellte das erklärte Ziel des Sikh-Meisters Kirpal Singh dar.

„Eine dringende Notwendigkeit unserer Zeit ist es, eine universale Religion für die ganze Menschheit aufzustellen, die eine Zusammenfassung alles dessen sein sollte, was in jeder Religion gut ist. Aber ist das möglich? Infolge der verschiedenen Temperamente und Denkarten, ist es nahezu unmöglich, gewisse Regeln der Verehrung niederzulegen, die für alle annehmbar sind, und ihre verschiedenen Gedankenströmungen in einen Kanal zu leiten. Aber bei allen Unterschieden gibt es dennoch etwas, das der ganzen Menschheit gemein ist. Es ist das Göttliche Bindeglied, durch welches die ganze Schöpfung ins Dasein kam und durch das sie erhalten wird. Alle Religionen sind trotz der scheinbaren Unterschiede in den äußeren Formen und Ritualen im Grunde in Wesentliches eingebettet, in welchem sie alle gleich sind. Der Göttliche Grund, auf dem sie alle ruhen, ist derselbe, und die riesige Masse des Oberbaues ist in jedem Fall auf der Grundlage der Gottheit selbst errichtet.

Eine Religion sollte die Menschen und Nationen miteinander verbinden und die Welt durch gemeinsame Bande allumfassender Liebe, Gemeinschaft und Bruderschaft verknüpfen." (402)

Die Schönheit dieses Ideals spricht für sich, zu seiner Verwirklichung bedarf es aber eines reifen Menschen, dem die Wahrheit die höchste Form der Religion bedeutet, nicht die liebgewonnene Überlieferung seines Glaubens.

Omkarananda — Die Religion des Herzens

Eine vergleichende Studie der Schriften Omkaranandas und Yoganandas zeigt eine vielfache Identität ihrer Lehren. In der Frage der Religion gleichen sich ihre Aussagen manchmal sogar im Wortlaut. Aus der Erkenntnis,

402) Kirpal Singh, „Spiritualität", a.a.o., S. 100 f.

daß es nur eine Wahrheit geben könne, schließt Omkarananda, es könne auch nur eine Religion geben.

„Religion ist wesentlich eine Beziehung, und zwar eine bewußte, dynamische und vielseitige Beziehung zwischen dem Menschen und seiner Überseele, zwischen dem Endlichen und dem Unendlichen, das sein Schöpfer, Erhalter und seine innere Unendlichkeit voll Wissen, Macht, Liebe, Licht, Friede und Freude ist. Es ist dieses Verlangen, die eigene Überseele kennenzulernen, was ein wesentliches Charakteristikum der Religion ausmacht. Wenn es nur eine Wahrheit gibt, kann die Religion nur eine sein, obschon es viele Phasen davon geben kann. Im praktischen Leben dagegen können wir nur eine Religion haben. Die Temperamente der Menschen sind zu sehr verschieden. Nicht alle Leute denken auf dieselbe Weise. Obwohl alle menschliche Wesen sind, denken sie in verschiedenen Richtungen. Sie sind unter verschiedenen Verhältnissen aufgewachsen. Ihre Vorstellungen sind sogar von Geburt an verschieden. Deshalb wird es sehr schwierig sein, die Disposition der Religion zur Gruppenbildung zu überwinden." (403)

Verbindendes, weil tragendes Prinzip aller Religionen ist die Liebe zu Gott. Allein durch sie lassen sich die Barrieren religiöser Grenzen überwinden.

„Die Gottesliebe ist das allergrundlegendste Prinzip der Religion. Vor ihr verschwinden alle Grenzen und Unterschiede. So wie die Sonne gleichermaßen alles bestrahlt, fließt sie immerwährend der ganzen Schöpfung zu.

Eine dauerhafte Einheit der ganzen Menschheit kann allein auf der Grundlage der Religion der reinen Liebe errichtet werden. Sie ist die Religion der Menschheit. Das ist es, was die Religion eigentlich für die Menschheit bedeutet." (404)

Eine Religion ist für Swami Omkarananda so gut wie die andere. Sie alle stellen Wege zu Gott dar. Die unterschiedlichen, auf diesem Weg gebildeten Vorstellungen über Gott verkörpern nur verschiedene Aspekte der Einen Wirklichkeit. Sie fließen zu einer Einheit zusammen, wenn die Menschen zur Religion des Herzens finden.

„Die Religion des Herzens ist die einzige Grundlage der wahren und dauern-

---

403) S. Omkarananda, „Betrachtungen ü. d. Grundlagen des Glaubens", DLZ 1972 S. 21 f.

404) ebd., S. 33 f.

den Einheit aller Menschen. Die Religion des Herzens ist die Religion der Liebe." (405)

Swami Omkaranandas eigene Erläuterung der „Religion des Herzens" erübrigt jede weitere Ergänzung.

„Die Religion Deines Herzens
Wo die Hände bauen,
wo das Herz liebt,
wo das Leben wächst,
wo die Lippen gütig lächeln,
wo das Gemüt edle Gedanken hegt,
wo Wahrheit und aufrichtige Arbeit einen Hafen des Friedens schaffen,
wo das Heim zum Liede wird,
wo die Seele betet,
wo der Glaube den allgegenwärtigen Gott kennt,
wo der Mensch mit der unendlichen Weisheit und Schönheit und
dem Lichte Gottes in Gemeinschaft ist —
Da ist die Religion, die Religion der Güte im Herzen jedes Menschen, der nach
dem Bildnis Gottes geschaffen ist." (406)

405) ders., Ethik u. Rel.", a.a.O., S. 10
406) ders., „Das gute Herz", DLZ o. J., S. 22 f.

XIX. Christus

Für das religiöse Leben des Abendlandes bildet Jesus Christus die zentrale Figur. Dabei spielt es keine Rolle, ob es sich um die großen kirchlichen Gemeinschaften, christlichen Sekten, esoterischen Gesellschaften, wie christlich orientierte Theosophen, Anthroposophen oder Rosenkreuzer handelt oder um geistchristliche Vereinigungen, deren Christusverständnis auf Botschaften aus der Geisteswelt gründet. Ihnen allen ist eines gemeinsam, die zentrale Bedeutung der Person und Botschaft von Jesus Christus. Eine Darstellung des Weltbildes der Yoga-Meister sollte daher nicht versäumen, aufzuzeigen, welche Bewertung seine Person in der östlichen Lehre findet. Dieses Unterfangen bereitet insofern keine große Mühe, da von allen bedeutenden Mystikern und Yogis des Ostens Stellungnahmen über Jesus Christus vorliegen.

Von Ramakrishnas Christus-Verständnis wurde im Kapitel über die Religion bereits gehandelt. Nachzutragen wäre hier noch seine persönliche Erfahrung mit Christus, wie sie von seinen Biographen überliefert wird.

Eines Tages ruhte der Blick Ramakrishnas auf einem Bildnis von Maria mit dem Jesus-Kind, als sich dieses für ihn zu beleben schien, und er mit dem von ihm ausstrahlenden Licht verschmolz. Drei Tage lang lebte er nur als — so Satyamayi — „christverwandelte Seele". Am vierten Tag begegnete ihm im Tempelbezirk ein Mann, dessen Aussehen und Kleidung ihn als Fremden kennzeichneten.

„Ramakrishna überlegte noch, als ihn der Blick des Fremden aus großen sanften Augen traf.

Da verriet ihm sein Herz, daß es Christus war, der ihn ansah, da er ihm nahekam, ihn umarmte und sich in ihm auflöste. Sein Wachbewußtsein schwand dahin und ging in Samadhi auf. Es war das gleiche, was ihm im Erleben des Buddha geschehen war;

Der Eindruck seiner Begegnung mit dem Christus war so stark, daß er dessen Bildnis in seinen Wohnraum stellte und morgens und abends Weihrauch davor brannte." (407)

407) Satyamayi, „Ramakrishna", S. 102 f.

259

Für Ramakrishna wurde Christus nach dieser Erfahrung zur göttlichen Inkarnation, zur höchsten Offenbarung Gottes auf Erden.

Vivekananda sah in Buddha und Christus die beiden bedeutendsten spirituellen Wesenheiten der Erde, wobei er Buddha stärker den Weg der Erkenntnis und Christus den Weg der Hingabe zuordnete. Allerdings waren in seinen Augen auch diese beiden nicht vollkommen. Besonders kritisierte er an Jesus sein mangelndes „emanzipatorisches Engagement", was verwundert, wenn man Ramakrishnas Einstellung zur Frau berücksichtigt.
*„Sie (i.e. Buddha und Christus, d. Verf.) waren große Seelen, die, nachdem sie die Freiheit errungen hatten, anderen dazu verhalfen, sie zu erlangen. Keiner von beiden war vollkommen, aber sie sollten nur nach ihren Tugenden und nicht nach ihren Fehlern beurteilt werden. Jesus fehlte, weil er nicht immer seinen eigenen, höchsten Idealen nachlebte, und vor allem weil er der Frau nicht einen dem Manne ebenbürtigen Platz einräumte. Trotzdem Frauen alles für ihn taten, machte er nicht eine zum Apostel. Zweifellos war seine semitische Abstammung der Grund dafür. Die großen Arier, darunter Buddha, räumten der Frau den gleichen Platz ein wie dem Manne; für sie gab es in der Religion keinen Unterschied des Geschlechtes. In den Veden verkündeten Frauen die erhabensten Wahrheiten und wurden genau ebenso verehrt wie die Männer. "
(408)*
Zahlreiche Zeugnisse aus Vivekanandas Leben lassen keinen Zweifel daran, daß er Christus sehr hoch achtete. Dabei muß fraglich bleiben, ob er ihn als historische Persönlichkeit anerkannte. — Auf einer Schiffahrt, fünfzig Seemeilen von Kreta entfernt, hatte Vivekananda einen seltsamen Traum, in dem ihm ein Greis erschien und folgende Worte sprach:
„Beobachte genau diesen Ort, dies ist das Land, wo das Christentum begonnen hat. Ich bin einer der essenischen Therapeuten, die hier gelebt haben. Die von uns gepredigten Wahrheiten und Ideale wurden als Jesu Lehre hingestellt. Aber die Person Jesu ist nie geboren worden. Die verschiedensten Beweise dafür werden zutage kommen, wenn man an dieser Stelle nachgräbt. " (409)

408) Vivekananda, „Jnana-Yoga", S. 235

409) Rolland, „Vivekananda", S. 181 (Bd. 2)

Dieser Bericht wird auch von Saher so überliefert, der allerdings auf die nicht völlig gesicherte Behauptung hinweist, es sei ein „essenischer" Therapeut gewesen (vgl. Saher, Cr. Mytik, 165). Eine Traumkundgabe dieses Inhalts muß mit höchstem Bedenken zur Kenntnis genommen werden, und es fragt sich, ob jene Wesenheit des Greises, sofern es sich um eine real existierende handelte, nicht um ein astrales Gedankenbild, nicht eine Verkörperung des geistigen Gegensatzes darstellte, denn eine derartige Kundgabe widerspräche allen geistigen Erkenntnissen über Christus, in denen seine historische Existenz eindeutig bejaht wird.

Von Swami Brahmananda wird folgende Christuserfahrung berichtet:
„Zu Weihnachten pflegte Maharaj (i.e. Brahmananda, d. Verf.) einen Gottesdienst zu Ehren Jesu zu veranstalten. Die Erzählung von der Geburt wurde laut aus der Bibel vorgelesen; ihr folgte eine Andacht. Früchte, Brot, Kuchen und Wein wurden während der Andacht dargebracht.
Schwester Devamata, eine amerikanische Anhängerin, war bei einer solchen Gelegenheit anwesend und gibt folgende Schilderung: 'Als ich zu Ende gelesen hatte, veranlaßte mich die tiefe Stille, meinen Blick auf Swami Brahmananda zu richten. Seine weit geöffneten Augen blickten auf den Altar, ein Lächeln war auf seinen Lippen, und sein Geist schien sich in einer höheren Sphäre zu befinden. Nach ungefähr zwanzig Minuten zeigte sein Augenausdruck an, daß er zur Erde zurückgekehrt war. Er bat, den Gottesdienst fortzusetzen.'
Als Maharaj später von den geweihten Speisen aß, sagte er zu Schwester Devamata: 'Während sie lasen, stand plötzlich Christus, mit einem langen blauen Mantel bekleidet, vor dem Altar. Er sprach mit mir — es war ein begnadeter Augenblick." (410)

Die Stellen im Werk Aurobindos, an denen er ausführlich über Christus spricht, sind sehr selten. Meistens taucht der Name Christi im Zusammenhang mit anderen, wie denen Krishnas, Buddhas und Ramakrishnas auf, wobei alle als Avatar bezeichnet werden. An einer Stelle seiner „Letters on Yoga" spricht Aurobindo von Christus allerdings als „Teil-Inkarnation".

410) Prabhavananda, a.a.O., S. 96 f.

„Christus verwirklichte sich als der Sohn, der eins mit dem Vater ist — er muß daher ein amsavatara, eine Teilinkarnation gewesen sein." (411)

Die wichtigste, weil aufschlußreichste Stelle für Aurobindos Christusverständnis bildet sein Vergleich zwischen Christus und Krishna in seiner Autobiographie. Sie drückt deutlich eine Wertung aus, auch wenn ein abschließendes Resümee ausgeklammert wird.

„Es erscheint mir schwierig, etwas über X's (i.e. eine Biographin, d. Verf.) Christus und Krishna zu sagen. Die Anziehungskraft, die Menschen für Christus fühlen, von der sie spricht, habe ich nie verspürt, teilweise wohl, weil ich angewidert wurde von der Trockenheit und Erstarrung des Christentums in England und teilweise, weil der Christus der Evangelien (abgesehen von einigen prägnanten Episoden) zwar unzweifelhaft lichtvoll ist, aber ziemlich schattenhaft und unvollkommen in seiner Lichthaftigkeit konstruiert: es ist mehr das Ethischen hervorgehoben als das Spirituelle oder Göttliche des Menschen. Der Christus, der kraftvoll in den Heiligen und Mystikern des Westens lebte, ist der Christus des Hl. Franz von Assisi, der Hl. Theresa und anderer. Aber abgesehen davon, kann man sagen, daß Christus mit aller Kraft und Lebendigkeit von den Christen geliebt worden ist? Nur von wenigen, so erscheint es mir. In Bezug auf Krishna; ihn zu beurteilen und seine Offenbarungstradition ist durch die Person Christi und die christliche Tradition nicht möglich. Die beiden stehen in zwei unerschiedlichen Welten. In Christus ist nichts zu finden von der Größe und der Grenzenlosigkeit und der Unübertrefflichkeit des geistigen Wissens und der Macht der Verwirklichung, die wir in der Gita finden, nichts von der emotionalen Kraft, Leidenschaft und Schönheit des Gopi-Symbols und all dem, was dahinter steht, nichts von der vielseitigen Offenbarung der Krishna-Figur. Christus hat andere Qualitäten: es bringt keinen Gewinn, sie nebeneinander zu stellen und zu versuchen, sie gegeneinander abzuwägen." (412)

411) Aurobindo, „Briefe II.", S. 28

412) ders., „On Himself", S. 138 f.

„I feel it difficult to say anything about X's Christ and Krishna. The attraction which she says people feel for Christ has never touched me, partly because I got disgusted with the dryness and deadness of Christianity in England and partly because the Christ of the gospels (apart from a few pregnant episodes) is luminous no doubt, but somewhat shadowy and imperfectly constructed in his luminosity: there is more of the ethical put forward than of the spiritual or

Ob man bei einer Kenntnis dieser Aussage noch davon sprechen kann, *„Aurobindo sei ein inbrünstiger Verehrer Christi„* gewesen (Saher), *(413)* erscheint zumindest zweifelhaft.

Eine gänzlich verstiegene Ansicht über Christus findet sich bei Ramana Maharshi, der soweit geht, Christus ein bewußtes Handeln abzusprechen. *„Frage: Christus heilte Kranke. Ist das nur eine okkulte Kraft gewesen? R. Maharshi: War Jesus seiner Person gewahr und daß er als solche Kranke heilte? Er kann sich seiner Kräfte persönlich nicht bewußt gewesen sein."* *(414)* *„Frage: War Jesus nicht ein vollkommenes Wesen, ein Siddha, der eben auch Wunderkräfte besaß? Maharshi: Er kann sich persönlich dieser Kräfte nicht bewußt gewesen sein."* *(415)*

Mit dieser Auffassung steht Ramana Maharshi auch im Kreise der Yoga-Meister völlig isoliert dar. Er führt für seine Behauptung keinerlei Argumente an und seine Aussage läßt nur den Schluß zu, daß es sich um eine gänzlich willkürliche Hypothese handelt.

Sinkt Christus bei Ramana Maharshi fast bis zur Bedeutungslosigkeit ab, so wird er bei Yogananda zum strahlenden Licht. Für Yogananda war Christus wahrhaft ein Sohn Gottes, allerdings sah er in ihm nicht den einzigen Sohn, wobei er sich auf die Worte Christi selbst berief. *„Glauben Sie an die Göttlichkeit Christi?" fragte ein Besucher. Der Meister antwortet: „Ja. Ich spreche gern von ihm, denn er besaß vollkommene Selbstverwirklichung. Er war jedoch nicht der einzige Sohn Gottes und behauptete das auch nie. Statt dessen lehrte er unmißverständlich, daß jeder, der den Wil-*

divine man. The Christ that has strongly lived in the Western saints and mystics is the Christ of St. Francis of Assisi, St. Teresa and others. But apart from that, is it a fact that Christ has been strongly and vividly loved by Christians? Only by a very few, it seems to me. As for Krishna, to judge him and his revealing tradition by the Christ figure and Christ tradition is not possible. The two stand in two different worlds. There is nothing in Christ of the great and boundless and sovereign spiritual knowledge and power of realisation we find in the Gita, nothing of the manysided manifestation of the Krishna figure. Christ has other qualities: there is no gain in putting them side by side and trying to weigh them against each other."

413) P. J. Saher, „Evolution und Gottesidee", Ratingen 1967, S. 64

414) R. Maharshi, „Gespräche 1", S. 32

415) ebd.

len Gottes tue, wie er selbst eins mit Ihm werde. War es nicht Jesu Aufgabe auf Erden, alle Menschen daran zu erinnern, daß Gott ihr Himmlischer Vater ist, und ihnen den Weg zu zeigen, der zu Ihm zurückführt?" (416)

Die indische Guru-Tradition drückt sich dann allerdings in der Annahme aus, Johannes der Täufer sei als Elias in einer früheren Inkarnation der Guru Christi gewesen, der damals sein Schüler Elisa war. So wird dann die Taufe Jesu als Verbeugung vor dem Recht des früheren Guru gedeutet. Hier spielt das indische Vorverständnis Yoganandas sicher die entscheidende Rolle, und Yogananda postulierte seine Annahme auch nicht als unzweifelhafte spirituelle Erkenntnis, sondern als „intuitive Wahrnehmung" (vgl. Autob., 336 f.).

Beeindruckend die Schilderung, die Yogananda von seiner eigenen Erfahrung gibt:

„Eines Nachts, als ich in der Einsiedelei zu Encinitas saß und schweigend betete, wurde mein Wohnzimmer von einem opalblauen Licht erfüllt, und ich erblickte die strahlende Gestalt des Herrn Jesus. Er sah aus wie ein junger Mann von etwa 25 Jahren und trug einen spärlichen Bart und Schnurbart. Sein langes, schwarzes Haar war in der Mitte gescheitelt und von einem schimmernden, goldenen Licht umgeben.

Seine Augen waren unbeschreiblich wundersam und wechselten ständig ihren Ausdruck. Und mit jedem Ausdruckswandel erfaßte ich intuitiv die göttliche Weisheit, die sie mir vermittelten. In seinem strahlenden Blick fühlte ich die Macht, die Myriaden von Welten aufrechterhält. Ein Heiliger Gral erschien an seinem Mund, kam zu meinen Lippen herab und kehrte dann zu Jesus zurück. Nach einigen Augenblicken begann er zu mir zu sprechen; seine Worte waren jedoch so persönlich, daß ich sie in meinem Herzen verschlossen halte." (417)

Yoganandas Meister, Sri Yukteswar, und er selber gaben der Gottessohnschaft Christi eine Deutung, die auch im Westen einen nicht zu unterschätzenden Einfluß gewann. Vielfach tauchte sie in Büchern über Christus auf, ohne daß explizit ein Rückverweis auf Yogananda erfolgte.

Der Christus — als Sohn Gottes — beinhaltete für Sri Yukteswar die Be-

---

416) Yogananda, „Worte", S. 58 f.

417) ders., „Autob.", S. 417

zeichnung für das Göttliche-Bewußtsein im Menschen. Yogananda zitierte dazu seinen Meister:

„Viele Theologen haben die Worte Christi falsch ausgelegt, so u. a. folgendes: 'Ich bin der Weg und die Wahrheit und das Leben; niemand kommt zum Vater denn durch mich.' (Joh. 14,6) Jesus wollte damit keineswegs behaupten, daß er der einzige Sohn Gottes sei, sondern daß kein Mensch das Unvergleichliche Absolute, den transzendenten Vater jenseits der Schöpfung erreichen kann, ehe er nicht den 'Sohn', d. h. das aktivierende Christusbewußtsein innerhalb der Schöpfung offenbart hat. Jesus, der vollkommen im Christusbewußtsein aufgegangen war, identifizierte sich bereits mit diesem, denn sein Ich hatte sich schon lange aufgelöst.

Die Worte des Paulus: 'Gott . . . der alle Dinge geschaffen hat durch Jesum Christum' (Ephes. 3,9) und die Worte Jesu: 'Ehe denn Abraham ward, bin ich' (Joh. 8,58) sind ihrem tieferen Sinne nach überpersönlich.

Eine gewisse Feigheit des Gemüts hat viele weltliche Menschen zu dem bequemen Glauben geführt, daß nur ein einziger Mensch Gottes Sohn war. 'Christus wurde auf einzigartige Weise erschaffen', erklären sie. 'Wie kann also ich, der ich nur ein Sterblicher bin, Ihm gleich werden?' Dennoch sind alle Menschen als göttliche Wesen erschaffen worden und müssen eines Tages Christi Gebot befolgen, das besagt: 'Darum sollt ihr vollkommen sein, gleich wie euer Vater im Himmel vollkommen ist.' (Math. 5, 48) 'Sehet, welch eine Liebe hat uns der Vater erzeigt, daß wir Gottes Kinder sollen heißen!' (1. Joh. 3,1)." (418)

Christus wird in zweifacher Weise verstanden; einmal als individuelle spirituelle Wesenheit und dann als Charakteristikum für einen bestimmten Bewußtseinszustand.

Die gleiche Deutung macht sich auch P. J. Saher zu eigen, der sie gleichzeitig in eine religionsgeschichtliche Parallele einflicht.

„Das zugrunde liegende reine oder wirkliche Bewußtsein im Herzen des Menschen der Schöpfung ist Christus. Außerhalb dieses Christus-Seins gibt es keine Wirklichkeit. Von ihm abgesehen ist alles unwirklich. 'Nirvana' oder 'Erleuchtung', das 'Heil' oder die 'Erlösung' ist ein Zustand des Bewußtseins an sich. Es

---

418) ebd., S. 188

ist ein Zustand, in welchem man das Christus-Bewußtsein (Atman oder die 'Buddha-Natur') als sein wirkliches Ich erkennt. Die schlimmste Sünde besteht in der Vernachlässigung des (potentiellen) Christentums. Es ist das innerste Erkennen unserer eigenen Göttlichkeit, das uns Erleuchtung bringt und uns von allem befreit, an das wir gebunden sind. Allein durch das Erlangen dieses Göttlichen Bewußtseins (Christus-Bewußtseins) werden oder können wir des Göttlichen ('Gott' geheißen oder der Höchste) gewahr werden. 'Niemand kommt zum Vater (d. h. zu Gott oder zum Höchsten) denn durch mich (d. h. durch Christus, Christus-Bewußtsein)'. Mit anderen Worten: man kann nicht zum Absoluten (was die Bhagavad Gita das 'Unentfaltete jenseits des Unentfalteten' nennt) oder zur transzendenten Gottesschaft jenseits der Schöpfung gelangen, bevor man nicht das Göttliche oder Christus-Bewußtsein innerhalb aller Schöpfung (oder Manifestation) erkannt hat.*

In diesem Sinne hat (oder vielmehr ist, wenn auch nur potentiell) jedes Individuum 'den Geist Christi', jenes tiefgründende, innerste geistig-seelische Substrat, das wir Atman oder Christus-Bewußtsein nennen mögen." (419)

Diese Auffassungen bergen sicherlich wesentliche Impulse zum Verständnis des Wesens Christi; sie implizieren aber zugleich eine Identität zwischen Atman-Lehre, Nirvana-Auffassung und personaler Gottesvorstellung. Ob diese drei Bereiche wahrhaft deckungsgleich zu machen sind, muß nach eingehender Prüfung (vgl. Atman-Kapitel dieses Buches) unbeantwortet bleiben. Mit Sicherheit symbolisieren alle drei einen bestimmten Bewußtseinszustand, einen Grad der Erkenntnis. Diese für identisch zu erklären, erfordert aber ein nicht geringes Maß an willkürlicher Umdeutung. Bei einer Verwirklichung des Atman von einer Erkenntnisstufe der Größe Christi zu sprechen, läßt sich nach Untersuchungen der dazu vorliegenden Erfahrungsberichte nicht generell stützen.

Obwohl Lama Govinda seinen Weg im Buddhismus sah, leugnete er nicht die spirituelle Größe Christi, der ihm als einer der großen Boddhisattvas galt.

„Jedem wahren Buddhisten, der diese Worte vernimmt (i.e. 'Liebet eure Feinde, tut wohl denen, die euch verfolgen; segnet, die euch hassen', d. Verf.), ist es klar,

419) J. Saher, „Ind. Weish.", S. 50 f.

daß derjenige, der sie aussprach, einer der großen Boddhisattvas — der erleuch-
teten Helfer der Menschheit — war, denen er täglich Verehrung zollt, wenn er
der Erleuchteten der Vergangenheit gedenkt und sich vor denen der Gegenwart
und Zukunft verneigt. " (420)
Lama Govinda bezog sich dabei auf das Verehrungs-Gebet:
>   Alle Erleuchteten der Vergangenheit,
>   Alle Erleuchteten der Zukunft,
>   Alle Erleuchteten der Gegenwart
>   Verehre ich zu allen Zeiten.

Die neben Yogananda höchste Einschätzung erfährt Christus durch Swami
Omkarananda. In zahlreichen Schriften kreisen seine Ausführungen immer wieder um die Herrlichkeit Christi.

„Wenn Jesus Christus erklärt: 'Ich und der Vater sind Eins', geht daraus klar
hervor, daß es sich nicht bloß um die Stimme einer erleuchteten Seele, nicht nur
um eine Persönlichkeit von hoher Heiligkeit handelt, sondern — indem diese
Erklärung erfolgt — um die Stimme einer göttlichen Seele, deren ganzes inne-
res Wesen und Bewußtsein zu organischen Beziehungen und zur Identität mit
dem Wesen, der Kraft und dem ausgeglichenen Zustand der Gottheit gelangte.
Es ist dies die Stimme eines Wesens, das die Bande des Selbstseins und der Indi-
vidualität durchbrochen hat und das Einssein mit dem Ewigen erreichte. "
(421)
„Jesus Christus — in Seiner Einheit mit dem zeitlosen Vater — ist allgegenwär-
tige, ewige Gegenwart. Seiner allumschließenden Gnade können wir nicht ent-
fliehen. Er ist nicht nur unser Zeuge, sondern gießt auch Sein Licht über uns
aus. Gott und Christus sind ewig eins. Wo immer Gott ist, da ist auch Christus.
Die höchste geistige Offenbarung enthüllt uns, daß zwischen dem Licht, das
Christus ist, und der höchsten Gottheit kein Unterschied besteht. Wo immer der
Vater ist, da ist auch der Sohn. " (422)

420) L. A. Govinda, „Schöpf. Med." S. 171

421) S. Omkarananda, „Das Christentum als Sinfonie", DLZ 1974, S. 25 ff.

422) ders., „Bergpredigt", a.a.O., S. 13

Eine andere Werkstelle läßt sich einreihen in die Kette der doppelten Christus-Deutung, der personalen und der apersonalen.

„Christus ist eins mit dem Vater. Was zum Vater gehört, gehört auch zum Sohn; der Eine ist im Anderen. Bei Christus sein, heißt wahrhaft frei, heißt in der wahren Freiheit sein. Niemand kann uns wahre Freiheit gewähren außer Christus. Was ist Christus, wenn nicht unbegrenzte Liebe? Christus ist göttliches Erbarmen. Unser Herz fühlt Ihn. Unsere Seele sieht Ihn. Unser Sein erfährt Ihn in liebender Hingabe. Unser ganzes Wesen wird von Kraft durchströmt, wenn es sich seiner Gegenwart ausliefert. Er ist unsere Stärke. Er ist das Licht unserer Augen. Er ist die Kraft hinter der edlen Leuchtkraft unserer Intelligenz. Wahre Freiheit kann nur aus den Händen Christi erlangt werden, denn Christus ist die Wahrheit, und wenn wir die Wahrheit erkennen, macht uns die Wahrheit frei. Um frei zu sein, müssen wir in Christus wandeln, was das gleiche bedeutet wie 'im Geiste wandeln', oder 'in Einklang mit unserem himmlischen Vater sein'.“ (423)

Im „Einklang mit unserem himmlischen Vater sein", würde in der Deutung Yoganandas lauten, im Christus-Bewußtsein zu leben. Omkarananda unterscheidet sich dann aber doch von Yogananda, wenn er Christus als das „schönste Licht" bezeichnet. In diesem Punkt überschreitet er die Position aller anderen Yoga-Meister, die Christus auf eine Stufe mit anderen Gottesboten stellten.

„Ist nun die Aussage 'Christus ist das schönste Licht' aus der Sprache der Liebe entsprungen oder handelt es sich um eine unabhängige Wirklichkeit? Das ist die Frage hier. Die geistige Erfahrung zeigt, daß es sich um eine unabhängige Wirklichkeit handelt. Ob Du Christus als das schönste Licht bezeichnest oder nicht, Christus ist das schönste Licht. Das ist eine ewige Tatsache, die unabänderlich ist. Selbst wenn Du Christus als Dunkelheit bezeichnest — Christus bleibt, was Er ist: das allerschönste Licht.
Christus hat keine Grenzen, Er hat die Vollkommenheit des Vaters erlangt, und und diese Vollkommenheit ist ohne Ende.“ (424)

423) ders., „Ruf zur wahren Freiheit in Christus", DLZ 1971, S. 7 f.
424) ders., „Christus ist das schönste Licht", DLZ 1975, S. 8 f.

Bemerkenswert ist Swami Omkarandas Interpretation des Erlösungsgedankens, die hier abschließend angeführt sei.

„Er ließ Ihn alle Verfolgungen durchleben, um zu bezeugen, daß es auch unter solchen Umständen möglich ist, das göttliche Leben hier auf Erden zu verwirklichen. In gewissem Sinne kann daher gesagt werden, daß Gott Jesus um unserer göttlichen Erfahrung willen geopfert hat. In diesem Sinne ist Jesus Christus unser Erlöser. Er litt, um zu zeigen, daß jeder von uns ein Kind Gottes ist. Er ließ es zu, daß man Ihn kreuzigte, um zu bezeugen, daß wir unsterblich sind. Er hat den körperlichen Tod auf sich genommen, um die Nichtigkeit dieses physischen Todes darzutun. Er ist Feinden begegnet, um zu zeigen, daß Er sie wie sich selbst zu lieben vermochte. Durch sein Leben hat Er Kraft, Gültigkkeit und Wahrheit Seiner eigenen Predigt bewiesen." (425)

Der Erlösungsgedanke wird nicht mehr mit Schuld (Karma) in Verbindung gebracht, sondern auf die Botschaft der Erweckung von Erkenntnis — vom Bewußtsein der Unsterblichkeit — bezogen.

Wurde in den vorstehenden Ausführungen der Christus-Aspekt besonders betont, so kehrt Sri Rajneesh dies genau um, fordert, Christus zu vergessen und sich ganz auf Jesus zu konzentrieren.

„Jesus ist Wirklichkeit. Christus ist ein Prinzip. Jesus ist konkret; Christus ist abstrakt. Jesus ist ein Mann wie du und ich, aus Fleisch und Blut. Sein Herz schlägt. Er lacht, er weint, er lebt, er liebt. Christus ist ein totes Konzept — ohne Blut. Da schlägt kein Herz. Das Christentum gehört zu Christus — ich habe keinen Anteil an Christus. Das Wort Christus ist sehr schön, aber verfälscht, befleckt, beschmutzt. Die ganze Schönheit wurde zerstört." (426)

Durch die Assoziation von Christus, mit dem, was sich Christentum nennt, kehrt Rajneesh die spirituellen Wahrheiten genau um. Sicherlich entspricht das kirchliche Christentum des 20. Jhdt. in keiner Weise der Spiritualität Christi, deswegen wird Christus aber nicht weniger konkret. Den Blick nur auf die zeitliche Menschenform zu richten, heißt, den eigentlichen Kern Christi zu verkennen.

425) ders., „Bergpredigt", S. 86 f.

426) Sri Rajneesh, „Sannyas", a.a.O., S. 8

269

Fast möchte man geneigt sein, anzunehmen, um dem Jesus-Aspekt mehr Gewicht zu verleihen, habe Sri Rajneesh Jesus 112 Jahre alt werden lassen. Es sei an dieser Stelle in Erinnerung gerufen, daß nach der Traumkundgabe die Vivekananda zuteil wurde, Jesus gar nicht gelebt haben sollte.

Damit ist die Spannbreite der Jesus-Deutung einmal „zeitlich" verdeutlicht.

In Rajneeshs Schriften lebt die bekannte Theorie wieder auf, Jesus habe in der Zeit vor dem Beginn seiner Lehrtätigkeit als buddhistischer Mönch in Kaschmir gelebt.

„In all den unbekannt gebliebenen Jahren war er in einem buddhistischen Kloster in Kaschmir, wovon es Aufzeichnungen und Volksgeschichten gibt. Und er war in all diesen Jahren ein buddhistischer Mönch und meditierte! Dann erschien er plötzlich in Jerusalem als er dreißig Jahre alt war. Dann wurde er gekreuzigt und dann gibt es die Geschichte seiner Wiederauferstehung. Aber wohin verschwand er nach der Wiederauferstehung? Die Christen können darüber keine Auskunft geben. Wo ist er hingegangen? Wann starb er eines natürlichen Todes?" (427)

Rajneesh hat die Antworten schon parat:

„Eine Sekte, die ihre eigene Geschichte hat, ist die der Essener. Ihre Überlieferungen sagen, daß sie es waren, die es Jesus ermöglichten, sich zu erholen und wieder zu genesen. Die Wunden mußten verheilen. Und als er wieder gesehen wurde, konnte keiner seiner Anhänger glauben, daß er Jesus war, denn er war ja 'tot' und er war gekreuzigt worden. Das einzige Zeichen, das er vorweisen konnte, waren seine Wunden. Daran erkannten sie, daß er Jesus war. Es steht in der Bibel, daß er seine Wunden zeigte, die verheilt waren! Diese Wunden hatten die Essener geheilt! Innerhalb von diesen drei Tagen wurden seine Wunden geheilt. Und dann verschwand er. Er mußte verschwinden, denn wäre er weiter in diesem Land geblieben, hätte man ihn wieder gekreuzigt.

Er ging wieder nach Kaschmir und lebte dort bis zum Alter von 112 Jahren. Dann starb er in Kaschmir, und es gibt an genau dieser Stelle eine Stadt, wo es passierte. " (428)

427) ebd., S. 72 f.
428) ebd., S. 74 f.

Um den Umstand zu erklären, warum über den Verbleib Jesu nach seiner 'Flucht nach Kaschmir' nichts mehr bekannt wurde, läßt Rajneesh ihn zum Schweiger werden.

Von allen ungewöhnlichen Jesus-Theorien stellt die von Sri Rajneesh sicherlich die abenteuerlichste dar. Sie in allen Einzelheiten darzulegen, würde den Rahmen dieses Buches überschreiten. Der interessierte Leser mag freundlicherweise selbst nachschlagen und sich mit ihren inneren Widersprüchen auseinandersetzten.

Maharishi Mahesh Yogi legte, wenn er überhaupt von Christus sprach, besonderes Gewicht auf die Behauptung, Christus habe nicht gelitten. Der folgende kurze Ausschnitt aus einer Diskussion von Maharishi M. Y. mit Robert Kee vom BBC und dem Abt von Downside beleuchtet treffend sein Christus-Verständnis.

„Kee: Wie wichtig ist das Leben Christi für Sie in Ihrer Lehre gewesen?

Maharishi: Ich liebte seine Lehre: 'Das Königreich des Himmels ist inwendig in euch', und was man dann tun muß ist dies: 'Trachtet zuerst nach dem Königreich des Himmels und alles andere wird euch zufallen.'.

Kee: Ja, aber Sie sagen, in Ihren Schriften und Reden, daß der Mensch nicht leiden sollte, während bei Christus sozusagen der springende Punkt der war, daß er litt, nicht wahr?

Mah.: Nein, nein, nein. Christus litt niemals. Der Mensch erblickte ihn als leidend.

Kee: Herr Abt, können Sie etwas dazu sagen?

Mah.: Wir sehen etwas durch eine rote Brille und sagen dann, alles sei rot. So sah der Mensch von der Ebene des eigenen Leidens, daß sein Erlöser litt. Aber Christus in sich selbst hat niemals gelitten. Seine Botschaft war die der Seligkeit.

Abt: Ich glaube, wir haben hier einen Punkt erreicht, an dem ein Unterschied zwischen den beiden Traditionen besteht. Jedenfalls wird uns in unseren heiligen Büchern und den Evangelien gesagt, daß Christus am Abend vor seiner Kreuzigung zu seinem Himmlischen Vater betete, daß er — so wurde uns gesagt — 'zu Tode betrübt' war und daß er zu Seinem Himmlischen Vater betete: 'Herr, wenn es möglich ist, Vater, wenn es möglich ist, so lasse diesen Kelch

271

an mir vorübergehen.' Nun, ich denke, daß das ein Hinweis ist — wir verstehen es zweifellos als einen Hinweis — daß er wirklich litt, aber daß er es sich erwählte, zu leiden.

Mah.: Ich würde es auf folgende Weise deuten: daß Christus zur Zeit seines Lebensendes den Zweck seines Kommens auf die Erde noch einmal überschaute, den Sinn seiner Sendung. Er war gekommen, um die Menschen von ihrem Elend und Leiden zu befreien. Aber als er zurückschaute, nein, da war die Arbeit nicht ganz getan, und da wandte er sich an den Vater, 'Du hast mich um einer besonderen Aufgabe willen gesandt, ich sehe, die Arbeit ist noch nicht getan, warum hast du mich verlassen?' Aber wenn es möglich ist, mildere dies, damit der Zweck meines Kommens erfüllt werde und meine Botschaft vom inneren Königreich des Himmels jeden Menschen erreichen kann und es jedem Menschen möglich macht, in sich einzutauchen und im Leben glücklich zu sein. Er war gekommen, die Welt glücklich zu machen und weil seine Aufgabe unvollendet war, — deshalb mag er gebetet haben. Und später sagt er dann: 'Ach, es macht nichts, Dein Wille geschehe, ich komme'. " (429)

In Maharishis Philosophie bleibt kein Platz für einen leidenden Christus. Die Vorstellung eines bewußten Opfers, wie sie bsw. von Yogananda angenommen wird, enspricht nicht dem Christus-Verständnis von dem Maharishi M. Y. ausgeht. Deshalb konnte er das Werk Christi konsequenterweise auch nicht als vollendet betrachten.

Die Theorien zu Christus sind fast so zahlreich wie die Gurus des Osten. Jeder von ihnen entwickelt *sein* Christus-Verständnis, glaubt in *seiner* Erfahrung den Beleg für *seine* Theorie zu haben, ungeachtet der Tatsache, daß sich alle widersprechen, wo sie Absolutheitsansprüche erheben.

Sicher ist, daß die meisten Yoga-Meister nicht an Christus vorbeigehen. Vielfach wird er als göttliche Verkörperung betrachtet und mit Krishna und Buddha auf eine Stufe gestellt. Die Deutungen seiner Lehre und seiner Aufgabe basieren allerdings ganz auf der Yoga-Philosophie. Wie sollte es auch anders sein?

429) Maharishi M. Y., „Der Maharishi und der Abt", BBC-Protok., SRM 1964, S. 12 f.
(vgl. auch „Meditations", S. 121 ff.)

Vieles in diesen Deutungen widerspricht sowohl dem orthodoxen wie auch dem esoterischen Christentum, doch enthalten sie Ansätze, die auch und gerade für den Westen als Impulse von Wert waren oder sein könnten.

Wenn auch folgende Worte Paul Bruntons nicht als symbolisch für die Auffassung der Yoga-Meister stehen können, so belegen sie doch, daß ein geistiger Weg über den Yoga-Pfad keineswegs für die Erkenntnis der Bedeutung Christi verschließen muß.

„H. G. Wells hat irgendwo einmal gesagt, es gäbe nur so wenige größte, weltumfassende Wahrheiten, daß man sie leicht auf einer Postkarte niederschreiben könne. Wenn aber je ein Mensch sie auf solch kleinen Raum hat zusammendrängen können, dann ist es Jesus gewesen!" (430)

430) P. Brunton, „Endecke d. S.", S. 129

XX. Avatare

Der Begriff des Avatars setzt sich aus den Sanskritwurzeln ava = herab und tri = gehen zusammen. Ein Avatar ist daher von der reinen Wortbedeutung her ein Wesen, das herabgegangen ist. Im geistigen Sinne meint dies ein Herniederkommen einer spirituellen Wesenheit aus einer höheren geistigen Sphäre zur Erde.

Diese begriffliche (etymologische) Klarheit wird aber in den Definitionen einzelner Yoga-Meister nicht immer aufrechterhalten. Vor allem wird der Herabkunft ein „göttliches" Attribut beigelegt, so daß der Avatar nicht mehr als göttlicher Bote sondern als Gottesinkarnation gesehen wird. Ramakrishna bsw. versteht den Avatar-Gedanken in eben diesem Sinne.

„Der Avatar ist immer ein und derselbe. Er taucht wiederholt in den Ozean des Lebens. Das eine Mal taucht er als Krishna wieder empor und ein anderes Mal als Christus." (431)

Die einzelnen geschichtlichen Wesenheiten stellen seiner Meinung nach nur jeweils unterschiedliche Manifestationen des einen Avatars dar, des Gottes, der Mensch wird.

Dem widerspricht Aurobindo diametral, indem er Krishna und Christus zwar als vom Wesen her gleich ansieht, dabei aber ihre jeweilige geistige Wesenheit sehr wohl unterscheidet.

„Aber Christus und Krishna sind das gleiche, doch ist es eine Gleichheit in der Verschiedenheit, — das ist tatsächlich der Nutzen der vielen Manifestationen statt ihrer Einmaligkeit, wie die Missionare wahr haben wollen." (432)

Krishna und Christus können wohl beide als Avatare ansgesprochen werden, aber sie waren nicht die jeweils gleiche Gottesmanifestation, sondern zwei verschiedene geistige Boten, die sich in ihrem Auftrag und ihrer Lehre durchaus voneinander unterschieden.

Der Gedanke der Gottesinkarnation wird auch von Vivekananda vertre-

431) Pelet, a.a.O., S. 145
432) Aurobindo, „Briefe II", S. 54

ten, wobei allerdings sein Standpunkt etwas von dem Ramakrishnas abweicht, indem er eine Pluralität von unterschiedlichen Manifestationen anerkennt.

„Noch weit größer und edler als jene reinen, wahren Lehrer sind die Avatars, die göttlichen Inkarnationen. In ihrer Macht liegt es, den lebendigen Geist durch Berührung, ja durch den bloßen Wunsch zu übermitteln. Auf ihren Wink hin werden die niedrigsten, unwürdigsten Wesen augenblicks zu Heiligen. Sie sind die Meister aller Meister, die herrlichsten Manifestationen Gottes im Menschen. Nur durch sie vermögen wir Gott zu schauen. Unsere Verehrung fällt ihnen wie etwas Selbstverständliches zu, ja, wahrscheinlich, wir können uns dem inneren Befehl gar nicht entziehen, der uns zwingt, sie anzubeten." (433)

Wird der Avatar als Manifestation verstanden, so löst er sich nach einer gewissen Zeit wieder in seiner eigentlichen Gottheit auf; wird er als Gottesbote aufgefaßt, so bleibt seine geistige Identität auch nach seinem Verlassen der Erde bestehen. Ramakrishna und Vivekananda scheinen zur ersten Auffassung tendiert zu haben.

Aurobindo orientiert sich stärker an der zweiten Position. Für ihn bildet der Avatar eine individuelle Wesenheit, offenbart aber aufgrund seiner geistigen Stufe das Göttliche, ist Werkzeug der göttlichen Kraft.

„Ein Avatar ist, allgemein gesprochen, jemand, der sich der Gegenwart und Macht des ihm eingeborenen oder in ihn herabgekommenen Göttlichen bewußt ist, das von innen seinen Willen, sein Leben und sein Tun beherrscht; er fühlt sich innerlich mit dieser göttlichen Macht und Gegenwart identifiziert," (434)

In seiner Gita-Kommentierung führt Aurobindo diese Vorstellung weiter aus:

„Alles Dasein ist eine Offenbarung Gottes, da Er allein das Sein ist. Alles kann nur existieren, entweder als wirkliche Gestaltung dieser einen Wirklichkeit oder als ihr täuschendes Trugbild. Darum ist jedes bewußte Wesen zum Teil oder in irgendeiner Weise eine Herabkunft des Unendlichen in die wahrnehmbare Endlichkeit von Name und Form. Es ist aber eine verhüllte Manifesta-

---

433) Vivekananda, „Karma-Yoga", S. 180 f.
434) Aurobindo, „Briefe II", S. 27

tion, und es gibt eine Stufenleiter zwischen dem erhabenen Wesen des Göttlichen und dem durch das Nichtwissen vom Selbst in der Endlichkeit ganz oder teilweise verhüllten Bewußtsein. Die bewußte verkörperte Seele ist der Funke des göttlichen Feuers. Diese Seele im Menschen öffnet sich in dem Maße für die Erkenntnis des Selbst, als sie sich aus dem Nicht-Wissen vom Selbst in das Selbstdasein entwickelt. Das Göttliche Wesen, das sich in die Gestaltungen des kosmischen Daseins ergießt, offenbart sich gewöhnlich in einem Aufblühen der Eigenschaften seiner Macht, in Kräften und Höhen des Wissens, in Liebe, Freude, entfalteter Stärke des Wesens durch Stufen, als ein vielfaches Antlitz seiner Göttlichkeit. Die volle Höhe der Manifestation unter menschlichen Bedingungen ist aber erreicht, wenn das Ungeborene sich selbst erkennt und im Rahmen des mentalen Wesens und im sichtbaren Hervortreten durch eine Geburt handelt. Dann nimmt das Göttliche Bewußtsein und die Göttliche Macht die menschliche Gestalt und die menschliche Wirkungsweise auf sich. Es besitzt sie nicht nur durch Formen von Macht und mentalen Höhen, durch Stufen und äußere Erscheinungen, sondern aus seinem ewigen Wissen um sein Selbst. Das ist das völlige und bewußte Herabkommen der Gottheit, es ist der Avatar."
(435)

Der Herabkunftsgedanke wird stark relativiert und in einen Entwicklungsgedanken umgeformt. Dies resultiert aus Aurobindos Yoga-Vorstellung fast zwingend. Der Gedanke der Verkörperung eines göttlichen Boten, dessen „geistige Heimat" gänzlich unabhängig vom Erdenplan ist, korrespondiert nicht mit Aurobindos Auffassung von Involution und Evolution. Deshalb wird auch auf den Avatar der Reinkarnationsgedanke angewendet, worauf Aurobindo ausdrücklich hinweist. (Vgl. Gita, 164 f.). So erliegt auch Aurobindo der Idee, in gewissem Sinn einen „ewigen Avatar" anzunehmen, was er an anderer Stelle verneinte.

„Die Theorie der Avatare gibt dem Gesetze der geistigen Welt sprechenden Ausdruck. Wenn Gott als Erlöser des Menschen angesehen wird, muß er sich offenbaren, wann immer die Kräfte des Bösen die menschlichen Werte zu zer-

---

435) ders., „Gita", S. 18 f.

stören drohen. Avatara ist die Herabkunft Gottes in den Menschen und nicht der Aufstieg des Menschen zu Gott, wie es bei der erlösten Seele der Fall ist. Jedes bewußte Wesen stellt eine solche Herabkunft dar, doch ist dies nur eine verhüllte Offenbarung. Es gibt einen Unterschied zwischen dem bewußten Sein des Göttlichen und dem Sein, das in Unwissenheit gehüllt ist.

Die Tatsache der Herabkunft, d. h. des avatarana, zeigt an, daß sich das Göttliche einer vollen physischen Offenbarung nicht widersetzt. Wir können im physischen Leibe leben und doch die volle Wahrheit des Bewußtseins haben. Die menschliche Natur ist keine Fessel, sondern kann ein Werkzeug des göttlichen Lebens werden. " (436)

Bemerkenswert an der Darlegung Radhakrishnans ist der Nichtgebrauch des Ausdruckes Inkarnation, den er auch an anderer Stelle vermeidet. Stattdessen orientiert er sich stärker an der wörtlichen Bedeutung der Herabkunft. Radhakrishna geht in seinem Avatar-Verständnis ebenfalls von einer Pluralitätsvorstellung aus.

Die Deutung des Avatars als göttlichen Boten, als Wesen einer höheren Lebensphäre, wird in dieser Form erst von Brunton wirklich klar und unmißverständlich gegeben.

„Eine solche göttliche Offenbarung, ein solcher Messias, Avatar oder Sohn Gottes ist nicht eine direkte Inkarnation in dem engen Sinn des Ausdrucks, sondern ein Wesen von einem höheren Planeten, dessen Reinheit oder Weisheit ihn geeignet machen, um ein Kanal für Gottes Macht zu sein. " (437)

Der Avatar-Begriff behält nur dann seinen spirituellen Sinn, wenn er nicht im Sinne der Gottesmanifestation verstanden wird. Avatare sind Boten aus dem Licht, aus geistigen Sphären, deren „Bewohner" in ihrer Reife sich weit jenseits des menschlichen Bewußtseins bewegen. Sie müssen aber untereinander nicht alle auf der gleichen Stufe stehen und stellen in ihrer Botschaft keine für ewig abgeschlossene Offenbarung dar. Ihre innere Reinheit läßt sie zu Werkezugen Gottes werden, dessen Licht durch sie zu strahlen vermag, insofern sind sie auch als „Manifestationen" Gottes zu bezeich-

436)Radhakrishnan, „Gita", S. 40
437) Brunton, „Weish. d. Ü.", S. 390

nen, sorgfältig unterschieden vom Begriff der „Gottesmanifestation" im erwähnten Sinne.

Nach Beendigung ihres Auftrages kehren sie wieder in ihre geistige „Heimat" zurück, während ihre Energie und ihre geistigen Impulse die Geschicke der Menschheit über Jahrtausende hinweg beeinflussen.

XXI. Die Veden

So wie die Bhagavad Gita für den Hindu das bedeutet, was für den Christen das Neue Testament darstellt, so sind die Veden vergleichbar mit dem Alten Testament. Ihre Bedeutung für die Yoga-Meister kann wahrscheinlich geringer angesetzt werden als jene der Bhagavad Gita, trotzdem sollen hier streiflichtartig einige Stellungnahmen zu den Veden wiedergegeben werden.

Die außerordentliche Bedeutung der Veden — aus indischer Sicht — spiegelt sich im folgenden Zitat Vivekanandas.

„Man muß wissen, daß in Indien die Veden als heiliger betrachtet werden als selbst die Bibel bei den Christen. Die christliche Idee der Offenbarung ist die göttliche Inspiration eines Menschen, aber nach der indischen Auffassung existieren die Dinge nur deshalb, weil sie in den Veden sind. Aus den Veden und durch die Veden ist die ganze Schöpfung entstanden; alles Wissen ist in den Veden. Jedes Wort ist heilig und ewig, ewig wie die Seele, ohne Anfang und Ende. Die Gesamtheit des Schöpfungsgeistes ist in den Veden enthalten, und in diesem Licht werden sie betrachtet. Etwas ist sittlich oder unsittlich, weil es die Veden so bezeichnen." (438)

Diese Position ist vergleichbar jener, die das Alte Testament und das Neue Testament durchgehend als allein und ausschließlich von Gott geoffenbartes Wort versteht. Ein Beharren auf einer derartigen Prämisse verhindert von vornherein jegliche geistige Auseinandersetzung.

Aurobindo, der zwei umfangreiche Bände über die Veden schrieb, versucht ihr Geheimnis aufzuschlüsseln, indem er sie als esoterische Initiationsschriften deutet.

„Die vedischen Rishis waren Mystiker, die ihre innere Erkenntnis für die Eingeweihten bewahrten; sie schützten sie vor der Allgemeinheit durch den Gebrauch eines Alphabetes von Symbolen, welches ohne Initiation nicht verstan-

---

438) Vivekananda, „Jnana-Yoga", S. 195 f. (Bd. 1)

den werden konnte, das aber vollkommen klar und systematisch war, wenn die Zeichen einmal erkannt waren. Die Symbole gruppierten sich um die Idee und Formen des Opfers; denn das Opfer war die universelle und zentrale Einrichtung des maßgebenden Kultes.

... das äußere Opfer stellte in esoterischen Begriffen ein inneres Opfer der Selbsthingabe und der Kommunion mit den Göttern dar. Diese Götter sind Mächte, äußerlich physischer, innerlich psychischer Natur. " (439)

Die Rishis waren nicht die Schöpfer der Veden, sondern sie gaben nur wieder, was sie in Meditation und Versenkung als geistige Wahrheit erschaut hatten. Wieweit auch hier wieder menschliche Erfahrungsgrenzen eine Rolle spielten, muß letztlich offen bleiben oder sich im Raum des Hypothetischen bewegen. Gefährlich ist allerdings immer ein Postulat der „absoluten" Wahrheit.

Bereits die ersten vier Verse der Hymne an Agni deutet Aurobindo als Schlüsselstelle dessen, was innerstes Anliegen der vedischen Rishis war. Für ihn war dies die Konzeption eines supramentalen göttlichen Bewußtseins; die Anrufung der Götter als Mächte der Wahrheit; die Verwirklichung eines Status' der Vollkommenheit durch diese Wahrheit und das innere Opfer. (440)

Läßt man diese Deutung als Maßstab gelten, so ist unschwer zu erkennen, wo die Parallelen zu Aurobindos Integralem Yoga liegen, wobei zu unterscheiden wäre, ob er diesem seine Veden-Deutung angleicht oder ob sein Yoga die Fortführung vedischer Tradition ist.

Yogananda hebt besonders die Bedeutung der Veden für die spätere Yoga-Lehre hervor.

439) Aurobindo, „Hymns to m. f.", a.a.O., S. 466

„The Vedic Rishis were mystics who reserved their inner knowledge for the initiates; they shielded them from the vulgar by the use of an alphabet of symbols which could not readily be understood without the initiation, but were perfectly clear and systematic when the signs were once known. These symbols centred around the idea and forms of the sacrifice; for the sacrifice was the universal and central institution of the prevailing cult.
... the outer sacrifice represented in these esoteric terms an inner sacrifice of self-giving and communion with the gods. These gods are powers, outwardly of physical, inwardly of psychical nature."

440) Vgl., ders., „Secret o. t. Veda", a.a.O., S. 64

„In der reichhaltigen Literatur Indiens sind die Veden (Wurzel: vid = wissen)
die einzigen Texte, die keinen Verfasser aufweisen. Der Rigveda (X 90,9)
schreibt seine Hymnen und Erzählungen einem göttlichen Ursprung zu und be-
richtet uns (III 39,2), daß sie aus 'grauer Vorzeit' stammen und später in eine
neue Sprache gekleidet wurden. Da die Veden den Rishis (Sehern) von einem
Zeitalter zum anderen durch göttliche Offenbarungen mitgeteilt wurden, heißt
es, daß sie Nitjatwa, d. h. 'zeitlose Gültigkeit' besitzen.
Die Veden waren ursprünglich Laut-Offenbarungen, die von den Rishis un-
mittelbar gehört (shruti) wurden, und enthalten im wesentlichen Lieder und
Rezitationen. Diese 100 000 Verse der Veden wurden also mehrere Jahrtau-
sende lang nicht niedergeschrieben, sondern mündlich durch die Brahmanen-
Priester weitergegeben. Weder Papier noch Stein sind gegen die zeitlich beding-
ten Zersetzungserscheinungen gefeit. Die Veden aber haben sich von einem
Zeitalter zum anderen erhalten, weil die Rishis die Überlegenheit des Geistes
über die Materie kannten und wußten, daß die geistige Art der Überlieferung
die beste ist. Denn was ließe sich mit den 'Tafeln des Herzens' vergleichen?
Indem die Brahmanen sich die besondere Reihenfolge (Anupurvi) der vedi-
schen Worte, die phonologischen Regeln der Lautzusammensetzung (Sandhi)
und die Beziehung der Buchstaben zueinander (Sanatana) merkten und indem
sie mittels bestimmter mathematischer Methoden die Genauigkeit der auswen-
dig gelernten Texte überprüften, haben sie die ursprüngliche Reinheit der Veden
seit grauer Vorzeit bewahrt. Jede Silbe (Akshara) eines vedischen Wortes hat
eine bestimmte Wirkung und Bedeutung." (441)
Auf dieser Überzeugung gründet sich bsw. die gesamte Mantra-Lehre, deren Schwingungs- und Lautgesetze auf einen vedischen Ursprung
zurückgeführt werden. Damit schließt sich die Verbindung zwischen der
Yoga-Lehre der Gegenwart und den Überlieferungen des Altertums. Entscheidend bleibt in der Überlieferungsfrage das Moment der Unverfälscht-
heit. Betrachtet man die Vielzahl der heutigen Auslegungen, so muß geschlossen werden, daß keine reine Linie mehr unzweifelhaft nachweisbar
ist.
Von daher kann eine Position, wie sie Swami Bhaktivedanta vertrat, nicht

---

441) Yogananda, „Autobiog.", S. 87

länger aufrechterhalten werden.

„Die vedischen Prinzipien sind axiomatische Wahrheit, denn die Möglichkeit irgendeines Fehlers ist ausgeschlossen."

„Das vedische Wissen ist unfehlbar, weil es durch die lückenlose Nachfolge der geistigen Meister, die mit Gott Selbst begann, überliefert wird. Das vedische Wissen wird von den überweltlichen Quellen empfangen, und das erste Wort wurde von Gott Selbst gesprochen.... Das vedische Wissen wurde ursprünglich dem Herzen Brahmas, dem ersten erschaffenen Lebewesen, verliehen, und Brahma wiederum gab dieses Wissen weiter an seiner Söhne und Schüler, die diesen Vorgang den Lauf der Geschichte hindurch fortsetzten." (442)

Die Einschätzung der Veden als höchste spirituelle irdische Quelle vollzieht auch Maharishi Mahesh Yogi. Alle Weltreligionen betrachtet er als eine Ableitung, als Zweige des einen Stammes — des Veda.

„Es wäre exakt, zu sagen, daß alle Religionen seit unvordenklichen Zeiten nur verschiedene Zweige eines Hauptstammes der ewigen Religion sind — repräsentiert durch die Veden." (443)

Die Veden wurden am Anbeginn der Zeiten offenbart und bildeten (und bilden?) das Grundgerüst der Weltgesetze.

„Die Veden wurden den Menschen eines 'Lebens in Sattva' am Anfang der Schöpfung offenbart.... Am Anfang der Schöpfung ist die ganze Atmosphäre jungfräulich, sie ist rein, und in dieser reinen Atmosphäre und zu diesen reinen Geistern kommt die Weisheit der Veden. Die Weisheit der grundlegenden Lebensrhythmen, die Weisheit der grundlegenden Energiewellen, die die Fundamente individuellen Lebens bilden, wird aufgezeichnet, wenn diese ihnen dämmert." (444)

442) S. Bhaktivedanta, „Isopanishad", a.a.O., S. 3 + S. 16 f.

443) Maharishi M. Y., „Meditations", a.a.O., S. 19

„It would be exact to say that all the religions from times immemorial are just different branches of the main trunk of the eternal religion represented by the Vedas."

444) ebd., S. 31 f.

„The Vedas are revealed to men of sattvic life in the beginning of creation.
In the beginning of creation the entire atmosphere is virgin, it is pure and in that pure atmosphere, unto those pure minds comes the wisdom of the Vedas. The wisdom of the basic rythms of life, the wisdom of the basic waves of energy which constitute the fundamentals of individual life in the entire creation, is recorded when it dawns to them."

Angesichts dieser Postulate wird der Dialog der Religionen und die allgemeine Glaubenstoleranz vor Probleme gestellt. Wird die eigene Überlieferung axiomatisch als die göttliche Ur-Offenbarung angesehen, kann sich nur schwer ein Konsens ergeben.

Würden auch die Veden als Heilige Schriften, entstanden in einer bestimmten Zeitepoche, aufgezeichnet von spirituell hoch entwickelten Menschen, betrachtet, würde dies das religiöse Gespräch erheblich erleichtern. Der spirituelle Wert der Schriften würde dadurch keinen Abbruch erleiden; stattdessen würden sie sich einreihen in eine Offenbarungskette, deren Ursprung mit dem Zeitpunkt zusammenfiel, als menschliche Wesen begannen über die Erde zu gehen.

XXII. Die Bhagavad Gita

In den vorangegangenen Kapiteln sind zahlreiche Gedanken und Einflüsse der Gita im Zusammenhang mit den Lehren der Yoga-Meister bereits ausführlich erörtert worden. Deshalb sollen an dieser Stelle nur noch einige wenige markante Aussagen zitiert werden, die die Ausnahmestellung der Gita für den Yoga skizzieren.

Die Entstehung der Gita kann mit Radhakrishnan um das 5. vorchristliche Jahrhundert angesetzt werden. Allerdings wurde der Text im Verauf der Jahrhunderte wahrscheinlich noch vielfach verändert. Die Verfasserschaft der Gita ist nicht geklärt, sie wird der legendären Figur des Vyasa zugeschrieben.

Über die Historizität der Person Krishnas wurde viel gerechtet, für Aurobindo steht sie „zweifellos" fest. Allerdings gilt sein Interesse, wie auch bei der Person Christi, weniger dem geschichtlichen als vielmehr dem spirituellen Aspekt. Für Aurobindo ist Krishna eine göttlich Inkarnation.

„Der Lehrer (i.e. Krishna, d. Verf.) ist Gott selbst, der als Mensch herniedergekommen ist." (445)

Eine derartige Prämisse bildet eine entscheidende Grundlage in der Beurteilung der Gita, die durch sie in den Rang einer zweifelsfreien Gottesoffenbarung erhoben wird.

Damit wird der ethische Auftrag der Gita zum göttlichen Gebot, wenn er auch Kampf und Krieg als dem Menschen ggf. angemessene Aufgabe ansieht. Hierin liegt sicher — wie bereits erwähnt — einer der entscheidenden Unterschiede der Bhagavad Gita zum Neuen Testament.

Für den Yoga bedeutend wird die Gleichstellung von vita activa und vita contemplativa. Die Gita selbst lehrt keinen Yoga-Weg der äußeren, sondern einen der inneren Entsagung.

„Die Erleuchtung kann durch Meditation gewonnen werden, dieselbe Erleuchtung ist jedoch auch durch Aktion oder Arbeit möglich, die als Opfer und ohne

---

445) Aurobindo, „Gita", S. 18

Anspruch auf Lohn geleistet wird. Das ist die Botschaft der Bhagavad Gita. "
(446)
Über die praktische Form des Yoga (Yoga-Technik) macht die Gita keine
eindeutige Aussage, dafür mögen die zahlreichen unterschiedlichen Yoga-
Wege als Beleg gelten, die von den jeweiligen Meistern und Schulen als *der*
Weg der Gita angepriesen werden.

„Die Bhagavad Gita ist das Lebenslicht, am Altar des Menschen von Gott ent-
zündet, um die Menschheit aus der Finsternis der Unwissenheit und des Lei-
dens zu erretten. Sie ist eine Schrift, die alle Zeiten überlebt, sie ist also für das
Leben eines jeden Menschen jedweder Epoche unerläßlich. Sie ist die Lebens-
Enzyklopädie, ein Allbuch des Lebens, und der vorliegende Kommentar gibt
dem Leser einen Wegweiser dafür in die Hand.
Sie übertrifft jede andere Form praktischer Lebensweisheit, die je von der
menschlichen Gesellschaft hochgehalten wurde. " *(447)*
Auch hier, wie schon bei der Beurteilung der Veden, zeigt sich, inwieweit religiöse Toleranz mit religiösem Absolutheitsanspruch konkurriert. Aussagen, wie die hier zitierte von Maharishi Mahesh Yogi, zeigen doch eine ganz
unverkennbare Orientierung an einer bestimmten religiösen Tradition. In
gleicher oder ähnlicher Form wäre sie auch für andere Yoga-Meister beleg-
bar.

„Die Bhagavad Gita ist der höchste Ausdruck göttlicher Intelligenz, der noch
von Menschen verstanden werden kann. Während sie die unsichtbaren Aspek-
te des Lebens behandelt, berührt sie auch Vergangenheit und Gegenwart unseres
täglichen Lebens. Sie ist darüber hinaus, während sie universelle Wahrheit
darlegt, in sich selbst ein historischer Bericht und bezieht sich auf Vorfälle, die
vor 5000 Jahren stattgefunden haben. " *(448)*

Der Anspruch einer universellen, überreligiösen Gültigkeit des Yoga (auf
der Basis der Gita), wie er ja gerade von Maharishi Mahesh Yogi im Westen
besonders vertreten wurde, kann daher nur für die reinen Übungsformen

446) P. J. Saher, „Ind. Weish.", S. 45
447) Maharishi M. Y., „Gita", S. 11
448) ebd., S. 238

und meditativen Techniken geltend gemacht werden, der philosophische Überbau gründet eindeutig in einem bestimmten religiösen Umfeld.

Der Yoga und seine Gesetzmäßigkeiten lassen sich sicherlich als allgemein gültig nachweisen, das schließt jedoch nicht aus, daß bsw. im Hinduismus eine spezielle Form der Philosophie auf ihm aufgebaut wurde.

Wird bezüglich der Gita und der aus ihr abgeleiteten Lehre ein Absolutheitsanspruch erhoben, läuft auch dieses Heilige Buch Gefahr, seiner Allgemeingültigkeit verloren zu gehen, da es einer einseitigen religiösen Orientierung unterworfen wird. Versteht man die Gita dagegen als Ausdruck einer bestimmten geistigen Botschaft, so wird auch die Gita im Dialog der Religionen einen befruchtenden Impuls zu geben vermögen.

Verzeichnis der Sanskrit-Ausdrücke:

(Die Transkription erfolgt in der wissenschaftlich allgemein üblichen Form. Auf diakritische Zeichen wurde aus drucktechnischen Gründen verzichtet.)

advaita — Nicht-Zweiheit. Monistische Anschauung, die nur das Eine Sein anerkennt und die sichtbare Welt für eine Illusion der Sinne hält.

ananda — Glückseligkeit (im geistigen Dasein)

anantaguna — Die unendlichen Eigenschaften des Geistes

atman — Selbst. Das wahre geistige Wesen des Individuums. (vgl. Atman-Kap.)

bhakti — Verehrung; Hingabe; Gottesliebe (an ein personales Gottwesen)

brahman, brahma — Das absolute Sein; die ewige Wirklichkeit. Personal (= brahma) die Bezeichnung für die Wesenheit Gottes.

brahmacharya — In der Regel die Bezeichnung für ein Leben der Enthaltsamkeit, vor allem in sexueller Beziehung.

chit — Bewußtsein in seinen mannigfaltigen Ausprägungen

deva — Aurobindo übersetzt mit „mentaler Halbgott". Kosmische Wesenheit oder personifizierte göttliche Kräfte.

dharma —	Allgemeines Natur-, Sitten- und Religionsgesetz.
gunas —	Die drei Grundeigenschaften der Natur: sattva, rajas und tamas. (s. u.)
guru —	Spiritueller Lehrer; geistiger Meister (auch gurudev oder satguru).
ishvara —	Der göttliche Herr alles Seienden.
jiva —	Die ewige, individuelle Seele; das höchste Selbst (jivatman).
jnana —	Spirituelle Erkenntnis. Erkenntnis durch innere Durchdringung des Erkenntnis-Objektes.
kshatriya —	Der Krieger; zweithöchste Kaste im indischen Kastensystem.
lila —	Das kosmische Spiel zur Freude Gottes.
maha —	groß
manas —	Die mentale Organisation der äußerlichen Bewußtseinseindrücke.
mantra —	Heilige Silbe, mentale Klangschwingung, die eine innere Bewußtseinsumwandlung initiieren soll.
maya —	Illusion, Täuschung, Unwirklichkeit (vgl. Maya-Kap.).
moksha —	Erlösung. Befreiung aus der Weltverhaftetheit.

nirguna —	Ohne Qualitäten; im Gegenteil zu saguna — mit Qualitäten.
parabrahman —	Das Absolute jenseits aller kosmischen Existenz (Urgrund).
prajnana —	Das begreifliche Bewußtsein; bei Aurobindo die „supramentale Intelligenz".
prakriti —	Natur
pralaya —	Die Weltennacht, in der keine Schöpfung offenbar ist; Gegenteil von manvantara, dem Weltentag.
prasad —	Speise, die ursprünglich Gott oder dem Guru dargeboten und dadurch geheiligt wurde und anschließend an die Anhänger verteilt wird.
purusha —	Das bewußte innere Wesen; der geistige Lenker der verkörperten Persönlichkeit.
purushottama —	Das göttliche Selbst. Die göttliche Transzendenz, die im inneren Kern jedes Wesens enthalten ist.
rajas —	guna der Bewegung
saccidananda —	Sein-Bewußtsein-Seligkeit. Aurobindo definiert saccidananda als eine „Trinität von transzendentem Sein, Bewußtsein des Selbst und Seligkeit des Selbst"
sadhana —	Die meditative (Yoga-)Praxis. Der Ausübende ist ein sadhaka.
sadhu —	Religiöser Asket.

samadhi —	Yoga-Versenkung; Zustand meditativer Einung mit dem Göttlichen (unio mystica).
samsara —	Werden und Vergehen; Wechsel im Bereich der Vergänglichkeit.
sannyasin —	Mönch; Wandermönch.
sat —	Wahrheit, Wesen, das eine Sein.
sattva —	guna der Stabilität, Ausgewogenheit. Die Eigenschaft, die erleuchtet.
shakti —	Die göttliche Energie; der dynamische Aspekt des Absoluten (vgl. Shakti-Kap.).
shastra —	Hl. Schrift; hl. Lehrbuch spiritueller Disziplinen.
sushupti —	Schlafzustand
sutra —	Vers; Strophe
tamas —	guna mit der Qualität der Dumpfheit, Trägheit, Unbewußtheit.
turiya —	Die vierte Stufe; jenseits von Schlafen, Wachen und Träumen; transzendentales Bewußtsein.
vidya —	Wissen

Anmerkung:
Dem interessierten Leser wird für ein vertiefendes Studium der Sanskrit-Index in Aurobindos Buch „Die Synthese des Yoga" empfohlen, der auch einzeln erhältlich ist.